Duell
Spionage ■ im geteilten Deutschlai
im
Dunkel

Begleitbuch zur Ausstellung

im Zeitgeschichtlichen Forum Leipzig
17. Dezember 2002 bis 21. April 2003

und

im Haus der Geschichte der Bundesrepublik Deutschland, Bonn
23. Mai 2003 bis 3. August 2003

Stiftung Haus der Geschichte
der Bundesrepublik Deutschland
Zeitgeschichtliches Forum Leipzig

Duell im Dunkel

Spionage im geteilten Deutschland

Stiftung Haus der Geschichte der Bundesrepublik Deutschland

Zeitgeschichtliches Forum Leipzig (Hg.)

BÖHLAU VERLAG KÖLN WEIMAR WIEN 2002

Inhalt

Hermann Schäfer

Vorwort

Schweigend, die Blicke angespannt zur Decke gerichtet, stehen Männer in einem dunklen Tunnel. Hastig hantiert ein Techniker auf einer Leiter an Kabelsträngen, Schweißtropfen sammeln sich auf seiner Oberlippe – Zeichen äußerster Anspannung. Kaum sind die letzten Drähte miteinander verbunden, durchbrechen russische Wortfetzen die Stille: Die „Operation Gold" ist geglückt, die Telefonleitungen der Sowjets im Ostsektor Berlins sind angezapft ...

Die Szene stammt aus dem Film „... und der Himmel steht still" (The Innocent), den der britische Regisseur John Schlesinger 1993 nach dem gleichnamigen Roman von Ian McEwan drehte. Er spielt – atmosphärisch dicht und spannungsgeladen – im Berlin der 1950er Jahre. Die beschriebene Szene, die handelnden Personen, die Liebesgeschichte und vieles mehr sind reine Fiktion.

Den Spionagetunnel und die „Operation Gold" gab es allerdings tatsächlich: Der britische und der amerikanische Geheimdienst hatten 1955 einen 600 Meter langen Spionagetunnel zwischen Altglienicke im Osten und Rudow im Westen Berlins fertig gestellt und bis zur Entdeckung 1956 erfolgreich die Telefonleitungen der Roten Armee abgehört. Der Tunnel selbst wurde übrigens, nachdem er enttarnt war, zugeschüttet und erst 1997 wieder ausgegraben. Schlesinger kannte das reale Vorbild also nicht. Realität und Fiktion liegen beim Thema Spionage nah beieinander, ihre Vermischung ist eine ständige Versuchung.

Sowohl die Ausstellung als auch die Begleitpublikation „Duell im Dunkel. Spionage im geteilten Deutschland" widmen sich der Gegenüberstellung von Wirklichkeit und Mythos bei diesem Thema. „Duell im Dunkel" spielt zwar auf die Kontrahenten im Kalten Krieg an, doch ist keineswegs beabsichtigt, die westlichen demokratisch legitimierten Nachrichtendienste mit den östlichen Geheimdiensten und -polizeien von Diktaturen gleichzusetzen. Ausgewählte Spionagefälle in Deutschland während des Kalten Krieges werden in ihren historischen Kontext gebettet und in Beziehung zu den Legenden, Mythen und Klischees gesetzt, die sich um diese Spionagefälle ranken. Dies ist die zentrale Fragestellung unseres „Duells im Dunkel". Die „Westarbeit" des Ministeriums für Staatssicherheit (MfS) steht dabei inhaltlich im Zentrum. Auf anschauliche Weise werden bekannte und weniger bekannte Aspekte aufgegriffen, die in der Gesamtschau einen vertiefenden Einblick in die geheime Schattenwelt der Spionage gewähren.

Während wir Aktivitäten und Strukturen des Ministeriums für Staatssicherheit (MfS) inzwischen durch das Studium der Quellen – soweit sie noch vorhanden sind – weitgehend kennen, bleibt der Blick in die Archive der westlichen Geheimdienste meist versagt. Daher ist es bislang noch nicht möglich, einen paritätischen Einblick in die Geheimdienstarbeit in Ost und West zu bieten – was die Arbeit nicht einfacher machte. Allein die Objektrecherche gestaltete sich äußerst schwierig. Bewusst setzen wir auch auf das Potenzial des Mediums Film: Dokumentarfilme sind historische Quellen, Spielfilmsequenzen vermitteln Zeitkolorit und Zeitgeist.

Nur durch das Engagement, die Kreativität, aber auch das Beharrungsvermögen Vieler kann ein solches Projekt gelingen. In die Vorbereitungen einbezogen sind Mitarbeiterinnen und Mitarbeiter der gesamten Stiftung. Die Hauptlast allerdings trägt dabei das Projektteam im Zeitgeschichtlichen Forum Leipzig. Namentlich und stellvertretend für alle Beteiligten danke ich Dr. Henrike Girmond, der Projektleiterin dieser Ausstellung. Wesentlich für das Gelingen war auch das Entgegenkommen der zahlreichen Kooperationspartner, seien es Privatpersonen oder Museen und Institutionen wie die für die Stasi-Unterlagen zuständige „Birthler-Behörde" (BStU) und das Bundesarchiv. Ihnen allen gilt unser Dank.

Wie immer bei Ausstellungen der Stiftung Haus der Geschichte der Bundesrepublik Deutschland legen wir besonderen Wert darauf, historische Inhalte lebendig und besucherfreundlich zu vermitteln. Mit den Gestaltern der Ausstellung, dem Architekturbüro Götz & Schulz aus Stuttgart, arbeiteten wir schon mehrfach zusammen. Wie bereits bei den Ausstellungen „Bilder, die lügen" (1998) und „Prominente in der Werbung" (2001) gelang dem Gestalterteam auch diesmal eine visuell und künstlerisch überzeugende Umsetzung des Themas. Keine leichte Aufgabe, da die Ausstellung den sehr unterschiedlichen räumlichen Gegebenheiten der beiden Museen der Stiftung in Leipzig und Bonn gerecht werden musste. Für die gute, ergebnisorientierte Zusammenarbeit bedanke ich mich namentlich bei Manfred Schulz und Corinna Schmidt.

Die Stiftung Haus der Geschichte der Bundesrepublik Deutschland kann eine erfreuliche Bilanz vorweisen. Das Zeitgeschichtliche Forum Leipzig entwickelte sich seit seiner Eröffnung am 9. Oktober 1999 zum Publikumsmagneten – mehr als 500 000 Besucher in der Dauerausstellung und den Wechselausstellungen wurden gezählt, Tendenz steigend. Während die ersten Wechselausstellungen „Bilder, die lügen" und „Spuren der Macht" noch von Bonn nach Leipzig wanderten, ist „Duell im Dunkel" nach „Foto-Anschlag" die zweite Ausstellung, die von Leipzig nach Bonn geht – ein Ost-West-Austausch innerhalb der Stiftung, die im vernetzten Miteinander auch als unser kleines „Laboratorium Deutsche Einheit" funktioniert und auch auf diese Weise das Zusammenwachsen Deutschlands bestätigt.

Der Erfolg unserer Ausstellungen beruht zu einem erheblichen Teil auf dem Vertrauen in unsere Arbeit: Den Gremien der Stiftung – Kuratorium, Wissenschaftlicher Beirat und Arbeitskreis gesellschaftlicher Gruppen – danke ich für die enge Zusammenarbeit und ihr Vertrauen. Dies ist gerade bei einem Ausstellungsthema wie diesem von erheblicher Bedeutung. Namentlich den Professoren Bernd Faulenbach, Hermann Weber und Heinrich-August Winkler danke ich in diesem Zusammenhang besonders, sie standen dem Ausstellungsteam mit ihrem Rat hilfreich zur Seite.

Dafür, dass die Publikation – ebenso wie die Ausstellung – das Thema eindringlich und lebendig darstellt, bedanke ich mich bei den Autorinnen und Autoren.

Von einem Insider stammt die Feststellung, dass „in der Welt der Spionage und Gegenspionage die Wirklichkeit oft die Phantasie überhole". Wenn es uns gelingt, Ausstellungsbesucher und Leser für die verschiedenen Facetten des spannungsgeladenen Themas, auch für die Unterschiede zwischen Fiktion und Wirklichkeit nicht nur zu interessieren, sondern auch zu sensibilisieren, haben wir ein wichtiges Ziel erreicht – getreu der Maxime unseres Hauses, Geschichte zum Erlebnis zu machen und gleichzeitig der Ernsthaftigkeit der Ereignisse und unserem Vermittlungsauftrag gerecht zu werden.

IS IS A SECRET

Rainer Eckert

Spionage, Verrat oder Aufklärung?

Eine Einführung

Spionage und Geheimdienste haben den Lauf der Geschichte zwar oft erheblich beeinflusst, doch blieb deren Wirken in aller Regel offiziell unbekannt. Noch heute sind die Auswirkungen nur schwer einzuschätzen. Eine wesentliche Rolle spielt dabei, dass Spionage und jegliche andere Form geheimdienstlicher Tätigkeit sowohl im In- als auch im Ausland immer mit Tarnung verbunden sind.

Stimmt es denn analog dazu wirklich, dass Lüge und Täuschung seit allen Zeiten zu den Mitteln der Politik gehören? Zwar hat schon Niccolo Machiavelli eine Machtpolitik gerechtfertigt, die durch keine moralischen Bedenken gehemmt ist. Doch muss dies nicht heißen, dass alle politischen Regime im gleichen Umfang und mit gleicher Brutalität unmoralische Mittel anwenden, wie Ex-DDR-Geheimdienstchef Markus Wolf 1998 behauptete. So wäre jede Form von Politik diskreditiert, Politik und Spionage wären gleichzusetzen, da beide mit Täuschung arbeiten, solange Staaten existieren und ihre Machtansprüche durchsetzen. Eine moralisch fundierte Unterscheidung zwischen Spionage für Diktaturen auf der einen Seite und Aufklärung zum Schutz von Demokratien auf der anderen wäre dann kaum mehr möglich.

Folgt man undifferenziert der Sicht, dass Spionage und Aufklärung in allen Fällen mit Lüge, Täuschung und Verrat verbunden sind, so wird über die Spione entsprechend zu urteilen sein: Verrat, mangelnde Treue oder fehlende Loyalität, Sehnsucht nach mehr Geltung und die Gier nach materiellen Vorteilen. Wir begegnen den „Schatten des Menschen", den negativen Zügen menschlicher Natur, wie Richard Meier schreibt. Ausgeblendet bleibt dabei jedoch Spionage als Form des Widerstands gegen totalitäre Herrschaft, aus politischer Überzeugung, weltanschaulichem Fanatismus oder aus Vaterlandsliebe. Zwar erfordert eine gute Tarnung als Voraussetzung vieler Missionen eine entsprechende „Legende", die oft von der Kunst des Fälschens abhängt. Jedoch sollte davon nicht auf Charakter und menschliche Werte von Spionen geschlossen werden. Eine Grauzone bei ihrer Beurteilung entsteht auch dadurch, dass unter völkerrechtlichen Gesichtspunkten das Phänomen der Spionage international bis heute noch nicht eindeutig definiert ist. Ähnlich steht es mit der hoch sensiblen Frage nach der Rekrutierung von Journalisten zur geheimdienstlichen Nachrichtenbeschaffung oder dem Spannungsverhältnis zwischen Geheimdiensttätigkeit und Berufsethos zum Beispiel von Ärzten, Anwälten, Abgeordneten, Pfarrern oder Missionaren.

Die theoretischen Vordenker moderner „Spionageideologie" lebten im alten China. Schon die Kriegskunst des Chinesen Sun-Tzu, entstanden zwischen dem achten und dem vierten Jahrhundert vor Christi, besagte, dass das Wissen über die Lage des Feindes jedem militärischen Erfolg vorangehen würde. Fast unverändert waren die Vorstellungen von Spionage bei den alten Ägyptern, Persern, Griechen und Römern. Jahrhunderte später spionierten im Auftrag des Vatikans Missionare bei den

Die Vase (480 vor Christus) zeigt Kampfszenen zwischen Griechen und Persern. Griechische Kundschafter spionierten die Stärke des persischen Heeres aus, das bei Salamis vernichtend geschlagen wurde

Eine „Enigma" im Einsatz: General Heinz Guderian wartete während des Frankreichfeldzugs 1940 auf die Ergebnisse der Verschlüsselungsmaschine

aggressiven Mongolen. Christliche Herrscher nutzten diese Chance, sich auf den Mongolensturm gebührend vorzubereiten, jedoch nur ungenügend – ein Phänomen, das als Differenz zwischen geheim ermittelter Nachricht und der daraus folgenden Handlung in der Weltgeschichte immer wieder auftritt.

Lange war in allen Ländern nur von Kundschaftern und Spähern des Gegners die Rede, der Begriff Spion scheint erst im 15. Jahrhundert unter Karl VII. entstanden zu sein. Dagegen war im Allgemeinen Preußischen Landrecht von 1774 immer noch von „Kundschaftern" die Rede, erst im Strafgesetzbuch für das Königreich Bayern von 1813 tauchte offiziell auch in Deutschland die Bezeichnung „Spion" auf. Schließlich erkannte 1874 die Brüsseler Staatenkonferenz Spionage als erlaubtes Kriegsmittel völkerrechtlich an – der Spion war jetzt eine Person, die „heimlich oder unter falschem Vorwande an Örtlichkeiten, die zu betreten der Öffentlichkeit verboten ist, Informationen sammelt oder zu sammeln sucht in der Absicht, diese einer anderen Partei mitzuteilen". Unter Kundschaftern wurden jetzt Personen verstanden, die ohne Verheimlichung ihrer militärischen Eigenschaft oder Sendung Aufklärung betreiben.

Auch im 19. Jahrhundert lag die Aufgabe eines Geheimdienstes zuerst im militärischen Bereich, die Nachrichtenbeschaffung auf politischer Ebene blieb der Diplomatie vorbehalten. Zwar war Spionage völkerrechtlich erlaubt, blieb jedoch riskant. Gleichzeitig vergrößerten sich im Laufe der Zeit auf der einen Seite die Möglichkeiten zu erkunden und aufzuklären, auf der anderen aber auch die zu verstecken, zu chiffrieren und zu täuschen. Hier ging die Entwicklung von Geheimschriften und -tinten zur mechanischen Verschlüsselung mit Hilfe einer Chiffriermaschine wie der „Enigma" und schließlich zu weitaus moderneren elektronischen Mitteln.

Zur charakteristischen Eigenschaft des Spions entwickelte sich in der zweiten Hälfte des 20. Jahrhunderts immer mehr seine Unauffälligkeit. Zu einer seiner wichtigsten Aufgaben wurde, Mitarbeiter zu rekrutieren und auszubilden. Zu den Funktionen der Geheimdienste zählten nun Nachrichtenbeschaffung, passive Abwehr gegnerischer Spionage, Geheimaktionen, offensive Aufklärung gegnerischer Dienste und das Sammeln politischer Nachrichten – Spionage war jetzt ein mit illegalen Mitteln geführter Machtkampf hinter den Kulissen.

Zunehmend prägt die Gestalt des Doppelagenten die Geschichte der Spionage im 20. Jahrhundert. Berühmte Beispiele sind Oberst Alfred Redl, der die russische Regierung und ihren Generalstab am Beginn des Ersten Weltkriegs mit den militärischen Aufmarschplänen seines Heimatlandes versorgte und damit den Verlauf der militärischen Auseinandersetzungen erheblich beeinflusste, oder die Doppelagentin Mata Hari, mit deren Hilfe es der Obersten Heeresleitung des Kaiserreichs gelang, den deutschen Angriff auf Verdun vollkommen zu verschleiern.

Der Nationalsozialismus stützte sich zur inneren Machtstabilisierung auf die Geheimpolizei, um wirkliche und vermeintliche Gegner zu erfassen bzw. zu bekämpfen, die Bevölkerung zu überwachen, Systemmängel zu beseitigen und im Ausland zu spionieren. Geheime Staatspolizei und Sicherheitsdienst des Reichsführers verschmolzen zunehmend im Reichssicherheitshauptamt.

Der Geheimpolizei gegenüber stand ein breit gefächerter Widerstand, dessen Akteure mit ausländischen Mächten zusammenarbeiteten, um die Diktatur zu untergraben und den Militärapparat zu schwächen – und sich damit bewusst dem Vorwurf des Landesverrats aussetzten, der nicht nur unter diktatorischen, sondern auch unter demokratischen Bedingungen gegen sie erhoben wurde.

Da gab es jene, die vor allem den inneren Widerstand organisierten, illegal Flugblätter verbreiteten und Untergrundzeitungen wie die „Innere Front" druckten – zum Beispiel die Gruppe um Arvid Harnack und Harro Schulze-Boysen, der allerdings bereits seit 1936 mit seiner Frau Libertas für den sowjetischen militärischen Geheimdienst GRU arbeitete. Deutlich davon zu unterscheiden sind beispielsweise der Antifaschist und sowjetische Spion Richard Sorge oder Leopold Trepper, der im Auftrag Moskaus bereits vor 1939 in Belgien und Frankreich eine nachrichtendienstliche Organisation aufbaute und umfangreiche militärische Informationen lieferte. Als er Anschluss an andere Widerstandsorganisationen suchte, stieß er auf Harnack und Schulze-Boysen und integrierte sie in seine Spionagetätigkeit – die Berliner Gruppe „Rote Kapelle" entstand.

Eine spezielle Form des Widerstands war die Übermittlung von Informationen an die westlichen Alliierten, um so den Krieg zu verhindern bzw. seinen Verlauf zu beeinflussen und schließlich Hitler zu stürzen. Ein Beispiel: Der Konsulatssekretär I. Klasse im Auswärtigen Amt, Fritz Albert Karl Kolbe, übergab geheimes Material an den US-Geheimdienst in Bern. Das Besondere war, dass viele der Akteure den nationalsozialistischen Geheimdiensten angehörten – erst ihre dienstliche Stellung erlaubte ihren oppositionellen Handlungsspielraum.

Ob unter moralischem Gesichtspunkt dieser Geheimnisverrat an die demokratischen Mächte des Westens mit der Spionage für Stalins Regime gleichzusetzen ist, bleibt bei der Beurteilung der Spionage gegen die Diktatur Hitlers bislang noch ungeklärt.

In der Zeit des Kalten Krieges entwickelten sich innovative Techniken des Nachrichtentransfers und der Verschlüsselung, Spionage und Geheimnisverrat erreichten eine neue Qualität. Das Überleben der Menschheit war durch Atomwaffen bedroht,

Oberst Alfred Redl (1864–1913), Oberst im Generalstab der österreichischen Armee, spionierte zwölf Jahre lang für Russland

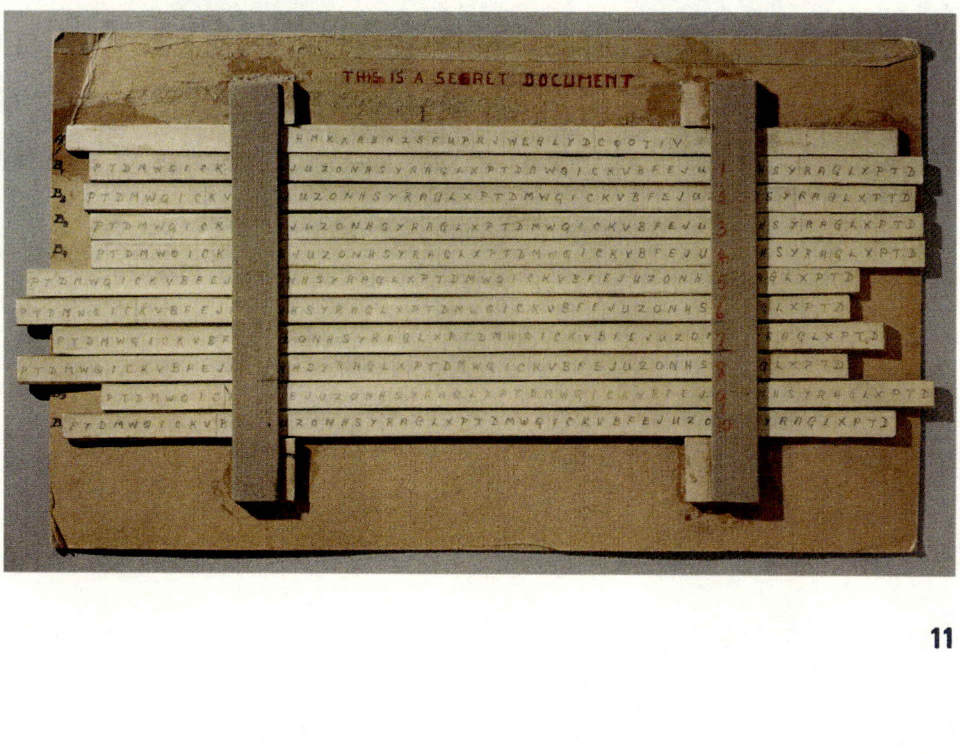

Aus einem Karton gebastelter einfacher Chiffrier- und Dechiffrierschieber der britischen Militärverwaltung in Berlin aus dem Jahr 1948

DDR-Filmplakat von 1983. Der Film erzählt aus der Sicht des Sohnes Daniel die Geschichte von Ethel und Julius Rosenberg. Das Ehepaar wurde 1951 in den USA wegen Spionage für die Sowjetunion hingerichtet

die Kenntnis der Waffentechnik der jeweils anderen Seite konnte jetzt über Krieg und Frieden entscheiden. In dieser Situation profitierte die Sowjetunion in kaum hoch genug zu bewertendem Ausmaß davon, dass sie den Vorsprung der USA beim Bau von Nuklearwaffen auch durch ihre Spione – wie den Physiker Klaus Fuchs – ausgleichen konnte. Auch Ethel und Julius Rosenberg trugen zu einem solchen Verrat bei.

Die „Arbeitsbedingungen“ für Spione im Kalten Krieg gestalteten sich in Ost und West unterschiedlich. Östliche Agenten konnten sich im Westen relativ ungehindert bewegen, während in den Osten einreisende Personen in der Regel von ihrem Grenzübertritt an observiert wurden. Aber nicht nur sie, auch die Einheimischen unterlagen einer engen, „flächendeckenden“ Überwachung. In dieser Situation entwickelte sich eine neue Agentenspezies – die des Überläufers in den Westen. Gleichzeitig arbeiteten immer mehr Doppelagenten des Ministeriums für Staatssicherheit (MfS) in den westlichen Diensten, beispielsweise Klaus Felfe und Gabriele Gast, beide in führenden Positionen in der Spionageabwehr des Bundesnachrichtendienstes (BND).

Neben diesen Doppelagenten bzw. Überläufern war für die Spionage des MfS der Einsatz so genannter Romeos, die vor allem auf Sekretärinnen in Bonner Dienststellen angesetzt waren, und von Perspektivagenten wie Rainer Rupp bei der NATO und Günter Guillaume bei der SPD und im Bundeskanzleramt besonders ertragreich.

Eines der seltenen Beispiele von Überläufern auf östlicher Seite war der Fall des MfS-Oberleutnants Werner Stiller, der sich im Januar 1979 nicht nur in den Westen absetzte, sondern dorthin auch geheimes Material mitnahm und im hohen Maß

ANGSTTRÄUME IM ATOM-LABOR: FÜCHSE - FÜCHSE - NICHTS ALS ATOMFÜCHSE ...

Karikatur von Peter Leger, 1950: Die Enttarnung des deutschstämmigen „Atom“-Spions Dr. Klaus Fuchs, der in Großbritannien und den USA für die UdSSR spionierte, beschäftigte auch die bundesrepublikanische Presse

Bronzetafel aus der MfS-Bezirksverwaltung Halle, 1989/90 demontiert

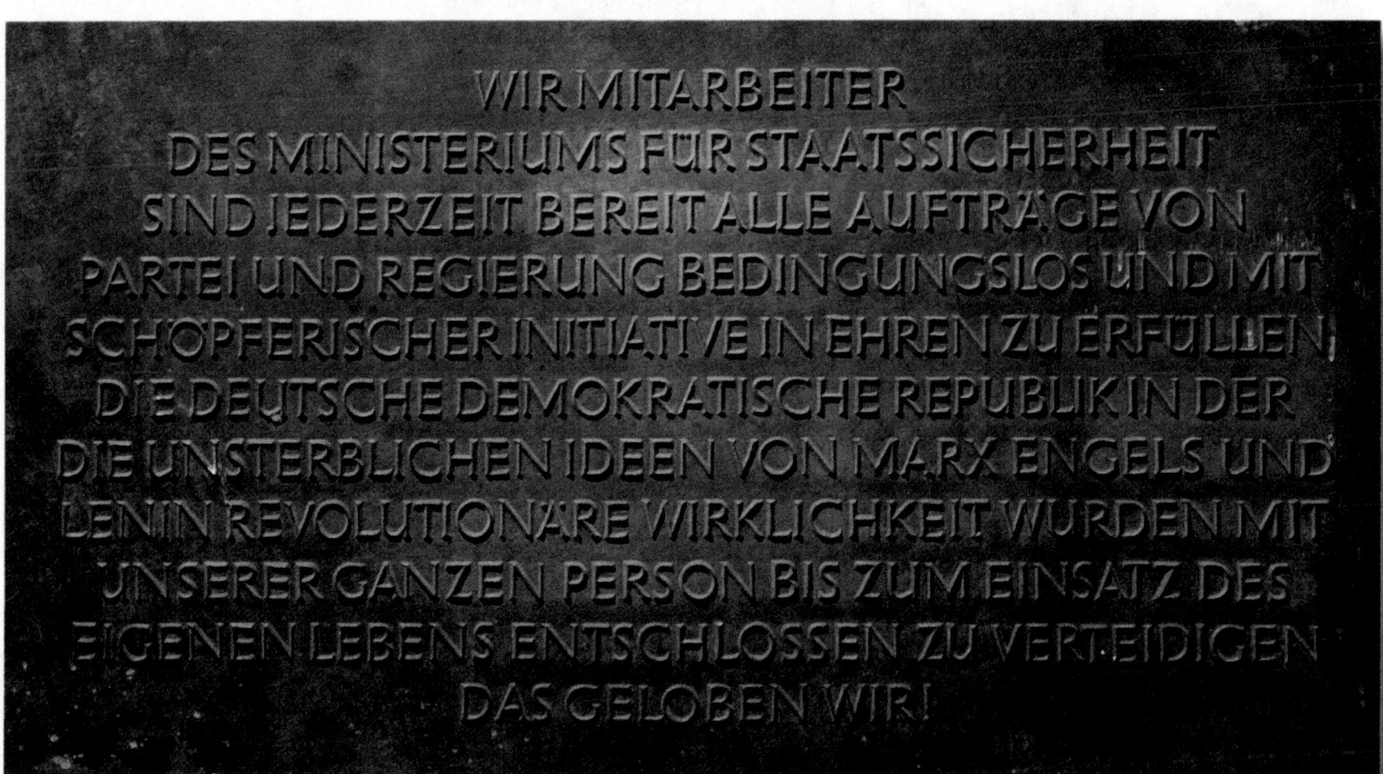

auskunftsfreudig war. Über ähnlich sprudelnde Quellen verfügten Bundesnachrichtendienst, Bundesamt für Verfassungsschutz und Militärischer Abschirmdienst jedoch in der Regel nicht.

Nach dem Zusammenbruch der SED-Herrschaft als Ergebnis der friedlichen Revolution im Herbst 1989 begannen sich schon bald die Träger des Repressionsapparates zu rechtfertigen. Die Mitarbeiter der Hauptabteilung Aufklärung (HVA) des MfS betrachteten die eigene Organisation dabei als einen „Dienst" wie andere auch, hoben aber dessen besondere Leistungskraft und Qualität hervor. Angeblich ging es immer nur um die Sicherung des Friedens und den Triumph des Sozialismus als menschlicher Gesellschaftsordnung. Dass das MfS als Ganzes, mit Beteiligung seiner Spionageabteilung, von der SED im Wesentlichen damit beauftragt war, die eigene Bevölkerung, selbst Mitglieder der eigenen Partei zu bespitzeln und zu unterdrücken, wird dabei regelmäßig ausgeblendet. Jede Beschäftigung auch mit der Auslandsspionage der Staatssicherheit muss zentral mit Funktionsweisen, Zielen und Strukturen der SED verbunden sein, betont Jens Reich in seinem 1992 erschienenen Buch „Abschied von den Lebenslügen: Die Intelligenz und die Macht". Die Tätigkeit der HVA ist daher mit den gleichen kritischen Maßstäben wie die des MfS im Ganzen zu messen.

Der Film entstand nach der Autobiografie *„Nie war ich furchtloser"* der ehemaligen RAF-Terroristin Inge Viett

Bis heute lässt sich diese Tätigkeit jedoch auf Grund umfangreicher Aktenvernichtung in den „Revolutionswirren" 1989/90 nur in Umrissen ausmachen. Zu den klassischen Spionageaufgaben kamen solche hinzu, die sich aus der inneren Struktur der SED-Herrschaft ergaben, etwa Aktionen, die der maroden DDR-Wirtschaft auf die Beine verhelfen sollten, oder die der konkreten Situation der DDR geschuldet waren und die Bundesrepublik zum eigentlichen operativen Handlungsgebiet machten. Darüber hinaus war die DDR – wie Jens Gieseke in seiner 2001 erschienenen Geschichte der Staatssicherheit schreibt – das zweitgrößte Ausbildungsland für Untergrundkämpfer so genannter Befreiungsorganisationen sowie Rückzugsraum und Transitland für Terroristen aus verschiedenen Ländern, auch für die „Rote Armee Fraktion" (RAF).

Unmittelbar nach dem Sturz des SED-Regimes begann die Auseinandersetzung mit der Staatssicherheit – oft erbittert geführt und nicht selten von Unkenntnis oder Wut geprägt. Dagegen blieben die befürchteten Ausschreitungen gegen die Denunzianten und Mitarbeiter des SED-Schnüffelapparats aus. Nach der Wiedervereinigung beschloss das Bundesverfassungsgericht, Strafverfolgung wegen geheimdienstlicher Agententätigkeit sei zwar möglich, Strafminderung oder -aussetzung bei einzelnen Personen könnte jedoch angezeigt sein. In der Folge blieben Spione aus der DDR straffrei.

Die Auseinandersetzung um die Staatssicherheit und so auch um die HVA wird die deutsche Öffentlichkeit noch lange Zeit beschäftigen. Davon zeugen in der letzten Zeit der Streit um Inoffizielle Mitarbeiter (IM) unter den Beschäftigten des Mitteldeutschen Rundfunks oder die Kontroverse zwischen Bundesinnenminister Otto Schily und der Bundesbeauftragten für die Stasi-Unterlagen, Marianne Birthler, um die Offenlegung

Marianne Birthler, seit 2000 Bundesbeauftragte für die Unterlagen des Staatssicherheitsdienstes der ehemaligen DDR (BStU)

der Akten von Personen der Zeitgeschichte. Dies ist nicht zu bedauern, sondern dient letztlich auch der Aufklärung und der demokratischen Hygiene. Zugleich wird eine Gefahr deutlich, der sich die deutsche Öffentlichkeit entziehen sollte: die Geschichte der zweiten Diktatur auf deutschem Boden in der alltäglichen politischen Auseinandersetzung zu instrumentalisieren.

Im 21. Jahrhundert werden zunehmend neue Felder der Spionage dominieren: Wirtschaftsspionage unter Verbündeten, Schmuggel von Atom- und chemischen Waffen, Bekämpfung des Terrorismus. Gleichzeitig schreitet die Entwicklung der Spionagetechnik rasant fort. Nach dem 11. September 2001 wurde aber auch erkannt, dass die „klassische" Spionage – das heißt der Einsatz so genannter menschlicher Quellen – weiterhin „sinnvoll" bleibt. Die grundsätzliche Frage nach dem Sinn von Geheimdiensten wird auch in Zukunft nicht von der Tagesordnung verschwinden.

Mata
Hari

Henrike Girmond

„Alles ist so gewesen – nichts war genau so!"

Ziel, Konzeption und Gestaltung der Ausstellung

„Willy Brandts Sohn spielt Spion Guillaume" titelt „Spiegel Online" Mitte Juli 2002. Die Dreharbeiten für den ARD-Mehrteiler „Schatten der Macht" mit Matthias Brandt in der Rolle des Kanzleramtsspions sollen im Herbst beginnen, die Ausstrahlung ist für das Jahr 2003 geplant. Ein Filmprojekt, wie geschaffen für unsere Ausstellung. Zeigt sich nicht so deutlich die Aktualität dieses Themas?

Die Schattenwelt der Spionage übt von jeher eine starke Faszination auf die Öffentlichkeit aus. Da das Verborgene so schwer zu fassen ist, bildeten sich Mythen und Legenden. Spionageromane sind Bestseller, auch nach dem Ende des Kalten Krieges. Die Kinoindustrie setzt nach wie vor auf dieses Thema, in den letzten Jahren entstanden Spionagefilme wie „Enigma" (2000), „Der Schneider von Panama" (2001) nach dem Roman von John le Carré oder „Spy Game" (2002). James Bond, die Personifizierung des Geheimagenten schlechthin, schlürft noch nach dem Fall des Eisernen Vorhangs seine Martinis „geschüttelt und nicht gerührt".

Auch die Museumslandschaft hat „Die Welt des 007" – so der Titel einer Präsentation 1999 in Hildesheim – für sich entdeckt. Im gleichen Jahr widmete sich das Frankfurter Museum für Kommunikation diesem Thema in der Ausstellung „Streng

Aktuelle Produktionen zeigen: Die Filmindustrie setzt nach wie vor auf die Faszination des Genres Spionagefilm

Linke Seite: Skizze zur Inszenierung „Mata Hari", Auftakt zum Ausstellungsbereich „Liebesgeflüster"

Geheim!" vor allem unter kommunikationstechnischen Gesichtspunkten. Im Juli 2002 eröffnete in Washington gar das „International Spy Museum", das sich stark der Faszination der Spionagetechnik hingibt.

Die Spionagetätigkeit des Ministeriums für Staatssicherheit (MfS) bzw. der für die Auslandsspionage zuständigen Hauptverwaltung Aufklärung (HVA) unter Leitung von Markus Wolf wurde bislang vom Museum jedoch weniger beachtet, obwohl gerade zu diesem Thema seit 1989 die Zahl der wissenschaftlichen Publikationen rapide anstieg. Die Wissenschaft nutzt damit die nahezu einmalige Gelegenheit, nach dem Niedergang des Realsozialismus, nach dem Ende der DDR und der Sowjetunion und mit der Auflösung zumindest der ostdeutschen Geheimpolizei Licht ins Dunkel der Schattenwelt zu bringen. Die Öffnung der MfS-Archive 1991 durch den Erlass des Stasi-Unterlagen-Gesetzes ergibt eine Chance – und ist Fluch und Segen zugleich: Die Aktenberge sind beinahe unermesslich, die Akten der HVA jedoch weitgehend vom Reißwolf zerkleinert. In mühsamer Puzzlearbeit, deren Ende noch nicht abzusehen ist, werden die Unterlagen teilweise wieder zusammengesetzt.

Die Unterlagen des MfS füllen umgerechnet rund 180 Kilometer lange Regalwände. Die Akten der für Auslandsspionage zuständigen Abteilung sind jedoch zum größten Teil vernichtet

In gleichem Maße einen Blick in die Archive und auf die Arbeit der noch aktiven Nachrichtendienste des Westens zu werfen, ist schwierig bis nahezu unmöglich. Obwohl sich sowohl der Bundesnachrichtendienst wie auch das Bundesamt für Verfassungsschutz gegenüber unserem Ausstellungsprojekt äußerst aufgeschlossen zeigen und uns zahlreiche ausgediente nachrichtentechnische Objekte überlassen, tragen personenbezogene Vorgänge mehr als ein Jahrzehnt nach dem Fall der Mauer den Stempel: „Streng Geheim!".

„Alles ist so gewesen. Nichts war genauso" heißt es im Nachspann von Volker Schlöndorffs Film „Die Stille nach dem Schuss" aus dem Jahr 2000, der die Geschichte der „RAF-Stasi-Connection" in Anlehnung an die Autobiografie von Inge Viett rekonstruiert. Das Zitat kann als Motto für die Auseinandersetzung mit dem Thema

„Spagat – ein Spitzelleben“ von Helge Leiberg, 1993. Der Künstler spielt auf die eigene langjährige Bespitzelung durch seinen Freund Sascha Anderson an

Spionage und Geheimdienstarbeit generell gelten, die häufig über Vorspiegelung falscher Tatsachen funktionieren. Film und Literatur haben wiederum oft konkrete Bezüge zur Wirklichkeit. Manchmal sind sie ihr sogar weit voraus.

Die Aufdeckung dieser Wechselbeziehungen zwischen Mythos und Realität, Legendenbildung, Rezeption und Wirklichkeit zieht sich wie ein roter Faden durch die Ausstellung. Die Grenzen sind manchmal klar zu ziehen, bisweilen verwischen sie auch – Schwarz und Weiß, Gut und Böse, Täter und Opfer, Spion und Ausspionierter, Jäger und Gejagter sind ab und an nicht klar zu unterscheiden.

Die primär nach thematischen Gesichtspunkten geordnete Ausstellung beleuchtet anhand ausgewählter Spionagefälle die geheimdienstlichen Aktivitäten von 1945 bis in die Gegenwart. Dabei steht der Schauplatz Deutschland, vor allem Berlin im Mittelpunkt, wobei insbesondere die so genannte Westarbeit des MfS, aber soweit möglich auch die Tätigkeiten des Bundesnachrichtendienstes (BND), des amerikanischen Geheimdienstes (CIA) und der sowjetischen Geheimpolizei (KGB) eine Rolle spielen.

Die Ausstellung umfasst insgesamt zehn Einheiten. Eine einleitende Passage verdeutlicht die Vielschichtigkeit des Themas im globalen Kontext, dann verengt sich der Fokus auf den Schauplatz Deutschland im Kalten Krieg. Der Geschichte um den Spionagetunnel in Altglienicke, die als „Operation Gold“ für Schlagzeilen sorgte, folgt die der Agentenaustauschaktionen auf der Glienicker Brücke. Exemplarisch werden Doppelagenten und Überläufer vorgestellt. Die Ausstellungseinheit „Liebesgeflüster“ skizziert unter anderem die so genannten „Romeo“-Fälle. Spätestens hier rücken mehr und mehr die Aktionen der Staatssicherheit ins Blickfeld. Mit der „Westarbeit“ des MfS und ihren Opfern beschäftigt sich dann die umfangreichste Ausstellungseinheit. Der „RAF-Stasi-Connection“ ist ein eigenes Kabinett gewidmet, bevor die Auflösung der HVA als Folge der friedlichen Revolution von 1989 thematisiert wird. Hier weitet sich der Blick wieder: Nach dem Ende des Kalten Krieges und vor dem Hintergrund der Terroranschläge vom 11. September 2001 reißt die Ausstellung die provokative Frage an: „Geheimdienste – was nun?“.

Jede dieser Einheiten stellt sich der Frage nach Mythos und Wirklichkeit. So ist beispielsweise die Darstellung der als „Operation Gold“ in die Geschichte eingegangenen Spionagetunnel-Aktion der Briten und Amerikaner Mitte der 1950er Jahre in Berlin in die Atmosphäre eingebettet, welche die pulsierende Vier-Sektoren-Stadt Berlin zu dieser Zeit zum Spionagezentrum Europas werden ließ. Diese Atmosphäre fängt 1993 auch der britische Regisseur John Schlesinger in seinem Spielfilm „… und der Himmel steht still“ ein: eine Liebesgeschichte zwischen einem britischen Nachrichtentechniker und einer jungen Deutschen im historischen Kontext der „Operation Gold“, hochrangig besetzt mit Anthony Hopkins und Isabella Rossellini.

Brilliant: Richard Burton in der Rolle des britischen Agenten Alec Leamas

Ob Agentenaustauschaktionen auf der Glienicker Brücke oder die Geschichte von Doppelagenten und Überläufern – in unseren Köpfen sind besonders über Filme und Romane geschaffene Bilder entstanden, die meist mit der Wirklichkeit nur annähernd etwas zu tun haben. Ein Beispiel: Der britische Geheimagent Alec Leamas, Romanfigur John le Carrés und 1965 meisterhaft dargestellt von Richard Burton in dem gleichnamigen Filmklassiker „Der Spion, der aus der Kälte kam", wird als Pseudo-Überläufer beim ostdeutschen Ministerium für Staatssicherheit eingeschleust. Haben die Doppelagenten und Überläufer des realen Lebens wie Heinz Felfe, Hansjoachim Tiedge, Otto John oder Werner Stiller etwas mit diesem Fantasiehelden gemein? Und umgekehrt: Wie sieht die filmische Adaption dieser realen Spionagegeschichten aus? Denn beinahe jedes Thema, das wir aufgegriffen haben, wurde filmisch umgesetzt. Die Spielfilme tragen damit auch zur Legendenbildung bei, in Ost und West. Deshalb räumen wir dem Genre Spionagefilm in dieser Ausstellung einen besonderen Stellenwert ein. Spiel- und Dokumentarfilme, Zeitzeugenberichte und Nachrichtensendungen thematisieren Mythos und Realität. Ein Kino in der Ausstellung zeigt Zusammenschnitte von sechs Spielfilmen, deren Drehbüchern reale Spionagefälle zugrunde liegen.

Der 2001 von Hermine Huntgeburth gedrehte Fernsehfilm „Romeo" mit Martina Gedeck in der Hauptrolle summiert die Geschichten der Sekretärinnen-Spione, die Ende der 1970er bis Anfang der 1980er Jahre Ministerien und Verfassungsschützer in der Bundesrepublik in Aufregung versetzten. Eine klare propagandistische Zielstellung lässt sich bei dem DDR-Fernseh-Dreiteiler „Vera – der schwere Weg der Erkenntnis" von 1986/87 feststellen – er spielt auf die Geschichte der 1979 in die DDR übergelaufenen NATO-Sekretärin Ursel Lorenzen an. Wie aus den Akten der Bundesbeauftragten für die Unterlagen des Staatssicherheitsdienstes (BStU) hervorgeht und bislang nicht bekannt zu sein scheint, knüpft der 1963 gedrehte DEFA-Klassiker „For eyes only" ebenfalls an eine wahre Begebenheit an: Der Film mit Alfred Müller in der Hauptrolle verklärt den Coup des MfS-Agenten Horst Hesse. Er schmuggelt 1956 unter abenteuerlichen Umständen geheimes Material aus dem Würzburger Hauptquartier einer Unterabteilung der amerikanischen CIA in die DDR.

Die Filmmusik des DEFA-Mehrteilers „Das unsichtbare Visier" erinnert taktweise an Melodien in den James-Bond-Filmen

Nicht auf einer realen Grundlage dagegen basiert die zahlreiche Folgen umfassende DDR-Fernsehserie „Das unsichtbare Visier" aus den 1970er Jahren mit dem jungen Armin Mueller-Stahl in der Hauptrolle des Werner Bredebusch. Titelmelodie, Vorspann und – zumindest ansatzweise – einige Actionszenen erinnern in der Aufmachung an James-Bond-Verfilmungen dieser Zeit. Auch an Mut, Einfallsreichtum und Eleganz kann Bredebusch mit dem britischen Geheimagenten 007 konkurrieren. Damit enden aber die Gemeinsamkeiten der beiden Filmagenten, wie der Sprecher des Vorspanns in markanten Sätzen verdeutlicht, denn: „Dieser Mann ist Werner Bredebusch ... Werner Bredebusch lebt ein zweites Leben als Achim Detjen. Ein zweites Leben, dessen Pole selbstloser Einsatz und ständige Gefahr heißen. Er arbeitet im Auftrag unseres Ministeriums für Staatssicherheit. Er ist Kundschafter für den Frieden."

Den Erfolg der Serie erklärt wohl weniger diese propagandistische Charakterisierung als die beabsichtigte Ähnlichkeit Bredebuschs mit Bond – Armin Mueller-Stahl soll von „Pankow-Bond“ gesprochen haben. Mit der Bezeichnung „Kundschafter für den Frieden“ fällt aber ein wichtiges Stichwort für das Selbstverständnis östlicher Spionagetätigkeit – personifiziert und instrumentalisiert im Kult um Richard Sorge, im Zweiten Weltkrieg Agent im Dienst der Sowjetunion. Diesem ständig propagierten Selbstbild des MfS stellen wir in der Ausstellung die oft bittere und schmutzige Realität nachrichtendienstlicher und geheimpolizeilicher Arbeit gegen den tatsächlichen, aber oft auch vermeintlichen Klassenfeind im In- und Ausland gegenüber. Ergänzend zu den oben genannten, auf realen Spionagefällen basierenden Spielfilmen steht hier also die bewusste, ideologisch eingesetzte Legendenbildung als Gegenpart zur Realitätsebene im Fokus der Ausstellung.

Personenkult: Produktion des VEB Deutsche Schallplatten, 1975, und Denkmal für Richard Sorge in Dresden, Entwurf von Gerd Jäger, 1977

Eine Ausstellung lebt von ihren Objekten. Eine Ausstellung, die sich mit Geschichte(n) befasst, deren Zeugnisse der Geheimhaltung unterliegen, aus diesen Gründen oft vernichtet wurden, deren Protagonisten das Rampenlicht scheuen, fordert viel Zeit, Geduld und Fingerspitzengefühl von allen Beteiligten. Jedes Foto, Dokument, jeder Gegenstand mit verbürgter Geschichte erhält vor diesem Hintergrund einen besonderen Stellenwert. Unsere Recherchen führten uns weit über die Grenzen des ehemals geteilten Deutschlands hinaus. Objektleihgaben kommen aus den USA, Großbritannien, den Niederlanden und aus Russland. Als „Highlights“ können beispielsweise zwei Objekte gelten, die uns das Zentrale Museum der Streitkräfte in Moskau als Leihgabe überlässt: Pilotensitz und Rumpfteil des amerikanischen Spionageflugzeuges vom Typ U2, das 1960 von der UdSSR abgeschossen und dessen Pilot Francis G. Powers 1962 auf der Glienicker Brücke gegen den KGB-Agenten Rudolf I. Abel ausgetauscht wurde. Die Wrackteile sind erstmals außerhalb Russlands zu sehen. Die spannenden Hintergründe erzählt der Direktor des Museums Aleksandr K. Nikonow in einem Beitrag in diesem Band. Nicht weniger wertvoll sind Familienfotos, die uns der Sohn von Günter Guillaume zur Verfügung stellt, oder Privatfotos einer der „Romeo“-Agentinnen.

„Wilderness of mirrors“ – mit dieser Metapher, die einem Albtraumgedicht von T. S. Eliot entnommen ist, beschrieb der ehemalige CIA-Spionagechef James J. Angleton seine Arbeit. Die Welt der Vorspiegelung falscher Tatsachen, die Doppelbödigkeit und das Verwirrspiel inspirierte das Gestalterteam der Ausstellung, Manfred Schulz und Corinna Schmidt vom Stuttgarter Architekturbüro Götz & Schulz, zu einer eigenen Bildsprache: Eine labyrinthisch angelegte Architektur mit teilweise transluzenten und

Raumskizze für das Untersuchungsgefängnis der Staatssicherheit im Ausstellungsbereich „Westarbeit des MfS"

mehrschichtigen Wänden macht die Schattenwelt der Spionage für den Besucher erlebbar. Die relativ dunkle Grundstimmung versetzt den Besucher in die Atmosphäre eines Schwarzweißfilms. Bisweilen wird er selbst, sein Schattenwurf Teil der Gestaltung. Oder er hat Gelegenheit, selbst ein wenig zu spionieren: Hinter geheimnisvollen Türen und Luken, in Tresoren und „Toten Briefkästen" sind in der Ausstellung immer wieder Spionagewerkzeuge und ihre spannenden Geschichten zu entdecken.

Bei allen inszenatorischen Kunstgriffen trägt die Ausstellungsgestaltung dennoch der Ernsthaftigkeit des Themas Rechnung. Sie wirkt, unterstützt von einer geschickten Lichtregie, eher im Verborgenen, im Unterbewussten, denn nicht sie, sondern das Objekt steht im Mittelpunkt des Interesses.

Modell für die Architektur der Ausstellung „Duell im Dunkel"

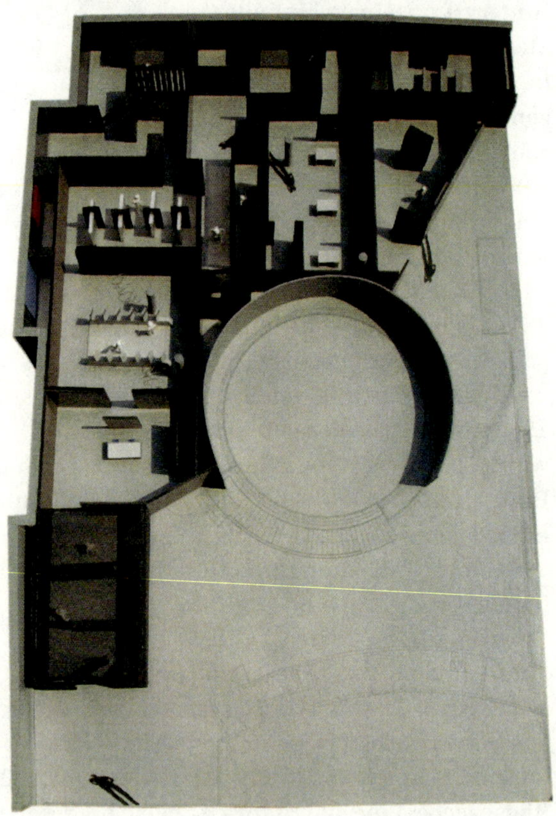

Bewusst offensiv gehen wir auch mit der bereits erwähnten Situation verschlossener Archive und nach wie vor als „geheim" eingestufter Akten um: Manchmal landet der Besucher in einer Sackgasse, steht vor einer verschlossenen Tür, kann eine Schublade gar nicht oder nur einen Spalt weit öffnen. Selbst dort, wo wir – wie bei den zugänglichen Akten des MfS – den Schlüssel gefunden haben, sind die Zusammenhänge oft noch undurchsichtig oder nur oberflächlich zu durchschauen. Offen bleibt schließlich die Frage, inwieweit auch diese Ausstellung zur Mythenbildung in der Spionagegeschichte beiträgt.

Der britische Geheimdienst hat in Berlin einen herben Verlust erlitten: Ein Agent ist bei seiner Flucht in den Westen erschossen worden, London erwägt nun eine angemessene Reaktion. Agent Alec Leamas soll Hans-Dieter Mundt, Chef der Ost-Berliner Gegenspionage, außer Gefecht setzen. Er schlüpft in die Rolle eines Überläufers und landet auf Umwegen in der DDR. Hier untermauert er seine Legende, manipuliert dabei geschickt Anschuldigungen gegen Mundt. Tatsächlich erweist sich Mundt als Doppelagent der Briten – das Unternehmen sollte nur dazu dienen, ihn zu schützen. Alec erkennt seine Rolle als Figur im brutalen Spiel des Kalten Krieges. Er stirbt bei der Flucht im Kugelhagel der Grenzposten. „Der Spion, der aus der Kälte kam“ sagt mehr über Interna des britischen Nachrichtendienstes als über den DDR-Geheimdienst aus. Der Film überzeugt jedoch in der Charakterisierung seiner Personen und der latent beklemmenden Atmosphäre.

»Der Spion, der aus der Kälte kam«

(The Spy Who Came In From The Cold) GB 1965

Regie: Martin Ritt

Buch: Paul Dehn und Guy Trosper nach dem gleichnamigen Roman von John Le Carré

Produktion: Martin Ritt/Salem Films, Paramount Pictures

Darsteller: Richard Burton, Claire Bloom, Peter van Eyck, Oskar Werner, Sam Wanamaker, Rupert Davies, Cyril Cusack, George Voskovec, Michael Hordern

Der Roman des ehemaligen Berufsdiplomaten und MI6-Agenten David John Moore Cornwell (John le Carré) bewirkte mit seiner realistisch-kritischen Darstellung der schmutzigen Seiten des Geheimdienstgeschäfts Anfang der 1960er Jahre eine Wende im Genre der Spionageliteratur. Der Film ist auch aus heutiger Sicht noch zu Recht ein Meilenstein in der Geschichte des Spionage- und Agentenfilms.

Paul Maddrell

Blütezeit der Spionage

Westliche Nachrichtendienste im geteilten Deutschland 1945–1961

Nie zuvor, in keiner anderen Friedenszeit haben die Großmächte sich so eifrig bemüht, in einem Land Nachrichten mit Hilfe von Spionen zu sammeln wie im geteilten Deutschland der Nachkriegszeit. Die kommunistischen Regimes, nach dem Krieg in den osteuropäischen Ländern nach sowjetischem Vorbild errichtet, legten so viel Wert auf Geheimhaltung, dass ihre militärische Stärke und ihr technologischer Fortschritt, ihre Absichten und Überlebensfähigkeit nur durch Spionage einzuschätzen und zu verstehen war.

Nach dem Atombombenabwurf in Hiroshima im August 1945 gewannen derartige Nachrichten mehr Bedeutung denn je: Ein Krieg bedrohte die Großmächte mit enormen Verlusten an Menschen und Ressourcen, alle Seiten fürchteten einen Überraschungsangriff mit nuklearen Waffen. Von Deutschland aus – Sammelplatz für Flüchtlinge aus Mittel- und Osteuropa und aus der Sowjetunion – ließen sich sowohl die so genannten Satellitenstaaten als auch die Sowjetunion ausforschen. Flüchtlingsorganisationen spielten in der westlichen Spionage gegen den Ostblock eine große Rolle.

Nach Kriegsende wurde schnell klar, dass die wichtigste Aufgabe der westlichen Geheimdienste darin bestand, den Ostblock, und in erster Linie die Sowjetunion selber nachrichtendienstlich zu unterwandern. Sie konzentrierten ihre Versuche jedoch auf die sowjetische Besatzungszone bzw. die DDR, weil dies dort am leichtesten möglich war. Hauptgrund dafür war die Teilung Deutschlands: Nach wie vor bestanden menschliche Kontakte zwischen beiden Teilen des Landes, die zweifellos die Spionagetätigkeit der Westmächte erleichterten. Sie unternahmen große Anstrengungen zum Aufbau menschlicher Spionagenetze, weil die Bild- und die Fernmeldeaufklärung gegen die UdSSR zwischen 1945 und 1960 relativ wenig Erfolg hatten.

Als Schnittstelle zwischen Ost und West war Berlin von entscheidender Bedeutung. Über West-Berlin gelangte ein Heer von Spionen in den Osten, und in den Westsektoren trafen aktive und potentielle Spione ihre Agentenführer. Die SED behauptete sogar, die westlichen Geheimdienste und mit ihnen verbundene Agenturen hätten in den Westsektoren von mehr als 80 Basen aus operiert. West-Berlin befand sich inmitten des Ostblocks, nahe an wichtigen sowjetischen und ostdeutschen Zielen. Weit gehend problemlos gelangte man von einem in den anderen Teil der Stadt, auf den meisten Straßen und in der S- und U-Bahn gab es keine regulären Ausweiskontrollen.

Viele westliche Nachrichtendienste betrieben in der Nachkriegszeit Spionage in Deutschland. Im Dienst der US-Armee führten der „Military Intelligence Section" (MIS) und der „Counter-Intelligence Corps" (CIC) Agenten. Ab 1947 begann die „Central Intelligence Agency" (CIA), Verantwortung für amerikanische Agentennetze in Europa zu übernehmen und neue Netze aufzubauen. Auch der britische Geheim-

Linke Seite: Verstärkeranlagen in der Abhörzentrale des britisch-amerikanischen Spionagetunnels

UFJ (Westberlin) Prop für DDR 1952

UNTERSUCHUNGSAUSSCHUSS
Freiheitlicher Juristen der Sowjetzone
82/51

Berlin-Zehlendorf-West
Limastraße 29
Tel.: 84 63 23/24

Anklageschrift

Der Minister für Staatssicherheit der sogenannten Deutschen Demokratischen Republik

Wilhelm Zaisser

geb. am 20. 6. 1893 in Rotthausen/Ruhrgebiet,

wird angeklagt,

in Berlin und der Sowjetzone seit dem 8. 2. 1950 fortgesetzt andere angestiftet zu haben,

Menschen aus niedrigen Beweggründen, grausam, oder um andere Straftaten zu verdecken, zu töten,

als Beamte vorsätzlich, ohne hierzu berechtigt zu sein, Verhaftungen und Festnahmen vorzunehmen,

als Beamte in einer Untersuchung Zwangsmittel anzuwenden, um Geständnisse oder Aussagen zu erpressen,

andere durch List und Gewalt in die Sowjetzone Deutschlands zu verbringen und dadurch der Gefahr auszusetzen, verfolgt zu werden und hierbei im Widerspruch zu rechtsstaatlichen Grundsätzen durch Gewalt- und Willkürmaßnahmen Schaden an Leib oder Seele zu erleiden oder der Freiheit beraubt zu werden.

— Verbrechen nach §§ 211, 341, 343, 48, 74 StGB, § 2 des Gesetzes zum Schutz der persönlichen Freiheit vom 14. 6. 1951 —

Der Angeklagte hat ferner
andere vorsätzlich dazu bestimmt,

Körperverletzung im Amt, Nötigung im Amt, Rechtsbeugung vorzunehmen, Unschuldige zu verfolgen, Urkundenfälschung, Hausfriedensbruch, unzulässige Strafvollstreckung zu begehen,

— Verbrechen und Vergehen nach §§ 223 ff, 240, 336, 344, 234, 267, 342, 345, 48, 74 StGB. —

Wesentliches Ergebnis der Ermittlungen:

Der Angeschuldigte Zaisser wurde am 20. 6. 1893 in Rotthausen/Ruhrgebiet geboren. Bei Ausbruch des ersten Weltkrieges war er im Rheinland als Lehrer tätig. Während des Krieges war er Soldat und wurde zum Leutnant befördert. Nach der Revolution im Jahre 1919 kämpfte er mit dem kommunistischen „Spartakusbund" während der Bürgerkriegskämpfe im Ruhrgebiet. Dort erwarb er sich den Beinamen „Roter General dienst SIS („Secret Intelligence Service") war während der Besatzungszeit nur der führende unter verschiedenen britischen Nachrichtendiensten in Deutschland. 1946 gründete die US-Armee eine deutsche Spionageorganisation unter Leitung des ehemaligen Wehrmachtgenerals Reinhard Gehlen. Amerikaner und Briten konkurrierten miteinander und arbeiteten gleichzeitig zusammen. 1949 wurde die CIA anstelle des CIC für die Organisation Gehlen federführend. Erst 1956 wurde die Organisation Gehlen als Bundesnachrichtendienst (BND) der Bundesregierung unterstellt – und sogar dann noch unter der Voraussetzung, dass sie weiter an die CIA berichtete. Ihre enge Verbindung zu den Amerikanern und ihre schnell wachsende Bedeutung zogen sie in die britisch-amerikanische Partnerschaft. Alle drei – CIA, SIS und BND – hielten die französischen Nachrichtendienste für nicht vertrauenswürdig. Ohne Zweifel verstärkten die Vielzahl der Spionageorganisationen und die Konkurrenz untereinander das Ausmaß der Spionage noch zusätzlich.

Widerstand und Spionage

Um mehr über die Entwicklung in der DDR zu erfahren, griffen westliche Geheimdienste – vor allem die amerikanischen – geschickt in das politische Geschehen in Deutschland ein. Einerseits nutzten sie bei der Werbung von Spionen Geldgier, Opportunismus, Zynismus und andere menschliche Schwächen aus. Auffällig bei der westlichen Spionage in Deutschland ist andererseits jedoch, dass die Geheimdienste mit jenen zusammenarbeiteten, die vom Hass auf die Kommunistische Partei der Sowjetunion (KPdSU) oder auf die SED geprägt waren. Gegner und Opfer der Sowjetunion und deren deutscher Helfer ließen sich in West-Berlin und der Bundesrepublik leicht finden. Eine ganze Reihe von in Deutschland ansässigen antisowjetischen Organisationen haben für Spionage geeignete und willige Menschen an die westlichen Geheimdienste vermittelt: der Volksarbeitsbund (NTS), der Verein für den Kampf für die Befreiung der Völker Russlands (SBONR) und die Organisation Ukrainischer Nationalisten (OUN). Die wichtigsten Widerstandsorganisationen im Westen gegen das SED-Regime waren der Untersuchungsausschuss Freiheitlicher Juristen (UFJ) und die Kampfgruppe gegen Unmenschlichkeit (KgU). Auch das Ostbüro der SPD verfolgte gemeinsame Interessen mit den britischen und amerikanischen Geheimdiensten.

Propagandamaterial des Untersuchungsausschusses Freiheitlicher Juristen und der Kampfgruppe gegen Unmenschlichkeit

Der Untersuchungsausschuss Freiheitlicher Juristen entstand 1949 in West-Berlin. Wenig später warb die CIA den Leiter, Horst Erdmann, als Agenten und begann zugleich den Untersuchungsausschuss zu finanzieren. Ziel waren mehr und bessere Informationen über die östlichen Geheimdienste und Details zu möglichst vielen Einzelpersonen, mit deren Hilfe sich gezielt Anwerbungsversuche bei Offizieren der DDR-Staatssicherheit und des sowjetischen Geheimdienstes KGB vorbereiten ließen. Die CIA wusste die Organisation für ihre Zwecke zu nutzen: Der Untersuchungsausschuss Freiheitlicher Juristen stellte sich als unabhängige private Rechtsberatung vor. Zahlreiche Ostdeutsche wandten sich deshalb an die Mitarbeiter und baten um juristischen Rat. Unter anderem lieferten diese Quellen Informationen über die ostdeutschen und sowjetischen Geheimdienste sowie über Gerichte und Militärtribunale, die eng mit diesen zusammenarbeiteten. Auch unter DDR-Anwälten baute der Untersuchungsausschuss in kürzester Zeit ein dichtes Netz von Vertrauensleuten auf. Durch Horst Erdmann hatte die CIA Zugang zu wichtigen Informationen. Wie erbittert die

Berlin 1955. Leonard Marnham, ein britischer Spitzentechniker, wird für ein Geheimprojekt nach Berlin beordert. Er soll in US-Diensten sowjetische Telefonleitungen anzapfen. Das Unternehmen – die „Operation Gold“ – ist streng geheim, die Beteiligten werden nur stufenweise informiert. Deutlich wird im Film die Rivalität zwischen den britischen und amerikanischen Dienststellen herausgearbeitet, Eifersucht und Misstrauen erschweren die Zusammenarbeit.

»... und der Himmel steht still« GB/D 1992

(The Innocent)

Regie: John Schlesinger

Buch: Ian McEwan nach seinem Roman „Die Unschuldigen – Eine Berliner Liebesgeschichte“

Produktion: Sievernich Film, Lakehard, DEFA-Studio

Darsteller: Campbell Scott, Isabella Rossellini, Anthony Hopkins, Ronald Nitschke, Hart Bochner, James Grant, Jeremy Sinden, Richard Durden u. a.

Leonard begegnet der geheimnisvollen Maria. Gegen die Warnung des Topagenten Glass verliert sich der junge und unerfahrene Leonard in einer leidenschaftlichen Affäre. Liebe, Freundschaft und Vertrauen werden missbraucht, Unschuld und Verdacht wechseln sich ab. Das Drehbuch des Films konnte – anders als der Roman – auf die aktuellen Ereignisse in Berlin reagieren. Die Handlung beginnt mit dem Fall der Mauer im November 1989: Leonard Marnham hat einen Brief von Maria erhalten, die sich mit ihm treffen will. In einer langen Rückblende wird Leonards Beteiligung an der „Operation Gold“ aufgerollt. 1989 begegnen sich beide dann in Berlin wieder – inmitten lauter lärmender und jubelnder Menschen. Ein – verspätetes – Happy End deutet sich an.

Die Liebesgeschichte zwischen dem englischen Techniker mit Zukunft und der schönen Deutschen mit Vergangenheit wird eingebettet in die spannende Geschichte um die „Operation Gold“. Trotz seiner Starbesetzung und des renommierten Regisseurs fand der Film über den Jahre zurückliegenden spektakulären Spionagefall bei der Filmkritik und beim Publikum keine positive Resonanz.

östlichen Geheimdienste die Organisation bekämpften, zeigt das Schicksal des Chefs der Wirtschaftsabteilung, Dr. Walter Linse: 1952 entführte ihn die Staatssicherheit und übergab ihn später dem sowjetischen Geheimdienst. Linse wurde im darauf folgenden Jahr hingerichtet.

Die Kampfgruppe gegen Unmenschlichkeit, 1948 gegründet und ebenfalls durch die Amerikaner finanziert, stellte als Gegenleistung die gewonnenen Informationen zur Verfügung und vermittelte für Spionage geeignete Ostdeutsche an die CIA. Auf Bitte des militärischen Geheimdienstes konzentrierte die Organisation ihre Spionage auf die in der DDR stationierten sowjetischen Truppen. Sie erhielt darüber hinaus Mittel von der Organisation Gehlen, für die sie ebenfalls Kontakte anbahnte. Bei der Auflösung der Kampfgruppe 1959 teilten BND und CIA die Unterlagen auf.

Die Entführung von Walter Linse war der spektakulärste Fall von Menschenraub durch das MfS. Das Foto wurde wahrscheinlich für die Presse nachgestellt

Flüchtlinge als Agenten

Um Agenten im Osten anzuwerben, wurden vor allem Flüchtlinge und ihre „Rückverbindungen“ in die Heimat ausgenutzt. Ein riesiges Flüchtlingsheer aus der DDR und den anderen Ländern Osteuropas durchlief westdeutsche Aufnahmelager. Mit ihrer Hilfe ließen sich alle Ostblockstaaten unterwandern, insbesondere jedoch die DDR, denn gerade von dort strömten Menschen in großer Zahl in den Westen: Zwischen der Gründung der DDR im Oktober 1949 und dem Mauerbau im August 1961 waren es fast drei Millionen, weitere Millionen flohen in den Jahren zuvor.

In den Aufnahmelagern erfassten alliierte Dienststellen sehr detaillierte Informationen über die Flüchtlinge, ihre Herkunft und ihre berufliche Tätigkeit und stellten sie den Geheimdiensten zur Verfügung. Um geeignete Agenten zu finden, die an die gesuchten Informationen gelangen könnten, suchten die Dienste nach Personen mit antikommunistischer Einstellung und einem bestimmten beruflichen Profil – zum Beispiel nach Personen, die in einem Ministerium tätig waren oder in einem Betrieb, der seine Erzeugnisse an die sowjetischen Behörden lieferte – sowie nach Personen aus bestimmten Orten in der DDR. Oft kehrten Flüchtlinge als angeworbene Spione in die Heimat zurück. In der Regel jedoch diente der Flüchtling als Verbindungsmann zu einer Quelle im Osten, diese Verbindung hieß „Rückverbindung“. Erwies es sich, dass der Flüchtling mit einer viel versprechenden und für eine Anwerbung geeigneten Quelle verwandt oder bekannt war, versuchte der Geheimdienst, diese Person zu kontaktieren und anzuwerben. Nach Angabe der CIA waren es üblicherweise Flüchtlinge, die zuvor in der DDR wichtige Positionen inne gehabt hatten, die Hinweise auf mögliche wertvolle Agenten gaben. Die Kandidaten wurden per Brief gebeten, nach West-Berlin zu kommen. Dort – oft in einem Café oder Lokal – versuchten die Geheimdienstmitarbeiter sie anzuwerben. In ihrem Bestreben, große Agentennetze hinter dem Eisernen Vorhang aufzubauen, ließen die Amerikaner solche „Lockbriefe“ in großer Zahl versenden. Unter anderem führten diese

Die Geheimdienste der Alliierten unterhielten im Notaufnahmelager Marienfelde eigene Dienststellen

Anwerbungsmethoden dazu, dass das Ministerium für Staatssicherheit (MfS) die Postkontrolle und die Überwachung der DDR-Bürger verstärkte.

Sowjetische Ziele im Visier

Die Spionage der westlichen Geheimdienste – mit Ausnahme des BND – zielte in Ostdeutschland hauptsächlich auf die Sowjets. Die DDR war keine militärisch bedeutsame Macht und nur ein Satellitenstaat, da die wichtigsten politischen Entscheidungen in Moskau und nicht in Ost-Berlin getroffen wurden. Überall in Ostdeutschland waren sowjetische Truppen – die größte sowjetische Armee außerhalb der UdSSR – stationiert. Die bedeutendste Außenstelle des sowjetischen Geheimdienstes und das riesige militärische Hauptquartier befanden sich in Berlin-Karlshorst. Viele beschlagnahmte Betriebe und Bergwerke lieferten ihre Produkte entweder direkt an die sowjetischen Streitkräfte oder in die UdSSR, viele Einrichtungen arbeiteten an wichtigen sowjetischen Entwicklungsprojekten. Die „Verwaltung für sowjetisches Eigentum in Deutschland" (USIG) leitete die „Sowjetischen Aktiengesellschaften" (später die „Sowjetisch-Deutschen Aktiengesellschaften"), zu denen auch die Wismut AG gehörte, ein bedeutender Uranbergbaubetrieb im Erzgebirge. Ihre Zentrale in Berlin-Weißensee war das wichtigste naturwissenschaftlich-technische Ziel der West-Berliner CIA-Dienststelle. Die Geheimdienste versuchten sowohl Quellen in den sowjetischen Zentren zu rekrutieren als auch Sowjetbürger zum Überlaufen zu verleiten. Auf der Jagd nach Informationen über die KGB-Filiale in Karlshorst versuchte die CIA unter anderem auch das ostdeutsche Dienstpersonal anzuwerben – Putzfrauen, Müllmänner, Elektriker, Büroangestellte. Sie beauftragte Agenten mit Zugang zu den Büros oder Wohnungen, Wanzen zu platzieren.

Schaltzentrale des KGB in Ost-Berlin. Schon das Fotografieren des Hauptquartiers in Karlshorst galt im Kalten Krieg als Akt der Spionage

Nützliche Hinweise brachten auch hier Flüchtlinge aus der DDR. Der amerikanische Geheimdienst befragte sie schwerpunktmäßig nach ihren Kontakten zu Personen, die mit sowjetischen Staatsbürgern bekannt waren, und lud diese Personen nach West-Berlin ein mit der Absicht, sie als Agenten zu werben und zu beauftragen, ihre sowjetischen Bekannten nach West-Berlin zu bringen. In West-Berlin versuchten die CIA-Offiziere dann, den Sowjetbürger entweder als Spion zu gewinnen oder zum Überlaufen zu veranlassen. Fast alle in den Befragungen erwähnten Kontakte waren romantischer oder sexueller Natur zwischen sowjetischen Männern und ostdeutschen Frauen, die oftmals Prostituierte waren. In der Regel brachen die Kontakte ab, sobald die Prostituierte oder Freundin einen Besuch in West-Berlin vorschlug. Um diese Furcht zu vermindern, ließ die CIA durch die antisowjetische Widerstandsorganisation NTS Flugblätter in der DDR verbreiten, die erklärten, wie einfach die Westsektoren von Ost-Berlin aus zu besuchen seien.

„Operation Gold"

Feind hört mit: An dieser Stelle wurden die sowjetischen Telefonleitungen angezapft

Ein weiteres Ziel in der Ostzone war das sowjetische Kommunikationsnetz. Zwischen Mai 1955 und April 1956 gelang es SIS und CIA gemeinsam dank hervorragender Technik, durch einen 500 Meter langen Tunnel aus Rudow im amerikanischen Sektor in den sowjetischen Sektor Berlins einzudringen und drei wichtige militärische Telefonverbindungen anzuzapfen. Die Leitungen verbanden das Hauptquartier der sowjetischen Armee in Wünsdorf, den militärisch-nachrichtendienstlichen Komplex in Berlin-Karlshorst und Moskau. In riesigem Ausmaß konnten überaus wertvolle Nachrichten über die sowjetischen Streitkräfte, über Rüstung, Politik, militärische Spionage, militärisch-industrielle Einrichtungen und deren Mitarbeiter gewonnen werden, obwohl die Sowjets durch einen Doppelagenten von dem Projekt wussten. In den elf Monaten wurden etwa 443 000 Telefongespräche sowjetischer bzw. ostdeutscher Teilnehmer auf Tonband aufgenommen, die mehr als 50 000 Spulen füllten. Dass es sich um gezielte Desinformation von sowjetischer Seite handelte, ist ausgeschlossen, denn in einem solchen Umfang ist Desinformation nicht möglich. Dazu kam, dass der KGB aus Angst, seinen Spitzel im SIS, George Blake, zu gefährden, nicht wagte, der Operation vorzeitig zu schaden. Tatsächlich hatte Blake bereits 1954 den KGB vor der Operation gewarnt. Der sowjetische Geheimdienst war von der Sicherheit der eigenen Kommunikation offenbar allzu überzeugt. Um Blake vor Verdacht zu schützen, wartete der KGB geduldig, bis er im April 1956 die scheinbar zufällige Entdeckung des Tunnels veranlasste.

22. April 1956: Die Sowjets „entdecken" den Tunnel

Agentennetze

Die westlichen Geheimdienste deckten das gesamte Territorium der DDR mit Spionen ab. Die ersten Agentennetze – ehemalige Soldaten und Matrosen der Wehrmacht – sollten sowjetische Militäreinheiten sowie deren Waffen und Ausrüstung ausforschen. Eisenbahner der Deutschen Reichsbahn beobachteten und fotografierten Bewegungen der sowjetischen Streitkräfte. In Betrieben und Forschungsinstituten konnten sehr viele Agenten geworben werden. Der CIA gelang es, in großem Ausmaß Nachrichten aus den Verwaltungen der DDR-Volkswirtschaft zu erlangen. Die umfangreichen statistischen Berichte, die sie aufgrund dieser Informationen ausarbeitete, stellten ein Standardprodukt der West-Berliner Filiale dar. Volkspolizisten berichteten an die CIA, auch das MfS wurde unterwandert. Sowohl die Amerikaner als auch die Organisation Gehlen rekrutierten viele Quellen in der SED und noch mehr in den „bürgerlichen" Parteien der Nationalen Front. Der Chef der Liberaldemokratischen Partei Deutschlands und stellvertretende Ministerpräsident in den 1950er Jahren, Hermann Kastner, arbeitete als Spion für Gehlen. Seine Frau diente als Kurier. Als geschätztes Mitglied der DDR-Elite durfte sie einen Arzt in West-Berlin besuchen – der Arzt, der sie im Kittel begrüßte, war ein Mitarbeiter der Organisation Gehlen. Kastners Frau brachte ihm in der Regierungslimousine Kopien von Kabinettsprotokollen und anderen wichtigen Unterlagen.

Zur gleichen Zeit hatte das ehemalige SPD-Mitglied Walter Gramsch eine wichtige Position im DDR-Transportministerium inne, das zu dieser Zeit Ernst Wollweber,

Experte für Schiffssabotage und später Minister für Staatssicherheit, führte. Nach dem Krieg nahm Gramsch auf Befehl Gehlens wieder Kontakt zu seinem alten Bekannten Wollweber auf und wurde im Transportministerium eingestellt. Schließlich leitete er die Abteilung für Schifffahrt und Häfen. Ein Schwerpunkt seiner Agententätigkeit war, Gehlen über – im Westen rechtswidrige – Exporte in die DDR zu informieren.

Elli Barczatis, Chefsekretärin des Ministerpräsidenten Otto Grotewohl, galt als wichtige Spionin. Tatsächlich war sie das nicht. Ihre tragische Karriere als Spionin demonstriert, wie gut das Informantennetz des MfS funktionierte. Ihr Freund Karl Laurenz verleitete Elli Barczatis zur Spionage, beide verachteten die SED und die DDR. Mehr als vier Jahre war sie für Gehlen tätig, doch bereits sehr früh erstattete eine Informantin über ihr verdächtiges Verhalten Bericht an das MfS. In der Folge wurde sie überwacht und erhielt keinen Zugang zu wichtigen Informationen. Gegen Ende 1955 starben Elli Barczatis und Karl Laurenz unter dem Fallbeil.

In den Jahren 1953 bis 1955 verhaftete die Staatssicherheit im Auftrag des KGB westliche Spione und andere Feinde in großer Zahl. Es gab drei große Verhaftungs-

George Blake gehörte zu den hoch geehrten Veteranen der östlichen Spionage. Die Skizze entstand im Auftrag des MfS

aktionen mit den Decknamen „Feuerwerk“, „Pfeil“ und „Blitz“. Beispielsweise zielte „Pfeil“ hauptsächlich darauf ab, Agentennetze der Organisation Gehlen und der amerikanischen Geheimdienste zu liquidieren. Im Laufe der Aktion wurden nicht weniger als 547 tatsächliche oder angebliche Spione verhaftet – ein großer Erfolg für das MfS und den KGB. Der sowjetische Geheimdienst behauptet, zwischen 1953 und 1955 dank der Informationen seiner Spione in den britischen und westdeutschen Geheimdiensten – George Blake (SIS), Kim Philby (SIS) und Heinz Felfe (Organisation Gehlen) – „das Agentennetz des Gegners in der DDR" zerstört zu haben. Die CIA bestätigt, dass in jenen Jahren alle westlichen Geheimdienste Agenten in der DDR verloren haben. Sieger im Kampf der Geheimdienste waren deshalb Mitte der 1950er Jahre KGB und MfS. Trotzdem erzielte die CIA im Zeitraum 1947 bis 1961 große Spionageerfolge in Deutschland.

Die Folgen des Mauerbaus

In der Nacht vom 12. zum 13. August 1961 wurde die Mauer in Berlin errichtet – ohne Vorwarnung seitens der westlichen Geheimdienste. Für sie hatte die Mauer schwer wiegende Folgen: Sie verringerte einerseits den Flüchtlingsstrom aus der DDR und ermöglichte andererseits dem MfS, den Personenverkehr zwischen den beiden Teilen Berlins und damit zwischen der DDR und dem „kapitalistischen Ausland" fast vollständig zu kontrollieren. Folglich brachte die Mauer sehr viele westliche Quellen in der DDR zum Versiegen. Nach dem 13. August 1961 war es nicht nur für Agenten viel schwieriger, in die DDR zu gelangen, sondern auch für Kuriere, dasselbe galt für Spione im Osten, die nach West-Berlin reisen wollten. Da der Mauerbau die Übermittlung von Spionageberichten erschwerte, hielten Agenten und Geheimdienste die Verbindung nun hauptsächlich per Funk oder per Geheimbrief aufrecht. Außerdem warb die CIA mehr „legal Reisende" – Personen, die aus dienstlichen oder familiären Gründen in die DDR reisen durften – an.

Der Mauerbau am 13. August 1961 war eine entscheidende Zäsur auch für Geheimdienstarbeit in Berlin

Obwohl der Ertrag der unmittelbaren Agententätigkeit in den 1960er Jahren viel geringer war als im vorangegangenen Jahrzehnt, konnte die CIA trotzdem Erfolge vorweisen: Zum Beispiel erhielt Gertrud Liebing (Deckname „Markus"), eine Technikerin für Fernmeldewesen beim Zentralkomitee der SED, eine wertvolle Verbindung zur CIA nach dem Mauerbau aufrecht. Von 1955 bis 1966 übermittelte sie streng geheime Telefonbücher und Telefonnummern, berichtete über DDR-Ministerien und Mitarbeiter des MfS sowie über entschlüsselte chiffrierte Funkmitteilungen aus dem Westen. Der zunehmende Personenverkehr zwischen den beiden deutschen Staaten in den 1970er und 1980er Jahren erweiterte die Möglichkeiten, Agenten im Osten anzuwerben.

Mit Beginn der 1960er Jahre verloren jedoch menschliche Quellen für die CIA zunehmend an Bedeutung: Im August 1960 schossen die Amerikaner ihren ersten Spionagesatelliten „Discoverer XIV" in die Erdumlaufbahn. Dieser und die folgenden Satellitengenerationen machten die Stationierung und Bewegung der sowjetischen Streitkräfte in Osteuropa sichtbar. Die Amerikaner – allerdings nur sie, da sie über Satelliten verfügten – hatten damit einen Ersatz für das Loch im Eisernen Vorhang gefunden, das in Berlin mit dem Bau der Mauer verschlossen worden war.

ichbar für die sowjetische Flugabwehr:
ische Spionageflugzeug U2

Aleksandr K. Nikonow

Duell über den Wolken

Das Ende der U2-Mission von Francis G. Powers

Aleksandr K. Nikonow, Direktor des Zentralen Museums der Streitkräfte in Moskau, erinnert sich an seine Begegnung mit dem Sohn des Piloten Francis G. Powers. Nikonow blickt zurück auf die dramatischen Ereignisse des Jahres 1960: auf den Abschuss des amerikanischen Aufklärungsflugzeugs vom Typ U2 über sowjetischem Territorium – und auf die verpasste Chance, den Kalten Krieg schon Anfang der 1960er Jahre zu beenden.

Im Mai 1960 war in Paris ein Gipfeltreffen geplant, an dem laut Absprache von Nikita S. Chruschtschow und Präsident Dwight D. Eisenhower auch Harold Macmillan und Charles de Gaulle teilnehmen sollten. Das Treffen der Führer der UdSSR, der USA, Großbritanniens und Frankreichs sollte die wichtigste Friedenskonferenz seit der Beendigung des Zweiten Weltkriegs werden. Der Konfrontation zwischen den ehemaligen Verbündeten sollte ein Ende bereitet und eine neue Ära der globalen Zusammenarbeit begonnen werden, die Chruschtschow nach Stalins Tod verkündet hatte. Eisenhower hatte geplant, nach dem Treffen in Paris auf Einladung von Chruschtschow der UdSSR einen Besuch guten Willens abzustatten.

Das Gipfeltreffen fand statt – und scheiterte: Am 1. Mai 1960 wurde das amerikanische Spionageflugzeug U2, geflogen von Francis G. Powers, über dem Territorium der Sowjetunion abgeschossen. Die Spannung des Kalten Krieges wuchs weiter.

Am 4. Juni 1997 betraten zwei Männer mein Arbeitszimmer im Zentralen Museum der Streitkräfte. Der Dolmetscher stellte den Gast vor: „Powers – Sohn von Francis Powers, der am 1. Mai 1960 von Angehörigen der sowjetischen Raketentruppen am Himmel über Swerdlowsk abgeschossen wurde." Vor mir stand ein sympathischer Amerikaner und hielt ein kleines Plakat in den Händen, das einen Piloten vor dem Hintergrund eines Flugzeugs zeigte. „Dieses Plakat ist in den USA herausgekommen und dem 35. Jahrestag der Freilassung meines Vaters aus dem Gefängnis in Wladimir gewidmet", sagte er. „Ich möchte gern näher mit Ihnen bekannt werden", wandte er sich wieder an mich über den Dolmetscher, „da ich in Amerika ein Museum des Kalten Krieges aufbaue". Powers junior gab mir das Plakat, wir setzten uns an den Tisch und unterhielten uns rund eine halbe Stunde.

Mir war bekannt, dass Francis Powers nach der Verkündung des Schuldspruchs durch das Militärkollegium im August 1960 zu zehn Jahren verurteilt, jedoch nach 18 Monaten freigelassen worden war. Nach der Rückkehr in die USA attackierte ihn die westliche Presse. Der amerikanische Geheimdienst unterband Versuche der Journalisten, mit ihm Interviews zu führen, und verhörte Francis Powers mehrfach. 1977 kam Powers ums Leben. Sein Hubschrauber ging unter rätselhaften Umständen am Stadtrand von Los Angeles zu Bruch.

Schauprozess gegen Francis Powers im Säulensaal des Moskauer Gewerkschaftshauses: Am 19. August 1960 verurteilte der Militärsenat des Obersten Gerichtshofs der Sowjetunion Francis Powers zu zehn Jahren Haft

Amerikaner im sowjetischen Luftraum

Nach der Beendigung des Zweiten Weltkriegs war die Sowjetunion nicht davon überzeugt, dass sich eine Aggression gegen die UdSSR nicht wiederholen wird. Unser Land verstärkte seine Streitkräfte weiter. Das Auftauchen neuer Waffenarten in der Armee und bei der Flotte riefen das gesteigerte Interesse unserer Gegner hervor. In den 1950er Jahren betrieb der Westen aktive Luftaufklärung gegen die UdSSR. Es gab zu dieser Zeit noch keine Satelliten, die Aufklärung erfolgte mit Hilfe von Luftballons, an denen Spezialapparaturen befestigt waren, und mit Aufklärungsflugzeugen. Allein im Zeitraum 1954 bis 1960 verletzten sie über 150-mal den Luftraum der UdSSR. Das Flugzeug von Powers war nicht der erste und auch nicht der letzte Aufklärer, der in den Luftraum unseres Landes eindrang und abgeschossen wurde: Am 17. April 1955 schoss der Pilot der Jagdfliegerkräfte der Luftabwehr, Major Nikolaj Poljakow, in einer Höhe von 12 500 Metern das Störflugzeug RB-47 ab; ein Flugzeug gleichen Typs schoss der Pilot Hauptmann Wasilij Poljakow zwei Monate nach der Vernichtung des Flugzeugs, das Francis Powers geflogen hatte, über den sowjetischen Hoheitsgewässern östlich des Kaps Swjatoj Nos (Kolskij-Halbinsel) ab.

Am 9. April 1960 inspizierte ein amerikanisches U2-Flugzeug höchst geheime Objekte der Sowjetunion: das Kernkraft-Versuchsgelände Semipalatinsk, die Flugzeugbase der strategischen Bomber TU-95 in der Nähe dieses Versuchsgeländes sowie geheime Versuchsgelände der Fliegerabwehrraketentruppen in Sary-Schagan und Tjura-Tam, das „Kosmodrom Bajkonur". Im Raum der turkmenischen Stadt Mary verließ der Aufklärer unbeschädigt wieder den Luftraum der UdSSR. Die sowjetische Seite gab eine scharfe Erklärung in einer geschlossenen Note ab, die Amerikaner reagierten nicht darauf. Sie planten weitere Erkundungsflüge über dem Territorium der UdSSR.

Der am 1. Mai 1960 abgebrochene Flug des Spionageflugzeugs U2 war der größte Misserfolg in der Serie dieser geplanten Flüge. Das Störflugzeug überflog die Staatsgrenze der UdSSR um 5.36 Uhr, ging mit einer Geschwindigkeit von 720 bis 780 Stundenkilometer auf eine Höhe zwischen 18 000 und 21 000 Metern. Die 2. Division der 57. Flugabwehrraketenbrigade, geleitet von Major Michail Woronow, unterband den Flug um 8.36 Uhr. Was geschah in diesen drei Stunden?

Zum Abschuss freigegeben

Auf dem Flugplatz im pakistanischen Peschawar, wo Powers' Flug begann, informierte Oberst William Shelton den Piloten darüber, dass die Sowjetunion keine Höhenraketen besitzt. Es ist unklar, ob er sich nur verstellte oder ob er nicht über die notwendigen Informationen verfügte. Zu dieser Zeit wurden in der UdSSR in der Nähe großer Städte und Wirtschaftszentren Flugabwehrraketen-Komplexe S-75 aufgestellt, die in der Lage waren, Ziele in Höhen über 20 000 Metern zu treffen, und im Flugwesen tauchten die Höhenjäger SU-9 auf, die in dieser Höhe Ziele abzufangen vermochten. Powers wusste davon jedoch nichts, er war von seiner Unerreichbarkeit überzeugt. Und das nicht ohne Grund: In der Gegend um den Aral-See blieben die sowjetischen Jäger, die aufgestiegen waren, unter der U2 bald zurück.

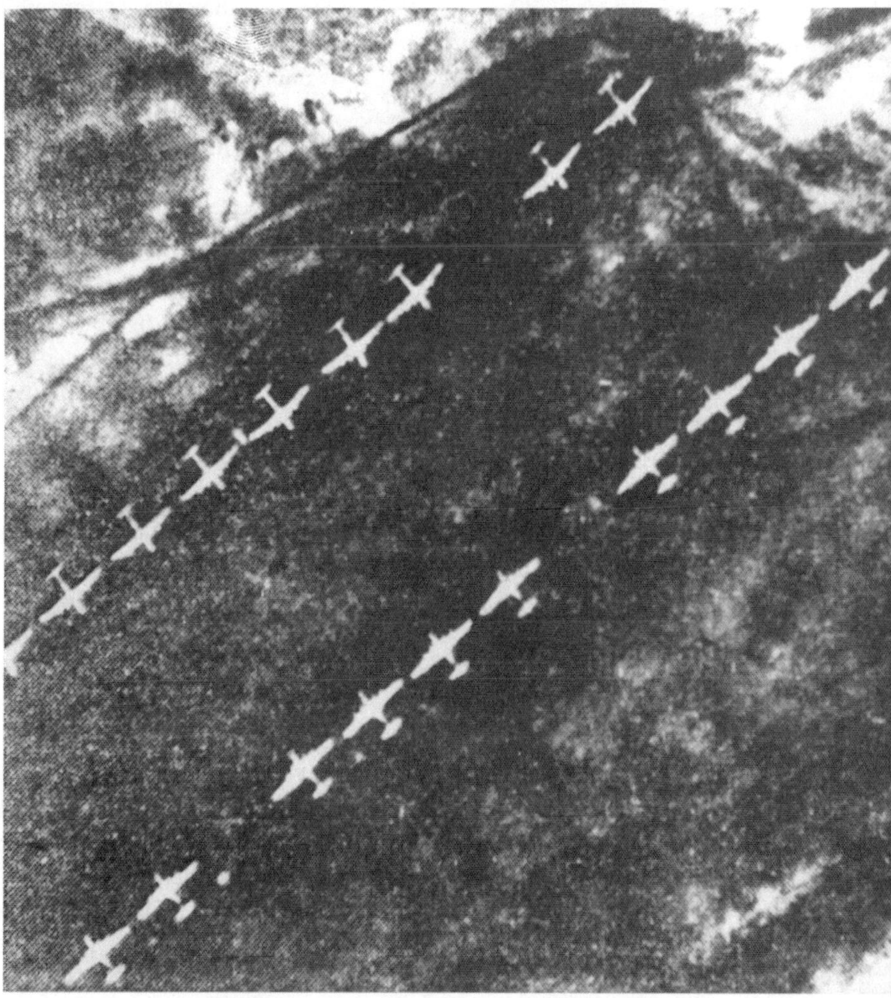

Sowjetischer Flughafen, aufgenommen durch die Kamera der von Francis Powers gesteuerten U2-Maschine

Die „Überraschung" wartete auf Powers am Ural. Hinter dem Störflugzeug mobilisierten sich alle Kräfte für seine Zerstörung. Alle Militär- und zivilen Flugzeuge in der Flugzone der U2 wurden auf den Befehl „Kowjor!" (Teppich) auf die Flugplätze geleitet. Außer den Raketentruppen wollten aber auch die Piloten der Jagdfliegerkräfte der Luftabwehr die Aufgabe ausführen. Fliegeradmiral Sawizkij, der sie damals befehligte, verlangte nachdrücklich, dass allein die Jäger das Störflugzeug vernichten sollen. Das wurde in der Folge zu einem der Hauptgründe für den Tod des sowjetischen Fliegers Oberleutnant Sergej Safronow, der nach der Vernichtung der U2 von einer eigenen Flugabwehrrakete abgeschossen wurde.

Aber der Reihe nach: Nach dem Befehl zur Vernichtung des Störflugzeugs führte die Kampfabteilung von Major Woronow, nachdem sie die Zielkoordinaten genau ermittelt hatte, den Start einer Boden-Luft-Flugabwehrrakete S-75 aus. Diese Ereignisse beschreibt der Militärberichterstatter Anatolij Dokutschajew, der die Vernichtung des Spionageflugzeugs U2 ausführlich untersucht hat: „Die Rakete explodierte hinter dem Flugzeug, ihre Splitter durchschlugen das Schwanzleitwerk und die Tragflächen (der Trefferradius durch Raketensplitter des Systems S-75 beträgt bis 300 Meter), trafen jedoch nicht die Kabine. Die Maschine kippte mit der Nase nach unten. Francis griff mit der linken Hand den Drosselgriff, mit der rechten hielt er sich am Steuer fest. Das Flugzeug wurde von starken Schlägen geschüttelt und warf dabei den Piloten in der Kabine hin und her. Die

U2-Pilot Francis G. Powers

Tragflächen rissen ab. Mit der Nase zum Himmel gerichtet trudelte der verunstaltete Flugzeugrumpf zur Erde. Powers versuchte gar nicht erst, das Flugzeug zu sprengen – der Knopf dafür war neben dem Sitz –, obwohl ihn seine Instruktionen dazu verpflichteten. Die Sprengladung würde nicht nur das Flugzeug, sondern auch den Piloten auf der Stelle zerreißen. Er beschloss, aus der abstürzenden Maschine mit dem Fallschirm abzuspringen – das gelang ihm. Aber ein paar Sekunden davor erhielt Hauptmann Nikolaj Scheludko, der Kommandeur der benachbarten Raketendivision, den Befehl, noch einmal auf die U2 zu feuern, um eine Abschussgarantie zu haben. Die Division gab die Salve ab. Die Raketen trafen die Bruchstücke des von Powers bereits verlassenen Flugzeugs."

Auf den Bildschirmen der Ortungsgeräte löste sich das Ziel in Störungen auf. Nach der Salve der Division Scheludko wurden es noch mehr, nach einigen Minuten wurde klar, dass Flugzeugteile auf die Erde fallen. Major Woronow meldete an die Befehlsstelle, dass das Ziel vernichtet ist. Aber dort war man der Meinung, dass der Gegner die Störungen ausgelöst hat, indem er einen Behälter mit Metallbändern abgeworfen hat, und dass er seinen Flug fortsetzt. Die abschließende Meldung über die Vernichtung des Flugzeugs folgte etwa nach 30 Minuten, als der herauskatapultierte Powers auf dem Boden festgenommen worden war.

Tragische Verwechslung

In der Luft kam es nun zu tragischen Ereignissen: Aus der benachbarten Raketendivision, kommandiert von Major Schugajew, kam die Meldung: „Ziel vorhanden! Ich sehe zwei im Zielraum!" Woher kamen sie? Unsere Flugzeuge durften nicht in der Luft sein. Da es keine Abstimmung zwischen Flugabwehr-Raketentruppen und den Jagdfliegerkräften der Luftabwehr gab, war den Raketentruppen nicht bekannt, dass zum Abfangen der U2 ein Flugzeug SU-9 mit dem Piloten Igor Mentjukow und zwei MiG-19 mit den Piloten Boris Ajwasjan und Sergej Safronow aufgestiegen waren. Zu diesen Flugzeugen wurden ebenfalls Raketen gestartet. Igor Mentjukow, der die SU-9 flog, hatte Glück, denn er flog aus der Schusszone heraus und die Rakete erreichte ihn nicht, sondern zerstörte sich dann selbst. Die zwei MiG-19 aber gerieten in den Zielraum des Raketenabwehrkomplexes und wurden fälschlicherweise für Störflugzeuge gehalten.

Die Kampfhandlungen in der Befehlsstelle der Luftabwehrraketentruppen der Ural-Gruppe der Luftabwehr leitete an diesem Tag der Oberst Pewnyj, ein sehr erfahrener Raketenfachmann. Zur Kontrolle anwesend war auch der erste Stellvertreter des Gruppenkommandeurs, General Solodownikow. Als von Major Schugajew die Meldung kam, dass sich im Zielraum zwei Flugzeuge befinden, stellte Oberst Pewnij fest: „Unsere!" „Unsere Flugzeuge sind nicht in der Luft", entgegnete ihm General Solodownikow. „In der Luft sind unsere Flugzeuge!" beharrte der Oberst und legte das Mikrofon für die Befehlsverbindung zur Seite. „Vernichten!" befahl General Solodownikow. „Das sind unsere Jäger!" Pewnyj kam hinter dem Leitstand hervor. General Solodownikow nahm selbst das Mikrofon und gab dem Kommandeur des Luftabwehrraketenregiments den Befehl, der ihn an Major Schugajew weiterleitete: „Ziel vernichten!"

Aus der Raketendivision starteten mehrere Raketen. Hauptmann Ajwasjan, dessen MiG-19 voranflog, bemerkte den Raketenstart vom Boden, orientierte sich blitzschnell, führte ein Raketenabwehrmanöver aus und entkam in eine Lücke auf geringer Höhe. Oberleutnant Safronow schaffte es nicht.

Sergej Safronow starb vor den Augen der Einwohner von Werchnij Ufalej, die zur Maidemonstration gegangen waren. Sein Flugzeug stürzte etwa zehn Kilometer vom Flugplatz entfernt ab, nicht weit davon kam er selbst am Fallschirm herunter, tot, mit einer großen Wunde auf der Seite. Möglicherweise hatte die Detonation das Katapult ausgelöst, oder der Pilot konnte es selbst im letzten Moment tun – feststellen konnte das die Untersuchungskommission letztlich nicht. Am Tag seines Todes war Safronow noch keine 30 Jahre alt – genau so alt wie Francis Powers.

Eine wichtige Aufgabe der Mitglieder der Kommission, die aus Moskau eingetroffen waren und die Umstände der Vernichtung des Spionageflugzeugs untersuchten, war es, das Einsammeln der auf den Feldern und in den Waldstreifen verstreuten Teile des Flugzeugs zu überwachen; sie kümmerten sich um deren Schutz und Transport nach Moskau. Bereits am nächsten Tag wurde der Bereich, in dem das Flugzeug abgestürzt war – eine Fläche von 20 Quadratkilometern – in Quadrate aufgeteilt. Speziell für diese Aufgabe angeforderte Abteilungen begannen, ihre Abschnitte zu durchkämmen. Den Flugzeugmotor fand man im Sumpf und zog ihn unter Schwierigkeiten mit einem Kran heraus. Nach Augenzeugenberichten wurde fast alles aufgesammelt, obwohl auch die Einwohner der umliegenden Dörfer einiges mitnahmen. Insbesondere das Magnetband war von Interesse. Die Überreste der U2 wurden nach Moskau gebracht, wo die Entscheidung getroffen worden war, eine Ausstellung von „Sachbeweisen" im Zentralen Kultur- und Erholungspark „Maxim Gorki" vorzubereiten.

Heute sind Überreste des abgeschossenen Flugzeugs U2 und persönliche Gegenstände des amerikanischen Piloten in zwei Moskauer Museen zu sehen: im Zentralen Museum der Streitkräfte und im Zentralen Museum des Föderalen Grenzschutzes der Russischen Föderation. Zusammen mit Gegenständen aus dem Besitz von Francis Powers bewahrt auch das Museum der Grenztruppen, das damals zum Komitee für Staatssicherheit der UdSSR (KGB) gehörte, noch viele andere Dinge auf – stumme Zeugen des Kalten Krieges.

Der Fall Powers als Groschenheft: Der Stoff bot sich in der DDR für Propagandazwecke an

Brücke der Einheit
YOU ARE LEAVING
THE AMERICAN SECTC
ВЫ ВЫЕЗЖАЕТЕ И
АМЕРИКАНСКОГО СЕКТО
VOUS SORTEZ
DU SECTEUR AMÉRICA
SIE VERLASSEN DEN AMERIKANISCHEN SE

Daniel Kosthorst

„High noon" auf der Glienicker Brücke

Agentenaustausch in Berlin

„Irgendwo an der Grenze zwischen West- und Ostdeutschland, Morgengrauen." Die Leinwand zeigt Stacheldraht und Wachtürme am Ufer eines Flusses. Von rechts kommt eine schmale Bogenbrücke ins Bild, an deren Auffahrt ein Schild in vier Sprachen warnt: „Sie verlassen die Bundesrepublik Deutschland". Wenige Meter entfernt landet mit lautem Rotorengeräusch ein amerikanischer Militärhubschrauber, dem ein Mann im Trenchcoat entsteigt: Oberst Wlassow, sowjetischer Topspion. Gemeinsam mit den Chefs der Geheimdienste aus Washington und Paris tritt er an den Schlagbaum. Am anderen Ende der Brücke öffnet sich der Grenzzaun und gibt einem jungen Mann im Pelzmantel den Weg frei. Wlassow nimmt einen Zug aus seiner Zigarette. „Die werden mir fehlen", erklärt er, ehe er unter den Klängen der Filmmusik die Brücke in Richtung Osten überquert.

Agentenaustausch im Spielfilm: Yul Brynner, Henry Fonda und Philippe Noiret vor einer Brückenkulisse

Mythos und Realität

Diese Episode beendet den Kinofilm „Le serpent" (Die Schlange), den der französische Regisseur Henri Verneuil 1972 mit großem Staraufgebot drehte. Yul Brynner spielte den sowjetischen Agenten Wlassow, Henry Fonda seinen amerikanischen, Philippe Noiret seinen französischen Gegenspieler. Die Szene enthält zugleich die wesentlichen Elemente des Mythos, der um den Agentenaustausch auf der Glienicker Brücke entstanden ist: die Brücke als singuläre Nahtstelle zwischen dem kommunistischen Osten und dem freien Westen, die nasskalte Witterung des Tagesanbruchs als Symbol für den Stand der Ost-West-Beziehungen im Kalten Krieg, die launigen Dialoge als Imagination des Umgangs zwischen den feindlichen Geheimdiensten.

Historisch korrekt ist an der Filmszene lediglich der Satz, der dem Bedauern über den künftigen Verzicht auf amerikanische Zigaretten galt. Er wurde allerdings bereits Stunden vor der Austauschaktion gesprochen. Der erste Agentenaustausch am 10. Februar 1962 auf der Glienicker Brücke verlief ansonsten völlig anders. Schon der Schauplatz bot ein anderes Bild. Die nach der Kriegszerstörung von der DDR 1949 unter dem bezeichnenden Namen „Brücke der Einheit" wieder hergestellte Stahlkonstruktion überspannt keinen schmalen Flusslauf, sondern die weitläufige Havel zwischen Berlin und Potsdam. Das östliche Ufer erweckte trotz der Sperranlagen eher den Eindruck eines Parks als den eines schwer bewachten Grenzgebiets. Nicht Wachtürme, sondern Bäume bestimmten die Silhouette. Am Westufer wies zwar tatsächlich – wie überall auf der West-Berliner Seite – ein Schild auf die Grenze hin, doch lautete der Text: „Sie verlassen den amerikanischen Sektor". Zu Recht deutet

Linke Seite: Amerikanische Militärpolizisten patrouillieren 1962 an der Westseite der Glienicker Brücke

In Zivil in die Freiheit: Kleidungsstücke, die U2-Pilot Powers am 10. Februar 1962 beim Austausch auf der Glienicker Brücke trug

Nach fünfmonatiger Haft in der DDR kam der Student Frederic Pryor anlässlich des Agentenaustauschs vom 10. Februar 1962 frei

dagegen der Film an, dass der Ort zum Zeitpunkt des Austauschs fast menschenleer war. 1952 hatte die DDR die Glienicker Brücke im Zuge des Ausbaus ihrer Westgrenze für den allgemeinen Verkehr gesperrt. Seit dem Mauerbau am 13. August 1961 durften ausschließlich Fahrzeuge und Personal der Alliierten Militärmissionen den Übergang passieren.

Der legendäre Agentenaustausch vom 10. Februar 1962 fand in der Realität vormittags gegen 8.45 Uhr statt. Als „kalt und klar" beschrieb ein Augenzeuge diesen denkwürdigen Samstagmorgen. Elf Personen betraten die Brücke, auf deren Mitte die eigentliche Übergabe vollzogen werden sollte. Von Westen her kamen der sowjetische Spion Rudolf Abel, sein Rechtsanwalt, Vertreter des US-Außenministeriums und der Strafvollzugsbehörde, der Leiter der CIA-Dienststelle in West-Berlin und ein Pilot, der die Identität der amerikanischen Austauschperson prüfen sollte. Aus Richtung Osten kamen – begleitet von zwei Wachmännern – der amerikanische U2-Pilot Francis G. Powers, ein Diplomat der sowjetischen Botschaft in Ost-Berlin und der unmittelbare Vorgesetzte Abels in der Moskauer KGB-Zentrale. Powers und Abel überquerten gleichzeitig die weiße Grenzlinie. Kurz zuvor war am Ausländerübergang Checkpoint Charlie an der Berliner Friedrichstraße ein weiterer Amerikaner in die Freiheit entlassen worden: Frederic L. Pryor, Student der Wirtschaftswissenschaften an der Yale-Universität in Connecticut, USA. Die Öffentlichkeit blieb von alledem ausgeschlossen. Nicht einmal eine Fotografie ist bekannt.

Rudolf Abel und Francis Powers

Dennoch hat sich die Aktion in das Gedächtnis der Welt eingebrannt. Ein Grund dafür ist zweifellos die Prominenz der Personen. Rudolf Iwanowitsch Abel – sein eigentlicher Name lautete William August Fisher – war 1948 in die USA eingeschleust worden. Er baute für den KGB ein umfangreiches Agentennetz auf, das sowohl militärischer Sabotage als auch der Aufklärung von Nukleargeheimnissen diente. Seit 1950 lebte er als Maler und Fotograf unter dem Decknamen Emil R. Goldfus in New York. Seine Tarnung war perfekt. Er galt als zurückgezogen lebender Künstler, sprach Englisch wie ein Einheimischer und hatte ein sicheres, stets korrektes Auftreten. „Man hat von Abel gesagt, er habe sein ganzes Leben so geführt, als sollte der erste Fehler, den er machte, auch sein letzter gewesen sein", urteilte später sein Anwalt James B. Donovan. Im Sommer 1957 wurde der Spion durch den Verrat eines Mitarbeiters, der zum FBI übergelaufen war, entdeckt und verhaftet. Amerika war schockiert. Über Wochen beschäftigte der Prozess gegen Abel die Presse. Ein Geschworenengericht sprach ihn am 15. November 1957 wegen Beschaffung und Weitergabe von Verteidigungs- und Atomgeheimnissen schuldig. Auf dieses Verbrechen stand seinerzeit die Todesstrafe! Doch die Verteidigung setzte die Umwandlung in eine Zuchthausstrafe von 30 Jahren durch, deren vollständiger Vollzug für den 54-Jährigen freilich lebenslange Haft bedeutet hätte.

Mit erstaunlicher Weitsicht hatte Abels Anwalt schon in seinem Schlussplädoyer auf die Möglichkeit hingewiesen, „dass in absehbarer Zeit ein Amerikaner gleichen Ranges von Sowjetrussland oder seinen Alliierten gefangen wird" und es dann im Interesse der Vereinigten Staaten liegen werde, „einen Gefangenenaustausch auf diplomatischem Wege in Betracht zu ziehen". Kaum drei Jahre später fand sich tatsächlich ein angemessenes Tauschobjekt: der amerikanische Pilot Francis Powers. Der Sohn eines Bergarbeiters aus Virginia war 1956 im Rang eines Hauptmanns aus der Air Force ausgeschieden. Noch im selben Jahr wurde er durch die CIA für das U2-

Links: Abel im Atelier seines Freundes Burton Silverman. Der Künstler konnte nicht wissen, dass sein Gast der wichtigste sowjetische Spion seiner Zeit in den USA war

Rechts: Ankunft am Gerichtsort in New York. Anzug und Krawatte hatte sich Rudolf Abel durch seinen Anwalt besorgen lassen

Projekt angeworben. Dabei handelte es sich um eine groß angelegte geheime Luftaufklärung über dem Gebiet der Sowjetunion, die mit eigens entwickelten Flugzeugen des Typs U2 in größter Höhe – lange Zeit unerreichbar für russische Abfangjäger und Raketen – durchgeführt wurde. Systematisch hatten die Kameras der Maschinen über vier Jahre ungestört die militärischen Geheimnisse des Kreml ausspioniert, als am Morgen des 1. Mai 1960 die U2 von Francis Powers durch eine sowjetische Luftabwehrrakete zum Absturz gebracht wurde. Da Powers den Selbstzerstörungsmechanismus nicht zündete, konnte er sich mit dem Fallschirm retten.

Weltpolitische Folgen

Der Vorfall machte Weltgeschichte. Keine drei Wochen später war in Paris eine Gipfelkonferenz der vier Siegermächte anberaumt, von der sich die Welt eine Entspannung der Berlin-Krise erhoffte, die seit November 1958 immer wieder die Angst vor dem großen Krieg schürte. Damals hatte die Sowjetunion gedroht, ihre aus dem Zweiten Weltkrieg herrührenden Rechte in Berlin der DDR zu übertragen, wenn nicht West-Berlin als so genannte freie Stadt von den westlichen Schutzmächten geräumt würde. Die Westmächte hatten abgelehnt und militärische Planungen für den Ernstfall aufgenommen. Da seither alle Verhandlungen erfolglos geblieben waren, sollte nun eine Konferenz auf höchster Ebene endlich die Lösung bringen.

Doch der sowjetische Regierungschef Nikita S. Chruschtschow ließ die Hoffnungen platzen. Am 5. Mai 1960 präsentierte er wutentbrannt im Obersten Sowjet die Beweise für die amerikanischen Spionageflüge. Dabei erwähnte er natürlich nicht, dass ihm die Luftraumverletzungen längst bekannt waren und nur bislang von seinen Militärs nicht hatten verhindert werden können. Am Vorabend der Gipfelkonferenz schließlich verlangte Chruschtschow als Vorbedingung für seine Tagungsteilnahme eine

Zusage der US-Regierung, „dass die USA in Zukunft mit ihren Flugzeugen die Staatsgrenzen der UdSSR nicht verletzen werden, dass sie die provokatorischen Handlungen, die in der Vergangenheit unternommen wurden, verurteilen und die unmittelbar Schuldigen an dieser Aktion bestrafen werden". Offensichtlich wollte der sowjetische Staatschef den amerikanischen Präsidenten Dwight D. Eisenhower, der kurz vor dem Ende seiner Amtszeit stand, düpieren und rechnete sich bessere Chancen bei späteren Verhandlungen mit dessen Nachfolger aus. Erwartungsgemäß verweigerte Eisenhower sich einer derartigen Demütigung. Daraufhin reiste Chruschtschow vorzeitig ab: Die Gipfelkonferenz war gescheitert, ehe sie begonnen hatte.

Kremlchef Chruschtschow nutzte den U2-Zwischenfall für innen- und außenpolitische Propaganda

Der legendäre erste Austausch

Im Sommer 1960 wurde Francis Powers in Moskau unter großer Teilnahme der internationalen Presse der Prozess gemacht. Im eigens hergerichteten Säulensaal des zentralen Gewerkschaftsgebäudes verurteilte ihn der Militärsenat des Obersten Gerichts der Sowjetunion am 19. August 1960 zu zehn Jahren Haft. Jetzt bot sich die Chance für einen russisch-amerikanischen Agententausch, wie ihn Rudolf Abels Rechtsanwalt 1957 angesprochen hatte. Im Mai 1961 deutete der KGB gegenüber Donovan erstmals vorsichtig die Möglichkeit eines Austauschs Abel gegen Powers an. Der Anwalt nahm Kontakt zu den entscheidenden Regierungsstellen in Washington auf und erhielt schließlich die Vollmacht für konkrete Verhandlungen. Anfang Februar 1962 reiste er nach Berlin, um mit der sowjetischen Botschaft im Ostteil der Stadt den Handel perfekt zu machen.

Wolfgang Vogel im Jahr 1959. Seine guten Kontakte zur Führungsspitze der DDR machten ihn zum Vermittler bei zahlreichen Austauschaktionen

Inzwischen war noch ein weiterer Amerikaner im Osten inhaftiert worden. Der Student Frederic Pryor hatte bei den Recherchen für seine Dissertation zum Außenhandel der Ostblock-Staaten verschiedene Kontakte in Ost-Berlin geknüpft. Bei einem Abschiedsbesuch vor der Rückreise in die USA verhaftete ihn kurz nach dem Mauerbau 1961 das MfS und konstruierte eine Anklage wegen Verletzung der amtlichen Geheimhaltung, obwohl der Doktorand bei seinen Forschungen ausschließlich öffentlich zugängliches Material benutzt hatte. Pryors Eltern schalteten den Ost-Berliner Rechtsanwalt Wolfgang Vogel ein, um die Interessen ihres Sohnes vertreten zu lassen. Vogel wurde damit zu einem wichtigen Akteur im Vorfeld des ersten Agentenaustauschs auf der Glienicker Brücke. Schon seit 1959 nämlich hatte der KGB ihn – vorgeblich in der Rolle des Anwalts der Familie Abel – als Mittelsmann für die Kontakte mit dem Rechtsbeistand des in den USA einsitzenden „Kundschafters" benutzt. In dieser Funktion übermittelte er Ende Januar 1962 die sowjetische Bereitschaft, Abel gegen Powers, Pryor und einen weiteren, in der Sowjetunion gefangen gehaltenen amerikanischen Studenten auszutauschen.

Dies war der Stand der Dinge, als Rechtsanwalt Donovan am 2. Februar 1962 in Berlin eintraf. Doch seine Mission drohte bereits zu scheitern, als er tags darauf in Ost-Berlin mit Iwan A. Schischkin, dem als sowjetischer Botschaftssekretär getarnten Leiter der Westeuropa-Spionage des KGB, die Vorbereitungen für den Austausch abschließen wollte und die Glienicker Brücke als Übergabeort vorschlug. Der Russe gab vor, von zusätzlichen amerikanischen Austauschpersonen über Abel hinaus nichts zu wissen und einem Handel „drei gegen einen" nicht zustimmen zu können. Bei einem

KGB-Oberst Wlassow (Yul Brynner) ist zu den Amerikanern übergelaufen, angeblich aus Enttäuschung über mangelnden Reformwillen. Er verspricht der CIA als Gegenleistung für politisches Asyl die Namen sowjetischer Spione in höchsten französischen und deutschen Regierungskreisen. Bevor die gezielten Desinformationen überprüft werden können, verüben die Verdächtigen Selbstmord, was einem Bekenntnis gleichkommt. Tatsächlich aber handelt es sich um verschleierte Morde, mit denen der KGB im Westen für Unruhe sorgen will. CIA-Agent Allan Davies überprüft Wlassow und deckt ein Komplott zwischen Wlassow und dem Briten Philip Boyle, einem Maulwurf beim Secret Service, auf. Der enttarnte falsche Überläufer Wlassow wird später in Berlin gegen einen über der Sowjetunion abgeschossenen U2-Piloten ausgetauscht.

»Die Schlange« F/I/D 1972

(Le serpent)

Regie: Henri Verneuil
Buch: Henri Verneuil und Gilles Perrault nach einem Roman von Pierre Nord
Darsteller: Yul Brynner, Henry Fonda, Dirk Bogarde, Philippe Noiret, Michel Bouquet, Martin Held, Farley Granger, Virna Lisi, Guy Trejan, Marie Dubois, Elga Andersen
Produktion: Henri Verneuil/Les Films La Boétie, Euro International Films, Rialto Film

„Le serpent" scheint wie ein Werbefilm für die CIA-Zentrale in Langley: Gebäude, Personal, Technik und Know-how werden demonstriert, stolz präsentiert der Amerikaner Davies dem Russen Wlassow die grenzenlosen Möglichkeiten der Observierungen und Entschlüsselungen. In dieser Zuspitzung dokumentiert der Anfang der 1970er Jahre gedrehte Film exemplarisch den Zeitgeist. Dokumentarmaterial soll dem Geschehen einen authentisch wirkenden Rahmen verleihen. Das Ende spielt auf den Agentenaustausch auf der Glienicker Brücke an – und damit trägt der Film nicht zuletzt zu deren Mythos bei.

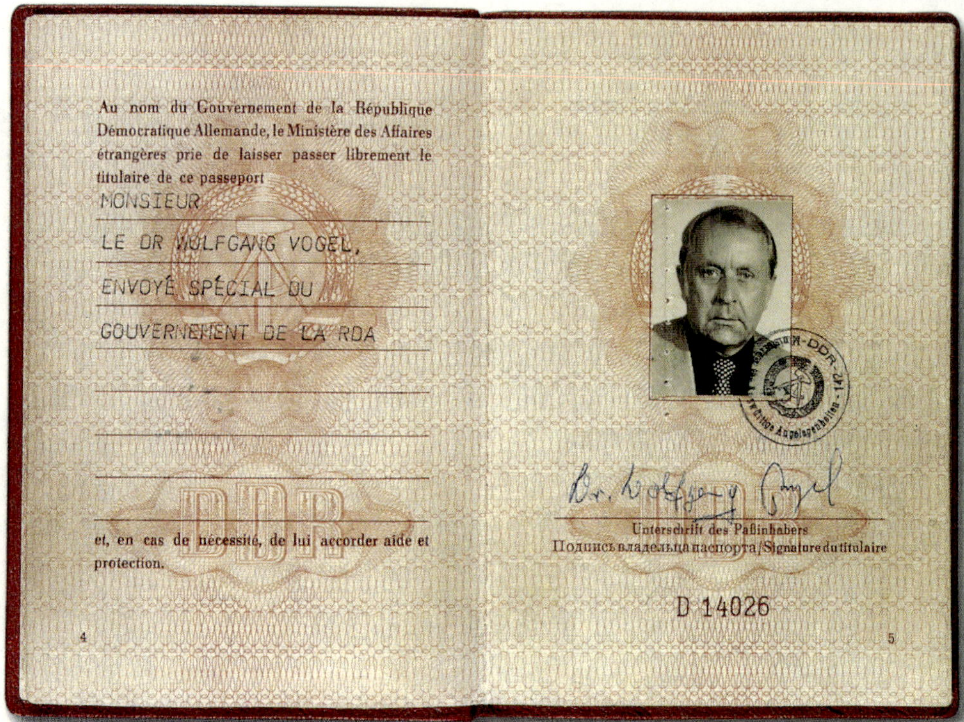

Der Diplomatenpass ermöglichte dem Ost-Berliner Rechtsanwalt, die Austauschaktionen im westlichen Ausland vorzubereiten

weiteren Treffen deutete er zwar Kompromissbereitschaft hinsichtlich einer späteren Freilassung des in der Sowjetunion festgehaltenen Amerikaners an, erklärte jedoch zum Fall Pryor, dieser liege „außerhalb der Zuständigkeit sowjetischer Behörden“ und müsse mit der DDR gelöst werden. Donovan war daher gezwungen, nun auch direkt mit seinem deutschen Kollegen Vogel zu verhandeln: zweifellos ein von östlicher Seite kalkulierter Schachzug in einer Zeit, da die offizielle westliche Politik jeden Kontakt mit der DDR peinlich vermied.

Doch es kam noch schlimmer. Donovans Sondierungen ergaben, dass sowohl die Sowjetunion als auch die DDR den Handel jeweils für sich abwickeln wollten, also gegen Abel nur Powers oder nur Pryor allein freizubekommen wäre. „Was hier vorliegt, ist ein Wettstreit zwischen der DDR und der Sowjetunion, um die Freilassung Abels zu erwirken“, wollte ihm Wolfgang Vogel den Vorgang erklären. Doch der Amerikaner hatte keinen Zweifel über die wahren Machtverhältnisse: „Wenn Schischkin dem Generalstaatsanwalt der DDR befehlen würde, im Handstand hier über den Fußboden zu spazieren“, wies er Vogel zurecht, „würde er das versuchen!“ In der Rückschau bleibt immerhin festzuhalten, dass die DDR offenkundig versuchte, aus dem Geschäft der Supermächte als „Gastgeber“ politischen Profit zu schlagen.

Erst nach zwei weiteren Tagen langwieriger Verhandlungen besaß Donovan sowohl von ostdeutscher als auch von sowjetischer Seite die Zusage zum gleichzeitigen Austausch von Powers und Pryor gegen Abel. Zuletzt wäre beinahe noch die Glienicker Brücke um ihren Platz in der Geschichte gebracht worden: Die Sowjets hielten zeitweise als Übergabeort die Oberbaumbrücke zwischen den Berliner Stadtbezirken Kreuzberg und Friedrichshain für geeigneter, nahmen dann aber wegen der dortigen Verkehrsdichte wieder Abstand von dem Gedanken. Damit war der Weg frei für den legendären ersten Agentenaustausch auf der Glienicker Brücke, wie er am 10. Februar 1962 vollzogen wurde.

Ungleicher Handel 1985

Jahrzehntelang herrschte Stille an der Brücke. Der Dienst bei dem am Westufer gelegenen Polizeiposten gehörte zu den ruhigsten der West-Berliner Polizei. Erst im Sommer 1985 rückte der Schauplatz erneut ins Rampenlicht. Inzwischen war das Klima des Kalten Krieges grundsätzlich verändert. Die Entspannungspolitik der 1970er Jahre hatte die frostige Atmosphäre des Ost-West-Konflikts spürbar erwärmt. Auch die nach dem Amtsantritt des amerikanischen Präsidenten Ronald Reagan zunächst wieder hereingebrochene „neue Eiszeit" stand 1985 vor ihrem Ende. Im März des Jahres betrat in Moskau ein neuer Mann die politische Bühne, der die bisherige Innen- und Außenpolitik der Sowjetunion radikal infrage stellte. Michail Gorbatschow leitete mit seiner Politik von „Glasnost" und „Perestroika" eine Wende der Weltpolitik ein. Doch im Westen blieben Zweifel. Gorbatschow musste Zeichen setzen, um Glaubwürdigkeit zu erwerben.

Der zweite Agentenaustausch auf der Glienicker Brücke, der im Juni 1985 stattfand, wurde als ein solches Zeichen gewertet. Er war freilich lange vor Gorbatschows Amtsantritt eingefädelt worden. Jahrelang waren jedoch alle Bemühungen, in die sich auch wieder der Ost-Berliner Vermittler Wolfgang Vogel eingeschaltet hatte, an der Unbeweglichkeit der greisen Kremlführung gescheitert. Erst als 1983 der ostdeutsche Physiker Alfred Zehe in den USA verhaftet wurde, kam Bewegung in die Verhandlungen. Zehe hatte als Gastprofessor in Mexiko für den sowjetischen Geheimdienst spioniert. Der Dresdner war von der dortigen KGB-Residentur angeworben und geführt worden, die damals unter der Leitung des heutigen russischen Staatspräsidenten Wladimir Putin stand. An dem Spezialisten lag den Sowjets so viel, dass sie sogar einem zahlenmäßig unausgewogenen Handel zustimmten. Sie tauschten am 11. Juni 1985 vier „Kundschafter" des Ostblocks gegen 25 westliche Agenten ein.

Deutsche Ausgabe des Buchs von Michail Gorbatschow, 1987. Das für die Sowjetunion erdachte Erneuerungsprogramm veränderte die ganze Welt

Schtscharanski kommt frei

Eigentlich sollte auch der sowjetische Menschenrechtsaktivist Anatolij Schtscharanski Teil dieses Handelsgeschäfts sein. Doch Moskau konnte sich zu seiner Freilassung noch nicht durchringen. Schtscharanski, Computerspezialist am Moskauer Institut für Erdöl- und Erdgasforschung, hatte sich seit 1973 in der jüdischen Auswanderungsbewegung aus der Sowjetunion engagiert und auch für sich selbst und seine Frau Avital die Ausreise beantragt. Während Avital Schtscharanski 1974 das Land verlassen durfte, wurde ihr Mann weiter festgehalten. Nach dem Verlust seines Arbeitsplatzes schloss er sich 1975 dem so genannten Helsinki-Komitee an, das unter Berufung auf die KSZE-Schlussakte Menschenrechtsverletzungen in der Sowjetunion öffentlich anprangerte. Wegen seiner guten Englischkenntnisse wurde er zum Sprachrohr des Regimekritikers und Friedensnobelpreisträgers Andrej Sacharow und zu einer wichtigen Kontaktperson für westliche Journalisten. Beides trug ihm den Vorwurf der Spionage gegen die Sowjetunion ein und führte im März 1977 zu seiner Verhaftung.

Die Sowjets taten sich schwer mit der Freigabe Schtscharanskis, auf die die Amerikaner hartnäckig drängten. Vizepräsident George Bush sprach im März 1985 anlässlich der Beisetzungsfeierlichkeiten für Konstantin Tschernenko, den letzten Kremlherrn der alten Garde, dessen Nachfolger persönlich auf das Schicksal des Menschenrechtsaktivisten an. Gereizt verbat sich Gorbatschow die Intervention, doch er wusste seitdem um den Symbolwert des Falles. Als US-Präsident Ronald Reagan und Michail Gorbatschow das Problem im Oktober 1985 bei ihrem Genfer Gipfeltref-

Unter den Augen der Welt: Medienrummel am 11. Februar 1986 an der Glienicker Brücke

fen erörterten, stand eine Lösung bereits in Aussicht. Die Einzelheiten wurden Anfang 1986 zwischen Rechtsanwalt Wolfgang Vogel, dem Staatssekretär im Innerdeutschen Ministerium Ludwig Rehlinger und dem Ost-Berliner US-Botschafter Francis Meehan festgelegt.

Am 11. Februar 1986 gelangte Anatolij Schtscharanski auf der Glienicker Brücke in die Freiheit. Auf amerikanisches Verlangen überschritt er als erster die Mittellinie des Bauwerks, getrennt von den übrigen Austauschpersonen. So sollte deutlich gemacht werden, dass er nicht als Spion kam. Das Schauspiel fand fast auf den Tag genau 24 Jahre nach dem legendären ersten Agentenaustausch auf der Glienicker Brücke statt. Wieder war es ein kalter Wintermorgen. Doch dieses Mal vollzog sich

Happy End: Anatolij Schtscharanski (Mitte) überquert, begleitet von US-Botschafter Burt (rechts) und Staatssekretär Rehlinger, die Glienicker Brücke

der Austausch im Schlaglicht der Öffentlichkeit. Tagelang hatten hunderte von Journalisten aus aller Welt, Kamerateams und Fotoreporter, an der Westseite der Brücke auf das Spektakel gewartet. Das Bild des kleinen Mannes mit der Pelzmütze, der vor der Kulisse der Glienicker Brücke lächelnd in die Freiheit schritt, ging um die Welt. Das Berliner Bauwerk, an dem Ost und West in der geteilten Stadt aufeinander trafen, wurde endgültig zum Mythos.

Erich Schmidt-Eenboom

Von Militärs und Maulwürfen

Die „Ostarbeit" des BND

Das Magazin kündigte 1971 Enthüllungen über den BND an

„Echten Einsatz und nicht etwa nur Übung" erfordere der „offensive Verteidigungsauftrag eines Auslandsnachrichtendienstes im Frieden" – und genau darin könne der Reiz für Offiziere der Bundeswehr liegen, beim Bundesnachrichtendienst (BND) eingesetzt zu werden, hob dessen Vizepräsident Dieter Blötz im Februar 1976 in einem Vortrag an der BND-Schule am oberbayerischen Haarsee hervor. Dieses Selbstverständnis, Frontsoldat eines Kalten Krieges zu sein, hat die Mitarbeiter des westdeutschen Auslandsnachrichtendienstes – Soldaten wie Zivilisten – nicht nur in seinen Anfangsjahren geprägt.

Der schon Ende der 1940er Jahre einsetzende Rüstungswettlauf zwischen Ost und West und die gegenseitige Wahrnehmung als militärische Bedrohung haben zum Charakter einer Armee des lautlosen Krieges ebenso beigetragen wie die Wurzeln des Gründers: Reinhard Gehlen leitete bis 1945 die Wehrmachtsabteilung „Fremde Heere Ost", die Informationen über die sowjetischen Streitkräfte beschaffte und auswertete.

In den letzten Kriegswochen hatte sich der Generalleutnant mit einem geheimdienstlichen Kapitalstock von etlichen Kisten mit Unterlagen über die Rote Armee nahe dem bayerischen Miesbach in Sicherheit gebracht. Als er Wochen später in einer Wiesbadener Villa in einem US-Vernehmungszentrum für NS-Größen in Internierungshaft saß, war noch lange nicht sicher, dass sein Kalkül, die USA würden sich bei einer unausweichlichen Blockkonfrontation auf ihn stützen, auch aufgehen würde. Zu seinem Glück wurde Captain John Boker, Vernehmungsoffizier bei der 12. US-Heeresgruppe, auf ihn aufmerksam und schickte ihn mit einigen Getreuen in die USA. Schon im Juni 1946 nahm Gehlen unter US-Aufsicht im hessischen Oberursel sein altes Gewerbe wieder auf.

Am Nikolaustag 1947 bezog die Organisation Gehlen ihr neues Hauptquartier in Pullach im Isartal, das von seinen Bewohnern deshalb „Camp Nikolaus" getauft wurde. Unter dem Deckmantel von Tarnfirmen baute sie bald in den Westzonen, im geteilten Berlin, aber auch in Österreich ein weit verzweigtes System von General- und Untervertretungen, von Filialen und Einzelkämpfern auf.

Gehlens Kundschafter schwärmten gen Osten aus, rekrutierten im In- und Ausland ein immer dichter werdendes Netz von Zuträgern, befragten Heimkehrer aus sowjetischer Kriegsgefangenschaft ebenso wie Flüchtlinge aus dem Ostblock. Selbst in Österreich durchstöberten sie auf der Suche nach militärischen Dokumenten den Müll der Roten Armee („Operation Fahrrad") oder setzten in Wien Prostituierte auf sowjetische Offiziere an.

US-Oberst James Critchfield prüfte für die 1947 gegründete CIA, ob der neue US-Auslandsnachrichtendienst die Organisation Gehlen unter ihre Fittiche nehmen sollte. Maßgeblich für seine positive Entscheidung war die beeindruckende Fähigkeit ihrer Funkaufklärer, in Oberursel den Boden-Luft-Sprechverkehr der 24. sowjeti-

Linke Seite: Auffällig unauffällig – die Zufahrt zum „Betriebsgelände" der Organisation Gehlen bzw. später des BND in Pullach bei München 1954 schen Frontluftarmee erfassen zu können – für die West-Alliierten während der Berlin-Blockade 1948/49 die einzige Informationsquelle über die Reaktion der sowjetischen Luftwaffe auf den Einsatz der „Rosinenbomber".

Dabei steckte die nachrichtendienstliche Technik damals noch in den Kinderschuhen. Der gesamte Agentenfunk der Organisation Gehlen bestand im Mai 1948 aus acht Funklinien, je zwei in die Ukraine und nach Jugoslawien, je eine nach Ungarn, Rumänien, Polen und Oberitalien. Auch im Juni 1952 war die Lage kaum besser, Gehlens Technikchef Leo Hepp verfügte gerade einmal über drei Außenfunker in der DDR, je zwei in West-Berlin und der ČSSR und je einen in Polen und Österreich.

General Reinhard Gehlen, Initiator und langjähriger Präsident des Bundesnachrichtendienstes (BND). Kurz nach der Pensionierung erschienen seine Erinnerungen

Hochkonjunktur bekamen alle westlichen Dienste, nachdem Gehlens Vertrauensleute im September 1948 Hinweise erhalten hatten, dass in der DDR aus der Kasernierten Volkspolizei die Nationale Volksarmee (NVA) gebildet wurde. Besonders die Vier-Sektoren-Stadt Berlin entwickelte sich zum Tummelplatz für Agenten jeglicher Couleur, die sich auf die militärischen und politischen Geheimnisse der „Ostzone" stürzten. Die Ost-Büros von SPD, CDU und FDP, der Untersuchungsausschuss Freiheitlicher Juristen und die Kampfgruppe gegen Unmenschlichkeit ergänzten – beseelt von antikommunistischem Kampfgeist – die Aufklärung im Osten.

Gehlen nahm auch Hitlers Idee wieder auf, von den sowjetischen Streitkräften überrollte Soldaten sollten im Kriegsfall im Rücken des Feindes als „Werwölfe" aktiv werden. Im September 1949 projektierte die Organisation Gehlen in den drei Westzonen 75 strategisch wichtige Punkte, an denen Funker und Agenten für den Ernstfall in Stellung gebracht werden sollten, um einer bis an den Rhein vorgerückten Sowjetarmee durch Sabotage im Hinterland zu schaden. Solche Teams von „Schweigefunkern", die ihre Partisanentätigkeit erst im Kriegsfall aufnehmen, sah die Operationsplanung in Pullach im Juni 1952 auch für das östliche Mitteleuropa vor: je zwei Funkstationen in der Ukraine und Jugoslawien, je eine in Polen, Ungarn, Rumänien und Oberitalien.

Werner Leiser ist beim Ministerium für Staatssicherheit der DDR für Wirtschafts- und Wissenschaftsspionage zuständig; das ermöglicht ihm zwar West-Kontakte, doch nicht die erhofften Auslandsreisen. Der Wunsch nach einem anderen, angenehmeren Leben veranlasst ihn, mit dem BND Kontakt aufzunehmen und Interna preiszugeben. Als Diener zweier Herren übernimmt sich Leiser jedoch, Fehler und kleine Pannen sind die Folge. Er vernachlässigt seine Familie, macht sich verdächtig und wird von seinem Kollegen Hunschke misstrauisch überwacht. Da seine Spiel- und Bewegungsräume immer enger werden, trifft er Vorbereitungen für die Flucht. Kurz entschlossen wechselt er am Bahnhof Friedrichstraße über einen nur für Dienstreisende vorgesehenen Durchgang von Ost- nach West-Berlin.

»Der rote Schakal« D 1996

Regie: Hajo Gies

Buch: Thomas Wittenberg nach dem Tatsachenroman „Im Zentrum der Spionage" von Werner Stiller

Produktion: Telepool, Taurus, Eikon/WDR, SFB, ORF

Darsteller: August Zirner, Hans Diehl, Peer Jäger, Felix von Manteuffel, Peter Franke, Catherine Flemming, Jessica Kosmalla, Hermann Treusch

Der Film, angelehnt an die Autobiografie des Überläufers Werner Stiller, hält sich eng an die realen Ereignisse. Detailverliebt – das goldene Feuerzeug enthält eine Kamera, die Filme werden über einen „toten Briefkasten" im Griff eines Schraubenziehers weitergeleitet – und süffisant – Skatrunden und Betriebsausflug beim MfS, Barbesuche mit den BND-Kollegen – beschreiben sie ein Stück deutsch-deutscher Vergangenheit, deren Aufarbeitung bis heute für Spannung sorgt.
Mit dem Übertritt des MfS-Offiziers 1979 erlitt DDR-Spionagechef Markus Wolf eine seiner schwersten Niederlagen. Operativakten und Namenslisten, die Stiller mit sich führte, informierten den BND bestens über das Netz der Wirtschafts- und Wissenschaftsspionage des MfS. Nach einigen Jahren in den USA kehrte er inkognito in die Bundesrepublik zurück. Erst nach dem Fall der Mauer gab er sich zu erkennen.

Deckname „Gänseblümchen": Elli Barczatis, etwa 1954. Ein Jahr später wird sie verhaftet, kurz darauf zum Tode verurteilt und hingerichtet

Hier wie in anderen operativen Bereichen stützte sich die Organisation Gehlen auf militante Gruppen russischer und ukrainischer Exilanten und auf ehemalige Angehörige der durch die Wehrmacht aus russischen Kriegsgefangenen aufgestellten „Wlassow-Armee". Die Organisation Gehlen und später der BND verfügte nicht zuletzt über ein Netz von Informanten und „Hofberichterstattern" in den Medien.

Gehlen hatte Erfolg. Das operative Ziel jedes Geheimdienstes, „Quellen" im Zentrum der gegnerischen Macht „zu führen", erfüllte die Organisation Gehlen in Ost-Berlin gleich in drei Fällen. Walter Gramsch, der eine führende Rolle in der Verkehrsverwaltung hatte, lieferte als „Brutus" ab 1947 Fakten über das Transportwesen und zugleich Insiderwissen über den Aufbau des DDR-Geheimdienstes unter Staatssekretär Ernst Wollweber. Der Vorsitzende der Liberal-Demokratischen Partei der DDR, Hermann Kastner, berichtete ab 1948 als „Helwig" aus den politischen Entscheidungszentren in Ost-Berlin. Die Vorzimmerdame des DDR-Ministerpräsidenten Otto Grotewohl, Elli Barczatis, spielte als „Gänseblümchen" ab 1953 Vorgänge, mit denen ihr Chef befasst war, über ihren Geliebten Karl Laurenz in Gehlens Hände, ohne es zu wissen.

Der Niedergang Gehlens

Als der Schriftsteller Hans Joachim Geyer, der als „Grell" 1952 in West-Berlin in die Organisation Gehlen eingetreten, aber im Herbst 1953 vom Ministerium für Staatssicherheit (MfS) „umgedreht" worden war, am 29. Oktober in die DDR floh und öffentlichkeitswirksam eines der Gehlen-Netze enttarnte, war das nur der Auftakt zur groß angelegten Gegenoffensive aus Ost-Berlin. Das MfS rief Infiltrationsagenten zurück, um mit „konzentrierten Schlägen" und Massenverhaftungen die bis dahin so erfolgreiche westdeutsche Spionage zum Erliegen zu bringen.

Am 4. Oktober 1954 veröffentlichte die DDR eine erste Bilanz: 547 Agenten der Organisation Gehlen seien verhaftet worden. Am 12. April 1955 verkündete MfS-Chef Ernst Wollweber die Verhaftung weiterer 521 Gehlen-Spione. Und im Mai 1955 behaupteten die DDR-Behörden, 80 weitere Mitarbeiter seien in die DDR übergelau-

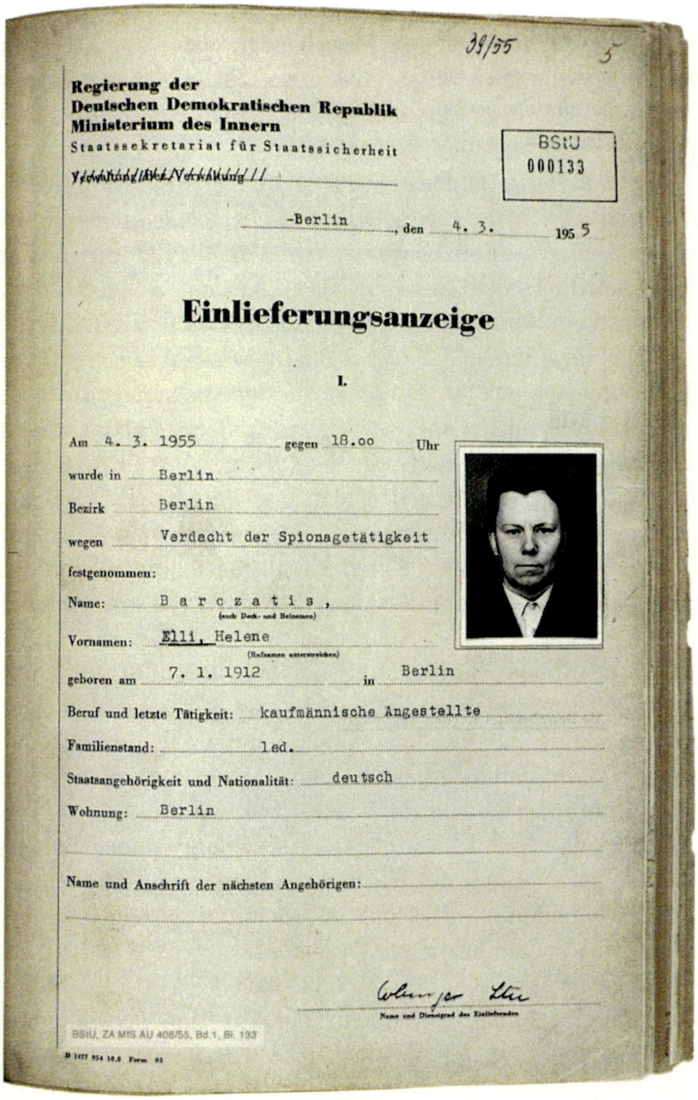

39/55 5

Regierung der
Deutschen Demokratischen Republik
Ministerium des Innern
Staatssekretariat für Staatssicherheit

BStU
000133

-Berlin, den 4. 3. 1955

Einlieferungsanzeige

I.

Am 4. 3. 1955 gegen 18.00 Uhr
wurde in Berlin
Bezirk Berlin
wegen Verdacht der Spionagetätigkeit
festgenommen:
Name: B a r c z a t i s ,
Vornamen: Elli, Helene
geboren am 7. 1. 1912 in Berlin
Beruf und letzte Tätigkeit: kaufmännische Angestellte
Familienstand: led.
Staatsangehörigkeit und Nationalität: deutsch
Wohnung: Berlin

Name und Anschrift der nächsten Angehörigen:

Name und Dienstgrad des Einliefernden

BStU, ZA MfS AU 406/55, Bd.1, Bl. 133

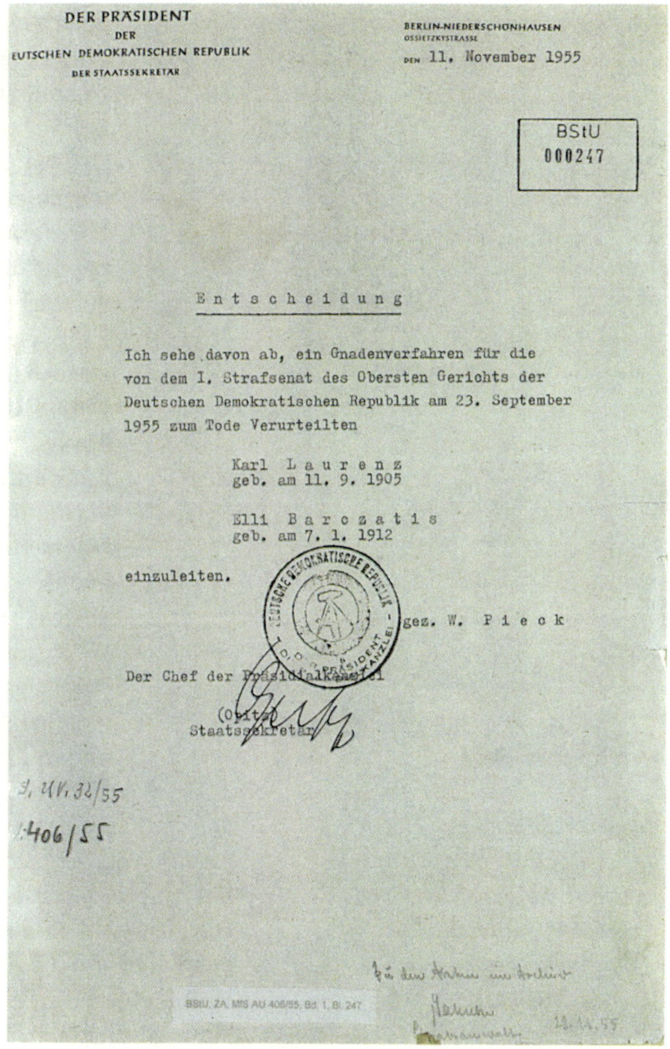

DER PRÄSIDENT
DER
DEUTSCHEN DEMOKRATISCHEN REPUBLIK
DER STAATSSEKRETÄR

BERLIN-NIEDERSCHÖNHAUSEN
OSSIETZKYSTRASSE
DEN 11. November 1955

BStU
000247

E n t s c h e i d u n g

Ich sehe davon ab, ein Gnadenverfahren für die von dem 1. Strafsenat des Obersten Gerichts der Deutschen Demokratischen Republik am 23. September 1955 zum Tode Verurteilten

Karl L a u r e n z
geb. am 11. 9. 1905

Elli B a r c z a t i s
geb. am 7. 1. 1912

einzuleiten.

gez. W. P i e c k

Der Chef der Präsidialkanzlei
(Opitz)
Staatssekretär

1406/55

BStU, ZA MfS AU 406/55, Bd. 1, Bl. 247

Chancenlos: Elli Barczatis und ihr Lebensgefährte Karl Laurenz hatten als verurteilte Spione keine Aussicht auf Gnade

fen. Auch wenn man hier propagandistische Übertreibung und die Absicht, das sozialistische Plansoll überzuerfüllen, vermuten muss, erlitt die Organisation Gehlen schwere Verluste. Die Spitzenquellen Kastner und Gramsch konnten sich noch rechtzeitig in Sicherheit bringen, Elli Barczatis jedoch starb am 23. November 1955 unter dem Fallbeil.

Als Gehlen in amerikanische Dienste trat, hatte er dem Gebot der Stunde gehorcht; sein Ziel war jedoch, Nachrichtenchef der Regierung von Konrad Adenauer zu werden. Zielstrebig pflegte des „Kanzlers lieber General“, wie ihn „Der Spiegel“ nannte, deshalb seine politischen Kontakte in Bonn und entzog Teile seiner Organisation, wie das Chiffrierwesen, amerikanischer Kontrolle.

Schon 1952 stand die Übernahme der Organisation Gehlen in den Bundesdienst an, doch eine Propagandaoffensive der Briten sabotierte diese Pläne. In seinem Artikel „Hitlers General spioniert jetzt für Dollars“ im „Daily Express“ warf der britische Propagandaspezialist und Journalist Sefton Delmer im März 1952 Gehlen vor, seine Mitarbeiter aus den Nachrichtendiensten des Dritten Reiches rekrutiert zu haben. Zwar saßen in der jungen Bundesrepublik in Justiz, Polizei oder diplomatischem Dienst, in Hochschulen und Medien fast überall Mitläufer aus der ersten Reihe an den

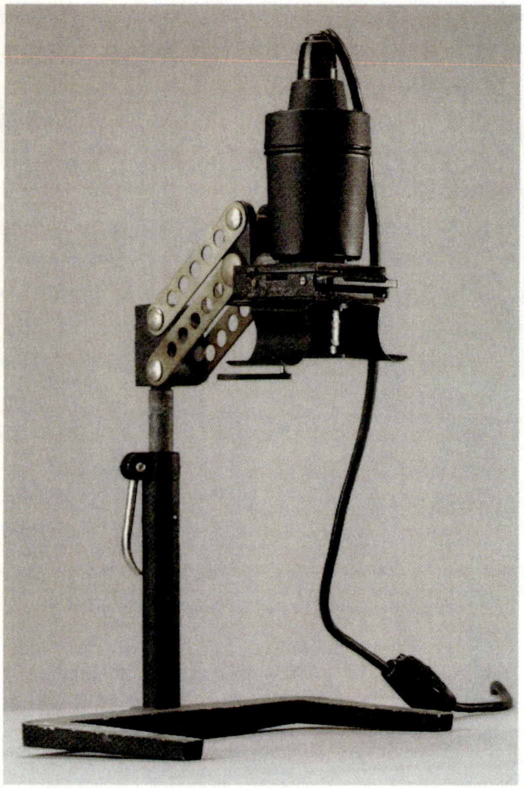

Schalthebeln der Macht. Von Gehlens Mitarbeitern war jedoch etwa ein Fünftel, darunter viele auf wichtigen Positionen, zuvor in den NS-Nachrichtendiensten aktiv gewesen, die als federführende Organisationen bei der Vernichtung der europäischen Juden gelten.

Erst im April 1956 hatte Gehlen sein Ziel erreicht. Seine Organisation wurde als Bundesnachrichtendienst zur Bundesoberbehörde des Bonner Kanzleramts erhoben. Von den Vorgaben und Fesseln der CIA befreit, beschränkte sich der BND nicht mehr auf die „Ostarbeit", sondern suchte verstärkt im arabischen Raum Fuß zu fassen, nach Nordafrika und später nach ganz Afrika vorzustoßen. Der so genannte Strategische Dienst streckte in der „Operation Eva" seine Fühler über den ganzen Erdball aus. Diese Expansion zielte zunächst auf traditionelle deutsche Partner wie die Türkei, auf Afghanistan, das seit dem Ende der 1950er Jahre die erste deutsche Entwicklungshilfe erhielt, auf den Iran und auf das Taiwan eines Tschiang Kai-scheks. Die Globalisierung der Geheimdienstarbeit sollte einerseits im Lande selbst aufklären und Partnerbeziehungen knüpfen, andererseits einen eindämmenden Ring um die Staaten des Warschauer Vertrags legen.

Parallel zu den großen Flankenangriffen lief von Außenstellen in München oder auch Österreich aus die alltägliche Spionage gegen den nahen Balkan, gegen die ČSSR, Rumänien und Ungarn ab. In die politischen und militärischen Kommandozentralen konnte der BND nicht mehr eindringen, er musste sich vielmehr mit dem Einsatz von „Fußvolk" begnügen und veranlasste beispielsweise einen Schafhirten, auf seinem Weidegebiet um einen sowjetischen Militärflugplatz in Ungarn Starts und Landungen zu zählen. Oberste Priorität genossen jedoch weiterhin die DDR und ihre Schutzmacht Sowjetunion. Das für einen Nachrichtendienst größte Verhängnis ereignete sich für den BND, als der Leiter der Gegenspionage, Heinz Felfe, am 3. November 1961 als KGB-Spion verhaftet wurde. Der bis dahin prominenteste Maulwurf hatte mit dem BND Katz und Maus gespielt, nach seiner Festnahme konnten die östlichen Dienste hunderte Agenten entlarven.

Mit dem Vergrößerungsgerät der Marke „Optimar" hatte Heinz Felfe gearbeitet, KGB-Spion und langjähriger Mitarbeiter des BND. Jahrzehntelang stand es in der Asservatenkammer des BND

Da Reinhard Gehlen selbst ein Großteil der Verantwortung für den zehn Jahre währenden Verrat trug, weil er „Friesen" – so Felfes Deckname – protegiert und zahlreiche Warnungen in den Wind geschlagen hatte, sank sein Stern.

Der „Doktor", wie Gehlen in Anlehnung an seinen Decknamen „Dr. Schneider" genannt wurde, hatte bereits kurz zuvor an Ansehen verloren, weil der BND den Mauerbau am 13. August 1961 nicht prognostiziert hatte und nun vor dem Problem stand, sein Kurier- und Verbindungswesen auf die neuen Bedingungen umzustellen.

Als Memoiren eines Meisterspions präsentierte Felfe sein Buch 1986 in Ost-Berlin

Risikofaktor Verräter

Bundeskanzler Kurt Georg Kiesinger hatte lange gezögert, den angeschlagenen BND-Präsidenten im Mai 1968 durch General Gerhard Wessel zu ersetzen. Wessel war ein Anfangserfolg beschieden: Den Einmarsch von Truppen des Warschauer Paktes in die ČSSR, der im Herbst 1968 den „Prager Frühling" gewaltsam beendete, hatte der BND rechtzeitig vorher im Kanzleramt angekündigt. Dass er die Intervention nicht mit eigenen Mitteln aufklärte, sondern vom israelischen Mossad vorgewarnt worden war, trübt die Bilanz nur ein wenig – sich hilfreiche Partnerdienste zu verschaffen, zählt zum Kern nachrichtendienstlicher Tätigkeit.

SPIEGEL-SERIE

Freund Nollau zu ersetzen. Alle drei Dienste (BND, MAD und BfV) sollten dann einem Koordinator unterstellt werden — im Kanzleramt.

Diese Machthäufung bei dem Rivalen Ehmke, so ließ sich „Christ und Welt" aus Bonn berichten, sei von Schmidt blockiert worden: „‚Die Zeit' habe einen Hinweis ihres stellvertretenden Chefredakteurs Theo Sommer erhalten, den sich Schmidt als Chefplaner für sein Ministerium ausgeborgt hat."

Die „Zeit" resümierte denn auch kritisch über Blötz: „Er ist kein Fachmann der Nachrichtenbeschaffung, nun gut. Er hat, soviel man weiß, keine militärischen Kenntnisse, nun gut. Aber er wird doch gewiß ein erfahrener Verwaltungsfachmann sein? Bekannt ist davon nichts. Aber wenigstens ein überragender Organisator? Darüber könnte nur die Hamburger SPD Zeugnis ablegen."

Auch Wessel konnte seinen Abteilungs- und Referatsleitern in der „schlauen Stunde", der Mitarbeiterkonferenz im Gebäude der Auswertungs-Abteilung, über den Stellvertreter wenig sagen — er hatte ihn nie gesehen. Nicht einmal in der Personen-Kartei des BND lag über Blötz ein Vermerk vor. So mußten die BND-Führer am 1. April im Handbuch der Hamburgischen Bürgerschaft nachlesen, wer denn der neue Vize sei:

Blötz, Dieter
Geschäftsführer
SPD-Fraktion.
Geboren am 5. 11. 1931 in Braunschweig. Kaufmännische Lehre von 1945 bis 1948, als kaufmännischer Angestellter bis April 1959 tätig, davon zeitweise zum Studium beurlaubt. 1950 bis 1953 Besuch der Abendoberschule bis zum Abitur, 1954 bis 1956 Studium an der Akademie für Gemeinwirtschaft in Hamburg, ab dann bis 1959 Studium an der Universität Hamburg. Landesgeschäftsführer der SPD in Hamburg. Verheiratet, ein Kind, M. d. B. seit März 1966.

Den kargen Lebenslauf vermochte das BND-Außenbüro Hamburg mit nur geringen Fakten aufzustocken: Briefmarkensammler Blötz sei Betriebswirt ohne Abschlußexamen, versiert in Fragen des Großgenossenschaftsverbandes, Vorsitzender des

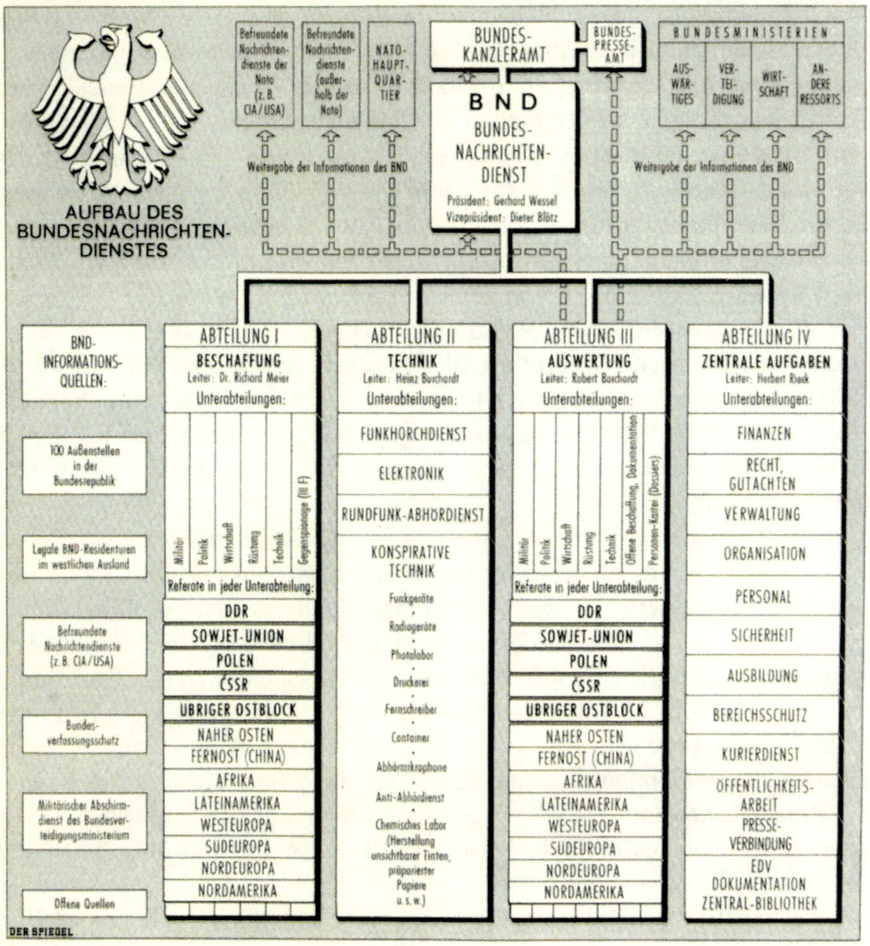

55

Als „Der Spiegel" 1971 seine Serie über Interna des BND startete, galten Informationen wie das Organigramm bereits als veraltet

Nachrichten über den Osten gewann der BND weiterhin vor allem auf heimischem Boden: Über ein Netzwerk von zehn Befragungsstellen zumeist in den Durchgangs- und Aufnahmelagern (wie in Berlin-Marienfelde), durch eine intensive Post- und Fernmeldekontrolle, durch Zug- und Hausbefrager, die einreisende DDR-Bürger „abschöpften", und selbst durch Meinungsforschungsinstitute, die Ost- und Wirtschaftsexperten „interviewten", fügte sich Baustein um Baustein zum Lagebild zusammen.

Unter Wessel nahm vor allem die kostenintensive Funkaufklärung zu. Die Kette von Lauschstationen zwischen Husum und dem Chiemsee wurde ausgebaut und modernisiert. Der „Staubsauger im Äther“ begann, der klassischen Spionage mit Agenten den Rang abzulaufen.

Eine immer ausgeklügeltere Technik sollte die Lücken schließen, die der so häufig ins Leere laufende Einsatz von Agenten klaffen ließ. Neben der Funkspionage oder der ersten Nutzung kommerzieller Satelliten wurde die Fotoaufklärung der sowjetischen Handels- und Kriegsmarine an den Meerengen am Bosporus und bei Gibraltar in Kooperation mit den türkischen und spanischen Partnern 1975 weiterentwickelt.

Gleichwohl verzichtete der BND nicht auf den Einsatz klassischer Agenten, von denen jedoch nur wenige im Operationsgebiet in der DDR fest stationiert waren. Er setzte weit mehr auf Reisequellen: auf West-Berliner Studenten, die aus der Bahn Manöver beobachteten, oder auf Binnenschiffer, die ihre Augen offen hielten, wenn sie durch militärische Sperrgebiete in der DDR schipperten. Der BND heuerte Ostsee-Kapitäne an, um polnische Häfen auszuspähen, oder schickte Touristen in die Stationierungsräume der sowjetischen Streitkräfte. Durch Verrat stand das Treiben der Aufklärer jedoch nahezu vollständig unter der Kontrolle des MfS, das je nach politischer Vorgabe Verhaftungen vornahm, Spione „umdrehte“ oder sie nur unter Observation stellte. Dass der BND für seine östlichen Gegner so transparent war, lag zum einen an deren personalstarken Abwehrapparaten mit ihren Durchgriffsmöglichkeiten auf die öffentliche Verwaltung, vor allem jedoch am geschickten Einsatz von „Maulwürfen“.

Ein Maulwurf wider Willen war Heidrun Hofer, 1973 in Innsbruck von einem „Romeo“-Agenten des KGB rekrutiert. Bis zu ihrer Enttarnung im Dezember 1976 gab die BND-Sekretärin ihrem Geliebten Informationen über die BND-Planungen für den militärischen Ernstfall, Verlegungsabsichten für Kriegshauptquartiere in Spanien und Großbritannien und über Partisaneneinsätze des NATO-weiten „GLADIO“-Programms.

Am 25. November 1991 begann der Prozess gegen Gabriele Gast. Die ehemalige Regierungsdirektorin beim BND hatte 17 Jahre lang für die HVA spioniert

Gabriele Gast, Anfang 1969 vom MfS und im November 1973 vom BND geworben, machte in Pullach eine steile Karriere bis zur Regierungsdirektorin.9Sie war vor allem mit der „Auswertung Sowjetunion“ betraut und zeitweise ins Kanzleramt delegiert. Seiner Quelle „Gisela“ verdankte Markus Wolf vor allem tiefe Einblicke in die Führungsebene des BND und ihre Planungen. Alfred Spuhler („Peter“) stieß im Spätherbst 1971 zum MfS, nachdem er im Oktober 1968 in die Dienste des BND getreten war. Bis Oktober 1980 versorgte er die HVA mit nahezu allen Geheimnissen der in- und ausländischen Funkaufklärung. Später für die „Militärische Auftragssteuerung und Meldungsbearbeitung DDR“ zuständig, hatte er Zugang zum Quellencomputer und gab der Spionageabwehr in Ost-Berlin Hinweise auf weit über 300 Pullacher Agenten.

Wo viel Schatten ist, muss irgendwo auch Licht sein. Doch das hat der BND selbst da unter den Scheffel gestellt, wo ihm ein Einbruch in die geheime Kommandozentrale seines größten Gegners gelungen war. 1967 hatte sich ein KGB-Offizier in Österreich an den BND gewandt. Als Morgengabe bot „Viktor“ – so der BND-Deckname – Fakten aus dem Innenleben des sowjetischen Geheimdienstes an. Er warnte 1971 vor einer KGB-Kampagne gegen den Vorsitzenden des NATO-Militärausschusses, Luftwaffengeneral Johannes Steinhoff, wegen seiner NS-Vergangenheit, und gab nicht zuletzt Hinweise auf etliche Spione im Dienste der Staaten des Warschauer Vertrags.

Im April 1975 wartete er dann mit einer brisanten Information auf: Der SPD-Bundestagsabgeordnete Paul Gerhard Flämig sei ein Ost-Agent. Der BND unterrichte sofort das Kanzleramt und den Präsidenten des Bundesamts für Verfassungsschutz Günter Nollau. Doch der Vertraute Herbert Wehners ließ die Sache im Sande verlau-

Erstmals ein Zivilist im Amt: Klaus Kinkel trat 1979 die Nachfolge von General Gerhard Wessel als Chef des BND an

fen, weil Flämig beim innerdeutschen Dialog, offensichtlich auf der Ebene zwischen Herbert Wehner und Markus Wolf, eine wichtige Rolle spielte. Ironie des Schicksals: Wolf selbst hatte Flämig im September 1969 an der Wolga angeworben. Nach dem Kalten Krieg beschäftigte sich ein Ermittlungsverfahren mit Flämigs Agententätigkeit, das jedoch 1998 wegen des hohen Alters des Beschuldigten eingestellt wurde.

Bis der BND den KGB-Oberst 1984 aus Moskau in die Bundesrepublik ausschleusen ließ, weil ihm die Enttarnung drohte, lieferte der beste bekannte Maulwurf so manchen Hinweis. Den Agenten in der sowjetischen Hauptstadt zu führen, Nachrichten zu übermitteln und Material entgegenzunehmen, erwies sich als ausgesprochen schwierig. „Viktor" war 1975 der Anstoß, in Moskau statt mit einem „lebendigem Briefkasten", das heißt einem Kontaktmann, mit einer richtigen BND-Station zu arbeiten.

Nur die Ständige Vertretung der Bundesrepublik in Ost-Berlin blieb aus politischer Rücksichtnahme bis zuletzt eine BND-freie Zone.

Klaus Kinkel, seit Dezember 1978 neuer Präsident des BND, war mit dem Übertritt des MfS-Offiziers Werner Stiller im Januar 1979 ein Anfangserfolg in den Schoß gefallen. Die psychologische Wirkung auf den Korpsgeist in der HVA war beträchtlich, weil zum ersten Mal ein Offizier des MfS in die Bundesrepublik übergelaufen war. Stillers Mitbringsel – Telefon- und Mitarbeiterlisten sowie Dienstanweisungen – und sein Insiderwissen waren dem BND insbesondere für künftige Maßnahmen gegen MfS-Offiziere willkommen. Von den Agenten, die er aus seinem Bereich der Wirtschaftsspionage preisgab, konnten allerdings nur 17 festgenommen werden, 30 hatten sich nach Vorwarnungen in die DDR absetzen können.

Mit dem ehemaligen Militäraufklärer Winfried Baumann schien der BND gleichzeitig ein zweites „heißes Eisen" im Feuer zu haben. Der „Rote Admiral" hatte sich 1978 über seine Lebensgefährtin an den BND gewandt und einige ihm bekannte Altfälle aus dem Jahre 1958 übermittelt. Handwerkliche Fehler des BND und die engmaschige Spionageabwehr der DDR führten dazu, dass das MfS den bereits 1970 aus der DDR-Militäraufklärung verstoßenen Alkoholiker enttarnen und im Juni 1979 verhaften konnte. Baumann wurde am 18. Juli 1980 hingerichtet.

Da Verrat angesichts der Umtriebigkeit der östlichen Dienste eine ständige Bedrohung darstellte, schuf Kinkel als operative Geheimwaffe die „Gruppe Stammberger", die der spätere Konteradmiral Gerhard Güllich unter diesem Decknamen leitete. Sie war gänzlich abgeschottet vom übrigen Beschaffungsbetrieb, nutzte neue und ungewöhnliche Verfahren und fütterte selbst den Quellencomputer des BND mit verschleierten Angaben. Güllich war ein Draufgänger, der am Münchner Hauptbahnhof tschechische Schlafwagenschaffner zur Mitarbeit erpresste oder einen sowjetischen Offizier in Wien in einen Unfall verwickeln ließ, um ihn bei dieser Gelegenheit „anzubahnen". Er verwirklichte ein Stück des hemdsärmeligen Fronteinsatzes, den BND-Vizepräsident Blötz als Reiz der operativen Arbeit beschworen hatte. Stammberger forcierte die Idee der „Umweganbahnung", das heißt die in ihrem Heimatland schwer erreichbaren Führungskader der Warschauer-Vertrags-Staaten bei ihren Einsätzen oder Reisen in westliche oder neutrale Staaten anzusprechen. Durchschnittlich sechs Übertritte von Auslands- oder Auslandsreisekadern musste die DDR pro Jahr in den 1980er Jahren dank dieser Strategie hinnehmen.

Auf Umwegen kam der BND auch an die jeweils neueste sowjetische Militärtechnik. Im Rahmen der „Operation London" lieferte der Mossad Beutegut der israelischen Armee aus dem Sechstagekrieg 1967 und dem Yom-Kippur-Krieg 1973.

Am Hindukusch hatten die westlichen Dienste im Sommer 1979 den archimedischen Punkt gefunden, von dem aus die kommunistische Welt aus den Angeln gehoben werden konnte. Der Beitrag des BND zur Mobilisierung des Mudjahedin-Widerstands gegen die Besatzungsmacht UdSSR bestand in Hilfslieferungen von Rüstungsgütern, der Ausbildung von Gotteskriegern und der nachrichtendienstlichen Betreuung schiitischer und maoistischer Gruppierungen.

Die letzten Gefechte des Kalten Krieges

Auch unter Michail Gorbatschow blieb die Militär- und Außenpolitik der Sowjetunion ein erstrangiges Aufklärungsziel des BND – schon, um herauszufinden, ob alle Ankündigungen zu einer partnerschaftlichen Koexistenz ernst zu nehmen seien. Der Staats- und Parteichef in Moskau hatte 1987 beispielsweise den Rückzug der Sowjetunion aus Afrika verkündet, aber sein Nachrichtendienst KGB wollte seine Positionen auf dem schwarzen Kontinent nicht kampflos preisgeben. So startete der Bundesnachrichtendienst 1989 eine Abhöroperation gegen die sowjetische Botschaft in Simbabwe und fand heraus, dass der KGB in Moçambique und Sambia noch immer seine Finger im Spiel hatte. Durch die Ergebnisse war die Bundesregierung über die jüngsten Winkelzüge der Moskauer Afrikapolitik informiert. Zudem konnte sie diese Erkenntnisse über den Einfluss der Entwicklungen in der Sowjetunion auf ihre Dritte-Welt-Politik auch Partnern – wie zum Beispiel im April 1990 dem sambischen Geheimdienst „Zebra" – zur Verfügung stellen.

Bis zur offiziellen Einstellung der Überwachungsmaßnahmen gegen die DDR im März 1990 fing die BND-Fernmeldeaufklärung tausende Gespräche aus dem SED-eigenen Richtfunknetz ab. Planerfüllungsmeldungen lagen ebenso schnell in Pullach vor wie bei der SED-Führung. Das öffnete zwar zunehmend den Blick für die marode Wirtschaft und die prekäre Finanzsituation, den baldigen Untergang des Systems mochte jedoch noch niemand daraus ableiten. Auch wenn die Post- und Fernmeldekontrolle die wachsende Unzufriedenheit der DDR-Bevölkerung mit ihrer politischen Führung zeigte, Montagsdemonstrationen und die Massenflucht von etwa 15 000 DDR-Bürgern über Ungarn nicht zu übersehen waren – der BND sagte den plötzlichen

Auf dem Weg zur friedlichen Revolution: Leipzig, 9. Oktober 1989. Die weit reichenden Folgen der „Montagsdemonstrationen" sah kein Geheimdienst voraus

Zusammenbruch des Systems so wenig voraus wie der diplomatische Dienst oder die universitäre DDR-Forschung.[10] Am 28. November 1989 stellte Bundeskanzler Helmut Kohl dem Bundestag sein „10-Punkte-Programm" zur stufenweisen Zusammenführung der beiden deutschen Staaten vor. BND-Präsident Hans-Georg Wieck ging die Sache offensiver an: Am 4. Dezember gab der Stratege die interne Präsidenten-Information „Wiedervereinigung" heraus und schickte sehr bald alle verfügbaren Kräfte in das früher „zugangserschwerte" Operationsgebiet. Der schnelle Vorstoß in die DDR galt dem Zugriff auf MfS-Personal und -Material sowie der Politik zugunsten einer baldigen Vereinigung.

Bei einem der letzten Nachhutgefechte des Kalten Krieges, der „Operation Giraffe" gegen die 1990 bis 1995 aus der DDR abziehenden sowjetischen Truppen, verbuchte der BND so nie gekannte Erfolge. Der neue russische Spionageabwehrdienst FSB bescheinigte dem inzwischen verbündeten BND im August 2001, eine Operation wie aus dem Lehrbuch durchgeführt zu haben.

Gemeinsam mit der CIA und dem britischen MI6 hatte der BND den Außenposten 12YA mit 30 Mitarbeitern in Berlin-Dahlem aufgebaut und als „Bundesstelle für Wehrtechnik und Beschaffung" getarnt. Ihre Zielgruppe waren von Existenzängsten geplagte sowjetische Offiziere, die sich auch nicht scheuten, Dienstwaffen auf dem Schwarzmarkt zu verkaufen – Agenten, geworben aufgrund ihrer materiellen Not oder begangener Dienstvergehen. Die „Operation Giraffe" brachte strategische Pläne des Moskauer Generalstabs, Personallisten und Chiffriertafeln, aber auch Bordcomputerteile des Jagdflugzeugs MiG-29 oder Motoren, Zieloptik und Waffen des Panzers T-80 ein.

Der BND konnte sein kurzfristiges Ziel, modernste sowjetische Militärtechnik, sensibles Fernmeldegerät und strategische Führungsunterlagen zu erbeuten, erreichen. Sein langfristiges Ziel, von der Nürnberger BND-Tarneinrichtung „Koordinierungsstelle für Wehrtechnik" aus unter den zurückverlegten Offizieren ein Agentennetz in Russland aufzubauen, vereitelte jedoch weitgehend der russische Spionageabwehrdienst FSB.

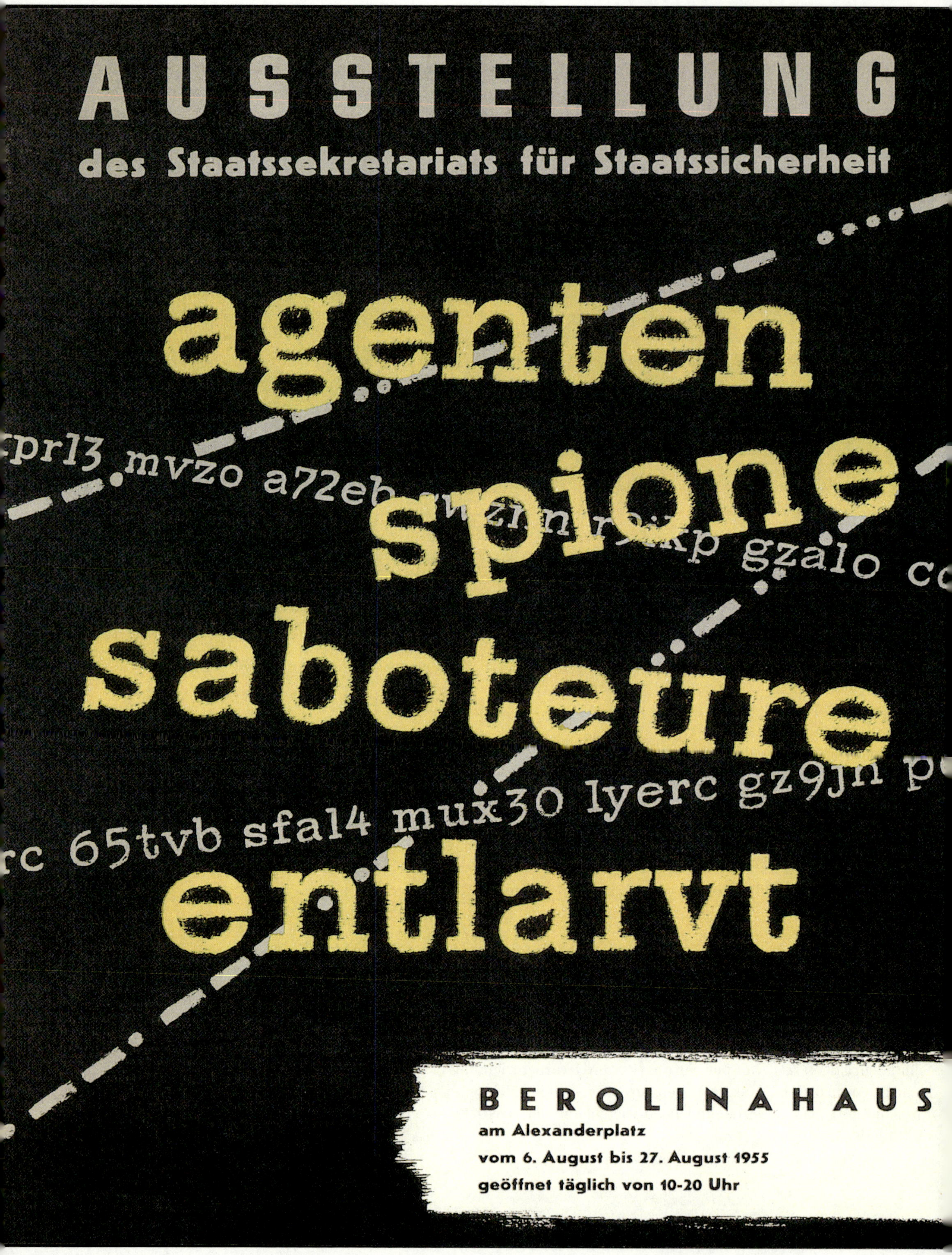
AUSSTELLUNG
des Staatssekretariats für Staatssicherheit
agenten
spione
saboteure
entlarvt
BEROLINAHAUS
am Alexanderplatz
vom 6. August bis 27. August 1955
geöffnet täglich von 10-20 Uhr

Hubertus Knabe

Operationsgebiet Bundesrepublik

Die „Westarbeit" des MfS

Das Ministerium für Staatssicherheit (MfS) wird gemeinhin als ein in erster Linie nach innen gerichtetes Repressiv- und Überwachungsorgan wahrgenommen. Tatsächlich gehörte aber die „Arbeit in und nach dem Operationsgebiet", wie das MfS den Westen nannte, von Anbeginn zu den Schwerpunktaufgaben der DDR-Geheimpolizei. Schon bei der Gründung des Ministeriums im Februar 1950 rechnete der damalige Innenminister der DDR, Karl Steinhoff, vor der Provisorischen Volkskammer den „entschiedenen Kampf gegen die Tätigkeit feindlicher Agenturen, Diversanten, Saboteure und Spione" zu den Hauptaufgaben des Ministeriums. Nach der Niederschlagung der Volkserhebung vom 17. Juni 1953 verstärkte der Staatssicherheitsdienst seine „Westarbeit", um die Behauptung der DDR-Führung zu bestätigen, dass die „Drahtzieher" im Westen säßen. Der bis dahin eigenständig arbeitende „Außenpolitische Nachrichtendienst" (APN) der DDR unter Markus Wolf wurde in das MfS integriert. Im Statut vom Oktober 1953 wurde ausdrücklich das Recht verankert, gleichermaßen „in Westdeutschland, Westberlin und in der DDR effektiv arbeitende Agenturen zu errichten und zu unterhalten".

Markus Wolf: Chef der Auslandsspionage des MfS von 1953 bis 1986

Die Bedeutung der „Westarbeit" erklärt sich vor allem aus der ideologischen Grundüberzeugung der SED, wonach der „Klassenfeind" im Westen das sozialistische System in Ostdeutschland beseitigen wolle. Das MfS, das sich als „Schild und Schwert" der Partei verstand, hatte die Aufgabe, alle seine „Angriffe" zu erkennen und abzuwehren und mitzuhelfen, die Bedingungen für den weltweiten Sieg des Kommunismus zu schaffen. Der Feindbegriff umfasste dabei nicht nur die Regierung, das Militär, Parteien oder Unternehmen der Bundesrepublik, sondern auch Kirchen, Medien, gesellschaftliche Gruppen sowie die einzelnen Bürger. Zudem gewann die Wirtschaftsspionage immer größere Bedeutung. Die besondere Lage im geteilten Deutschland mit der anfangs offenen Grenze in Berlin, der gemeinsamen Sprache und den vielfältigen grenzüberschreitenden Verbindungen erleichterten die nachrichtendienstlichen Operationen im Westen. Auch die „Freunde" – wie der sowjetische Brudergeheimdienst KGB genannt wurde – legten großen Wert auf die Ausschöpfung der herausragenden Spionagemöglichkeiten des DDR-Staatssicherheitsdienstes.

„Schild und Schwert der Partei": Wie bei ihrem Vorbild, dem sowjetischen KGB, findet sich dieser Anspruch der Staatssicherheit im Emblem wieder

Die Mitte der 1950er Jahre langsam einsetzende politische und militärische Entspannung zwischen Ost und West führte nicht zu einer Verringerung, sondern zu einem Ausbau der „Westarbeit" des MfS. Auch der Bau der Berliner Mauer im August 1961, der die DDR nicht nur nach innen, sondern ebenso nach außen hermetisch abriegelte, hatte nicht zur Folge, dass das MfS seine Tätigkeit im Westen reduzierte. Die Intensivierung der Beziehungen zwischen beiden deutschen Staaten in den 1970er und 1980er Jahren nahm das MfS zum Anlass, die nachrichtendienstlichen Aktivitäten in der Bundesrepublik noch weiter auszudehnen. Es fürchtete jedoch, dass die geistigen Einflüsse aus dem Westen zunehmen könnten, und geißelte diese mit einer

Erich Mielke amtierte von 1957 bis 1989 als Minister für Staatssicherheit

eigenen „Theorie" der „Politisch-ideologischen Diversion" (PID), deren „Zentren" in der Bundesrepublik ausgeforscht und bekämpft werden müssten. Paradigmatisch für das Herangehen ist die Zentrale Planvorgabe für den Zeitraum 1976 bis 1980, in der der langjährige Minister für Staatssicherheit, Erich Mielke, verlangte: „Es kommt darauf an, alles zu erkunden und zu nutzen, was der Politik der Partei gegenüber der BRD und Westberlin nützt, und alles aufzuklären, was dieser Politik entgegenwirkt und was sich gegen unsere Republik richtet."

Strukturen und Methoden

Im Unterschied zu anderen Staaten waren in der DDR innere Überwachung („Abwehr") sowie Auslandsspionage („Aufklärung") seit 1953 in einem Apparat vereinigt. Die Behauptung des langjährigen Spionagechefs der DDR, Markus Wolf, dass die „Aufklärer [...] nicht verantwortlich für die Unterdrückung im Innern des Landes" gewesen wären, gehört deshalb ins Reich der Legenden. Trotz einiger institutioneller Sonderrechte der für „Auslandsaufklärung", „Gegenspionage" und „aktive Maßnahmen" im Westen zuständigen Hauptverwaltung A (HV A) waren innere und äußere Aktivitäten eng miteinander verzahnt. Wolf selber war Stellvertreter des Ministers für Staatssicherheit.

Im Apparat des MfS bildete die HV A die größte Diensteinheit: Auf horizontaler Ebene untergliederte sie sich in 16 Abteilungen und mehrere ständige Arbeitsgruppen; zudem verfügte sie in Gosen bei Berlin über eine eigene Schule. Insgesamt arbeiteten für sie zuletzt (1989) 3819 hauptamtliche und 16 907 Inoffizielle Mitarbeiter (IM) sowie 967 geheime „Offiziere im besonderen Einsatz". Mit Agenten in der Bundesrepublik operierten insbesondere die Abteilungen I („Aufklärung des Staatsapparates"), II („Aufklärung der Organisationen und Parteien"), IV („Militärische Aufklärung"), IX („Äußere Spionageabwehr") und X („Aktive Maßnahmen") sowie der „Sektor Wissenschaft und Technik" (SWT). Darüber hinaus verfügte die HV A in den 15 Bezirksverwaltungen für Staatssicherheit über eigene Dependancen (Abteilungen XV) mit weiteren 925 hauptamtlichen Mitarbeitern. In den 218 Kreisdienststellen arbeiteten ihr spezielle Offiziere für Aufklärung zu, sodass die Gesamtzahl der für die HV A tätigen Mitarbeiter etwa 5000 betrug.

Neben der HV A beteiligte sich aber auch der große Apparat der „Abwehr" an der „Westarbeit". Insgesamt beschäftigte das MfS rund 91 000 hauptamtliche und 180 000 Inoffizielle Mitarbeiter. Besondere Bedeutung kam in diesem Zusammenhang den Hauptabteilungen II („Spionageabwehr"), VI („Paßkontrolle"), VIII („Ermittlungen"), XVIII („Volkswirtschaft") und XXII („Terrorabwehr") zu. Eine große Rolle spielten auch die für Flüchtlinge und Ausreiseantragsteller zuständige Zentrale Koordinierungsgruppe (ZKG), die für Postkontrolle verantwortliche Abteilung M sowie die Hauptabteilung XX, die unter anderem Kirchen und Universitäten, Künstler und Schriftsteller, Jugendliche und Oppositionsgruppen in der DDR kontrollierte. Die meisten dieser Abteilungen, die in den Bezirken jeweils Dependancen besaßen, waren für bestimmte „Objekte" in der Bundesrepublik zuständig, in die sie mit ihren IM einzudringen versuchten.

Anders als in der DDR stützte sich das MfS bei der Informationsbeschaffung aus dem Westen in starkem Maße auch auf technische Quellen, die weniger Risiken mit sich brachten. Eine Schlüsselrolle spielte dabei die Hauptabteilung III („Funkaufklärung"), deren 2361 Mitarbeiter mit großem Aufwand den Äther ausspionierten. Von speziellen Abschöpfstützpunkten an den Grenzen, aber auch aus diplomatischen Einrichtungen wie der Ständigen Vertretung der DDR in Bonn belauschte man nicht nur den Funkverkehr in der Bundesrepublik, sondern auch Telefongespräche aus dem Auto sowie Ferngespräche, die über die Richtfunkstrecken der Bundespost übertragen wurden. Etwa 100 000 Telefonanschlüsse in der Bundesrepublik standen ehemaligen MfS-Mitarbeitern zufolge unter „Zielkontrolle“, darunter die Autotelefone des Bundespräsidenten und sämtlicher Mitglieder der Bundesregierung. Alle ein- und abgehenden Gespräche wurden auf diese Weise automatisch mitgeschnitten. In der Berliner Stasi-Akten-Behörde existieren deshalb mehrere hunderttausend Abhörprotokolle aus dem Westen. Ihre noch immer große politische Brisanz zeigte die – erfolgreiche – Klage des ehemaligen Bundeskanzlers Helmut Kohl gegen die Herausgabe der Akten.

Wichtige Stützpunkte der Funk- und Fernmeldeaufklärung der Hauptabteilung III, u. a. zum Abhören des Autotelefonverkehrs

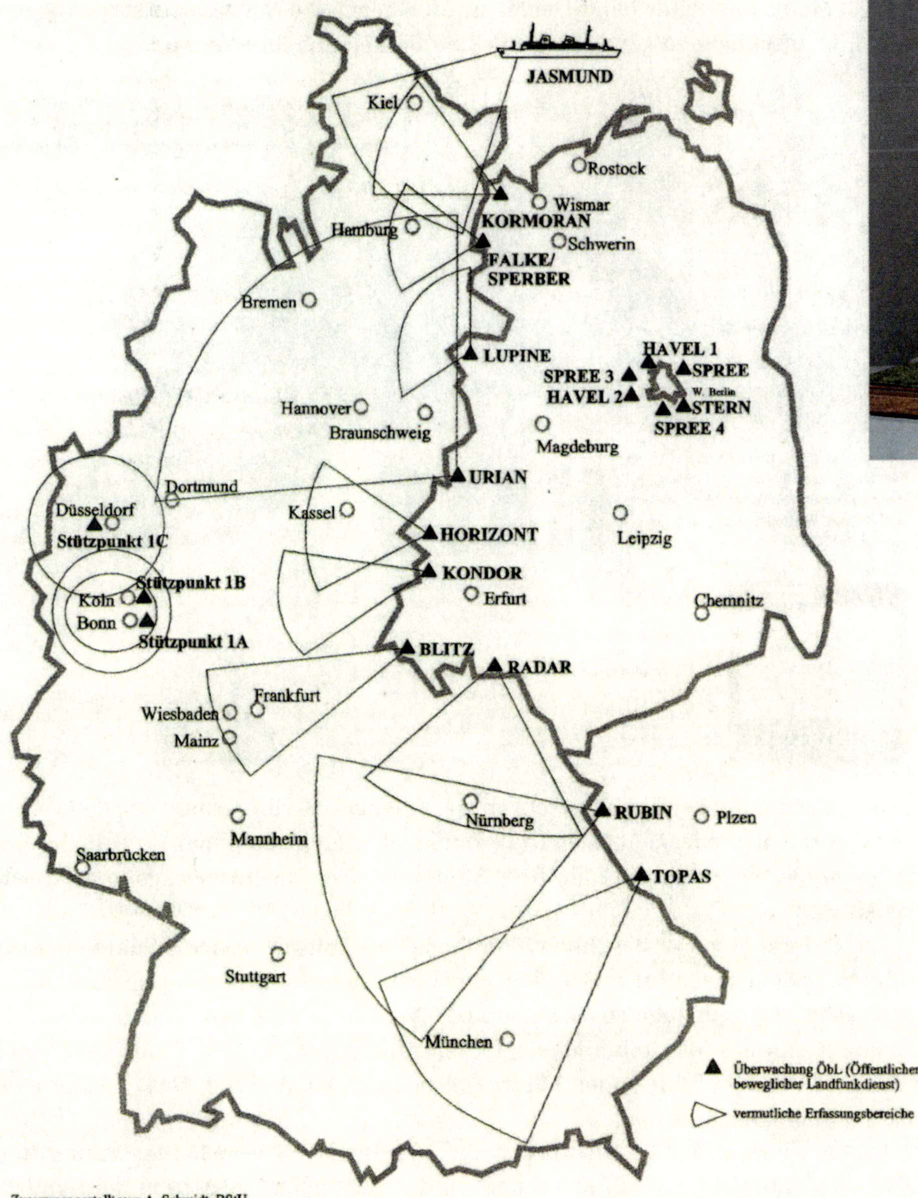

Zusammengestellt von A. Schmidt, BStU, nach Vorlagen der Abt. 6 der HA III

Modell einer Abhöranlage des MfS, 1980er Jahre

Das IM-Netz

Inoffizielle Mitarbeiter anzuwerben war im Westen naturgemäß schwieriger als in der DDR, da die Druck- und Zugriffsmöglichkeiten der SED-Diktatur fehlten. Die Tätigkeit für das MfS wurde in der Bundesrepublik zudem als Straftat verfolgt und vom Verfassungsschutz mit nachrichtendienstlichen Mitteln beobachtet. Gleichwohl gelang es dem DDR-Geheimdienst mittels ausgeklügelter Strategien, auch in Westdeutschland mehrere tausend IM zu gewinnen.

Eine der Methoden bestand darin, westdeutsche Studenten, zu denen man Kontakt bekommen hatte und die der Bonner Regierung kritisch gegenüberstanden, als „Perspektiv-IM“ anzuwerben, um sie später im Zuge ihres normalen beruflichen Werdegangs in die „Hauptobjekte des Feindes“ einzuschleusen. So wurde zum Beispiel die spätere Spitzenquelle in der Brüsseler NATO-Zentrale, Rainer Rupp alias „Topas“, 1968 in Mainz am Rande einer Demonstration gegen die Notstandsgesetze angesprochen und anschließend geworben. Auch Studenten, die ihre Verwandten in der DDR

Rund 40 Schautafeln propagierten in Fluren und Räumen der Schweriner Bezirksverwaltung des MfS Geschichtsauffassung, Vorbilder und Feindbilder

besuchten oder auf den Transitstrecken von und nach Berlin reisten, wurden vom MfS kontaktiert. An bundesdeutschen Universitäten hatten „Stützpunkt-IM“ – in der Regel Professoren – die Aufgabe, unter ihren Studenten nach Nachwuchsagenten Ausschau zu halten.

Ein anderer Weg war die „Romeo-Methode“: Männliche IM stellten dabei zu ausgewählten Frauen, meist Sekretärinnen, eine Liebesbeziehung her, um sie anschließend „aus Liebe“ zur Spionage zu bewegen. Das Verfahren kam insbesondere dann zum Einsatz, wenn das MfS keine ideologischen Anknüpfungspunkte fand. 1970 erteilte HVA-Chef Wolf zwei führenden Mitarbeitern sogar den Auftrag, eine „Doktorarbeit“ zu dem Thema anzufertigen.

Häufig wurden auch DDR-Bürger, die sich dem MfS verpflichtet hatten, unter falscher Identität oder als „Flüchtlinge“ und „Übersiedler“ getarnt in die Bundesrepublik eingeschleust. Der bekannteste von ihnen war der so genannte Kanzleramtsspion Günter Guillaume, der 1956 nach Frankfurt am Main ausgesiedelt wurde, um als „rechter" Sozialdemokrat Quellen in der SPD zu erschließen. Nachdem er sich in der Main-Metropole jahrelang hochgedient hatte, wurde er im Zuge des Bonner Machtwechsels 1969 im Bundeskanzleramt angestellt. Der devote Mitarbeiter stieg zum persönlichen Referenten des damaligen Bundeskanzlers Willy Brandt auf und war von nun an ständig an seiner Seite. Nach der Enttarnung Guillaumes 1974 sah sich Brandt deshalb gezwungen, seinen Rücktritt zu erklären.

Günter Guillaume, Willy Brandt und Holger Börner während einer Wahlkampfveranstaltung der SPD 1972 in Hessen

Die Erfolge bei der Quellengewinnung wurden regelmäßig abgerechnet. 1969 berichtete Markus Wolf an Erich Mielke: „Die Abteilung I konnte in zwei Hauptobjekten (Bundesministerium für wirtschaftliche Zusammenarbeit und Bundesministerium für Wirtschaft) erstmalig Quellen schaffen. [...] Zwei Vorgänge, Sekretärinnen in CDU-Spitze, befinden sich vor Abschluß der Werbung. Zwei Vorgänge, Bundestagsabgeordnete der SPD, konnten von der politischen Kontaktierung in die Phase der Abschöpfung politischer Informationen übergeleitet werden. Ein IM wurde in die Friedrich-Ebert-Stiftung eingeschleust [...]."

Das auf diese Weise aufgebaute IM-Netz im Westen Deutschlands liegt zu großen Teilen noch im Dunkeln. Da die HV A vor dem Beitritt der DDR zur Bundesrepublik ihr Archiv in Eigenregie auflösen durfte, konnte sie fast alle Aktenvorgänge vernichten. Später wurde bekannt, dass die CIA 1990 eine Kopie der Personenkartei der HV A an sich bringen konnte, doch diese Unterlagen werden – anders als im Stasi-Unterlagen-Gesetz vorgesehen – vom US-Geheimdienst, von der Bundesregierung und von der Bundesbeauftragten für die Stasi-Unterlagen bis heute geheim gehalten.

Nach wie vor ist nicht einmal die genaue Zahl der West-IM bekannt. Eine Stichprobenzählung in der zentralen Personenkartei des MfS („F 16") ergab, dass hochgerechnet zwischen 17 000 und 23 000 Bundesbürger als IM für das MfS tätig waren. Allerdings wurden bei der Auflösung des MfS zahlreiche Karten aus der Kartei entfernt, darunter sämtliche der HV A, die noch hinzugezählt werden müssten; ihre Zahl lässt sich nur ungefähr bestimmen. Nach einer Auswertung der in den USA lagernden Personenkartei der HV A in der „Aktion Rosenholz" ergingen vom Bundesamt für Verfassungsschutz zu 1875 Personen Meldungen an die für Spionagedelikte zuständige Bundesanwaltschaft. Die Zahl der Quellen, die in einer mittlerweile entschlüsselten Datenbank der HV A allein für den Zeitraum 1969 bis 1987 registriert sind, liegt mit 4715 allerdings erheblich höher. Insgesamt wird die Zahl der West-IM deshalb auf 20 000 bis 30 000 geschätzt.

Entsprechend dem eingangs beschriebenen Feindbegriff des MfS verteilten sich die West-IM auf alle wichtigen Bereiche des gesellschaftlichen Lebens der Bundesrepublik: Politik, Wirtschaft, Militär, Geheimdienste, Hochschulen, Kirchen, Verbände sowie über 220 „feindliche Stellen“, von denen die Staatssicherheit eine Gefährdung der SED-Herrschaft ausgehen sah. Allein im Bereich der politischen Parteien sind bislang rund 120 Agenten enttarnt worden, darunter acht frühere Bundestagsabgeordnete und zwei Europaabgeordnete. Insgesamt bearbeitete die HVA im Westen über 1000 Zielobjekte, aus denen sie fortlaufend Informationen zu beschaffen suchte. In einer unvollständig überlieferten Feindobjektkartei („F 17“) sind sogar über 20 000 Einrichtungen, Telefonanschlüsse und Kfz-Kennzeichen im Westen erfasst.

Informationsbeschaffung und politische Einflussnahme

Inoffizielle Mitarbeiter im Westen sorgten für einen kontinuierlichen Informationsstrom. Allein in der Datenbank der Auswertungsabteilung VII der HVA wurden zwischen 1969 und 1987 über 1 800 000 Berichte registriert – ohne die Ergebnisse der Wirtschaftsspionage. Fast jede zweite Information floss weiter an den sowjetischen Geheimdienst. Wirtschafts- und Militärspione beschafften zudem umfangreiche technische Dokumentationen, wie aus einem „Kurzbericht“ des „Sektors Wissenschaft und Technik“ aus dem Jahr 1971 hervorgeht. Danach hatte das MfS unter anderem „die wesentlichen Nachfolgetypen des Starfighters (geplante und in der Planungsdiskussion befindliche) vollständig oder in wichtigen Teilen dokumentiert“ und im Auftrag des KGB „die Entwicklungsberichte über das Atomschiff ‚Otto Hahn‘ der westdeutschen Imperialisten“ besorgt.

Bei der „Westarbeit“ ging es dem MfS jedoch nicht nur um Informationsbeschaffung, sondern auch um politische Einflussnahme. Deshalb versuchte es, durch Agenten zugunsten der DDR und den ihr nützlich erscheinenden Kräften zu intervenieren, was am linken Rand der SPD und der Grünen naturgemäß leichter war als in der Union oder bei der NPD, wenn die Agenten nicht ihre Enttarnung riskieren wollten. Durch Akten dokumentiert ist beispielsweise, wie die frühere Europaabgeordnete der Grünen, Brigitte Heinrich, durch das MfS politisch instruiert wurde. Bei der FDP wirkte unter anderem der ehemalige Berliner Landesvorsitzende und spätere Bundestagsabgeordnete William Borm für das MfS. Er wurde von Markus Wolf persönlich angeleitet, und viele seiner Reden und Manuskripte wurden direkt in Ost-Berlin verfasst. Bei der Union fällt insbesondere der Fall des CDU-Abgeordneten Julius Steiner ins Gewicht, der 1972 beim Misstrauensvotum gegen Willy Brandt – gegen Zahlung von 50 000 DM aus der Kasse der HVA – für Brandt und gegen den Kandidaten seiner eigenen Partei gestimmt hatte. Auch in der SPD wirkten IM auf hoher politischer Ebene, darunter der Bonner Parteichef Rudolf Maerker, Fraktionsgeschäftsführer Karl Wienand sowie der Bundestagsabgeordnete Josef Braun.

Auf die politische Meinung im Westen wurde darüber hinaus mit zahlreichen „aktiven Maßnahmen“ eingewirkt. Der Richtlinie 2/79 zufolge hatten diese das Ziel, mit Hilfe „operativer Kräfte, Mittel und Methoden den Feind bzw. einzelne feindliche Kräfte und Institutionen zu entlarven, zu kompromittieren bzw. zu desorganisieren und zu zersetzen; progressive Ideen und

„Die DDR hat mich gekauft“, gesteht der ehemalige CDU-Abgeordnete Julius Steiner 1973 in der Illustrierten „Quick“. Karikatur von Peter Leger

Gedanken zu verbreiten und fortschrittliche Gruppen und Strömungen im Operationsgebiet zu fördern; die Entwicklung von Führungspersönlichkeiten und solchen Personen zu beeinflussen, die bei der Bestimmung der öffentlichen Meinung eine besondere Rolle spielen“. Der Einsatz der „konspirativen Kräfte, Mittel und Methoden“ war dabei so vorzunehmen, „daß Ausgangspunkte, handelnde Personen und Zielsetzung der aktiven Maßnahmen verschleiert werden“. So montierte das MfS 1977 im Rahmen der „Aktion Dschungel“ das Protokoll eines abgehörten Telefongesprächs zwischen dem damaligen CSU-Parteivorsitzenden Franz Josef Strauß und dem Chefredakteur des „Bayernkuriers“ in ein Formular des BND, ergänzte es um eine Passage, der zufolge Strauß in einer Flugzeugaffäre belastende Akten beiseite geschafft hätte, und schickte es an die „Süddeutsche Zeitung“, die darüber auf der Titelseite berichtete. Der Staatssicherheit gelang es auf diese Weise, nicht nur Strauß öffentlich in Misskredit zu bringen, sondern zugleich den Eindruck zu vermitteln, der BND höre westdeutsche Spitzenpolitiker ab, was er nicht darf. Ein Bundestagsuntersuchungsausschuss bemühte sich seinerzeit über zwei Jahre lang vergeblich darum, die Affäre aufzuklären. Die HV A unterhielt mit der Abteilung X eine eigene Diensteinheit, die – oft in Kooperation mit dem KGB – fortlaufend Maßnahmen dieser Art entwickelte und umsetzte.

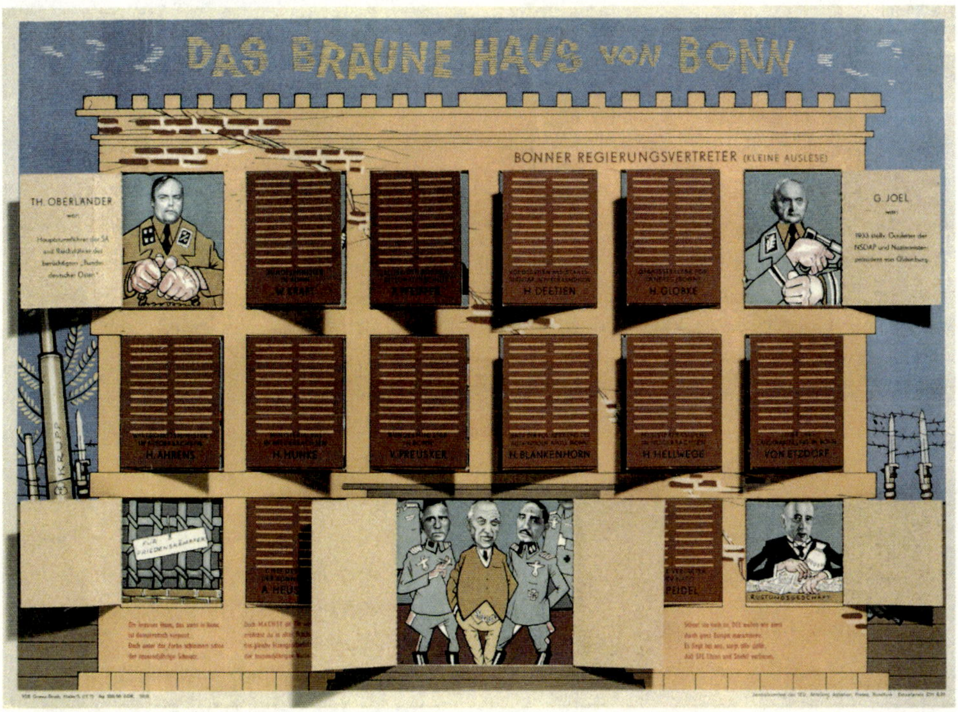

Hinter den Klappen der Wandzeitung verbergen sich Karikaturen Bonner Politiker, denen die DDR Ende der 1950er Jahre eine nationalsozialistische Vergangenheit nachzuweisen versuchte

Getreu den zentralen Anweisungen beteiligte sich das MfS vor allem an generalstabsmäßig organisierten Kampagnen gegen Politiker der CDU/CSU. In den 1960er Jahren erwies sich dabei insbesondere der Vorwurf einer persönlichen Verstrickung in den Nationalsozialismus als wirksames Mittel, beispielsweise in den Kampagnen gegen Hans Globke, Theodor Oberländer, Heinrich Lübke, Kurt-Georg Kiesinger und Eugen Gerstenmaier. Im Fall des 1959 gewählten Bundespräsidenten Lübke war man bei der Suche nach Belastungsmaterial auf Barackenbauzeichnungen gestoßen, die das MfS anschließend mit einem Deckblatt versah: „Vorentwurf zur Erstellung eines KZ-Lagers für 2000 Häftlinge der Fa. Kalag bei Schacht VI in Neu-Staßfurt“. Die DDR geißelte Lübke daraufhin jahrelang als „KZ-Baumeister“ und lancierte die Vorwürfe

»Das unsichtbare Visier« DDR 1973–79

Regie: Peter Hagen

Buch: Herbert Schauer und Otto Bonhoff

Produktion: Fernsehen der DDR / DEFA-Studio für Spielfilme

Darsteller: Armin Mueller-Stahl, Wilfried Ortmann, Alfred Struwe, Günther Grabbert, Giso Weißbach, Jörg-Detlef Panknin, Jessy Rameik, Maya Dragomanska, Marion van de Kamp u.a.

Protagonist der 13-teiligen Fernsehserie ist Werner Bredebusch, „Kundschafter" des MfS. Er hat den Auftrag, unter dem Decknamen Achim Detjen in der Bundesrepublik eine Organisation auszuspionieren, die von den Alliierten gesuchte Nazigrößen von Europa aus nach Südamerika schleust und von dort aus mehr oder weniger heimlich am Aufbau einer neuen Wehrmacht arbeitet. Diese Pläne gilt es zu durchkreuzen. Die Ergebnisse seiner Nachforschungen erregen das Interesse von CIA, konkurrierenden Rüstungsfirmen und Lobbyisten. Er macht Karriere in der Bundeswehr und wird mit besonders schwierigen Missionen beauftragt. Bald sitzt Bredebusch alias Detjen zwischen allen Stühlen, gerät in lebensgefährliche Situationen.

„Das unsichtbare Visier" gilt als eine der erfolgreichsten Serien des DDR-Fernsehens und gehört zu den wichtigsten Fernseharbeiten von Armin Mueller-Stahl in der DDR. Als MfS-Kundschafter ist er so elegant und souverän, dass er auch ohne Probleme „James Bond" verkörpern könnte: Ein Mann mit Charme und Humor, im Smoking wie in Uniform stets korrekt gekleidet, in exklusiven Hotels und auf dem Tanzparkett ebenso selbstsicher wie im Umgang mit Flugzeugen, Autos und Pferden. Und selbstverständlich auch ein Gentleman, der bei Frauen gut ankommt. So ließe sich auch Sean Connery in seiner Rolle als „007" beschreiben, doch im Gegensatz zu James Bond sind dem MfS-Mitarbeiter nicht die attraktiven Gespielinnen gegönnt, mit denen der britische Kollege die Zeitspanne zwischen zwei Actionsequenzen überbrückt. Selbst wenn – die Kamera bleibt außen vor.

auch in westdeutsche Medien, bis der Bundespräsident 1969 kurz vor dem Ende seiner Amtszeit zurücktrat. Um die Bundesrepublik als antisemitisch zu diskreditieren, verfasste das MfS Anfang der 1960er Jahre sogar neo-nazistische Rundbriefe sowie Drohbriefe gegen überlebende Juden in Westdeutschland. Im Namen der rechtsextremen Deutschen Reichspartei (DRP) sollte 1961 zum Beispiel ein Aufruf verschickt werden, „gemeinsam finanzielle Mittel zur Verteidigung Eichmanns zu schaffen und durch eine antisemitische Welle die Notwendigkeit der Judenvernichtung propagandistisch zu rechtfertigen".

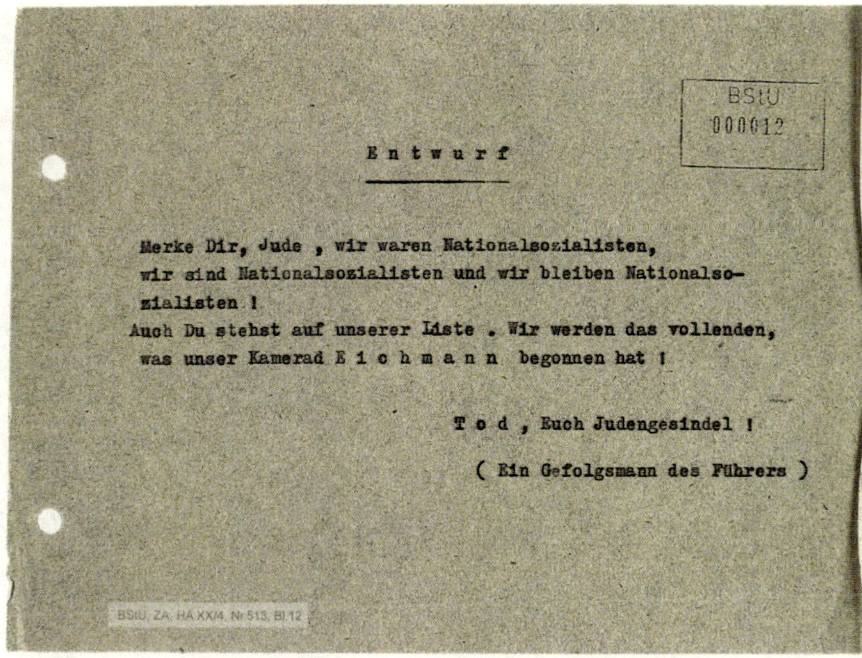
BStU 000012

Entwurf

Merke Dir, Jude , wir waren Nationalsozialisten, wir sind Nationalsozialisten und wir bleiben Nationalsozialisten !
Auch Du stehst auf unserer Liste . Wir werden das vollenden, was unser Kamerad E i c h m a n n begonnen hat !

T o d , Euch Judengesindel !

(Ein Gefolgsmann des Führers)

BStU, ZA, HA XX/4, Nr. 513, Bl. 12

Für eine fingierte Antisemitismuskampagne Anfang der 1960er Jahre in der Bundesrepublik entwarf das MfS auch diskriminierende Flugblätter

Zur Schwächung der „feindlichen" und zur Förderung der „realistischen" Kräfte in der Bundesrepublik wurde das IM-Netz gezielt zum Einsatz gebracht. Vor Bundestagswahlen ließ Mielke beispielsweise einen zentralen Einsatzstab mit ihm selbst als Vorsitzendem bilden, dem die verschiedenen Abteilungen Maßnahmepläne zur Einflussnahme zu unterbreiten hatten. Auch westdeutsche Protestbewegungen wie die Studenten- oder die Friedensbewegung dienten nicht nur als Rekrutierungsfeld für neue West-IM, sondern wurden praktisch unterstützt und beeinflusst. So verfügte 1969 allein der Aufklärungsapparat in der West-Berliner Außerparlamentarischen Opposition (APO) – vor allem im Sozialistischen Deutschen Studentenbund (SDS) und im „Republikanischen Club" – über 17 IM und elf so genannte Kontaktpersonen, die zum Beispiel aktiviert wurden, um die Bundespräsidentenwahl in Berlin zu stören. Vom August 1981 ist ein ausführliches „Konzept für aktive Maßnahmen zur Förderung der Friedensbewegung in der BRD" überliefert, das unter anderem die „zentrale Steuerung des inoffiziellen Netzes" im Westen durch eine spezielle „Leitstelle" und die Einbringung von Initiativanträgen gegen den NATO-Doppelbeschluss beim Münchner Bundesparteitag der SPD vorsah. Allein die Gruppierung „Generäle für den Frieden" wurde den Erinnerungen von Markus Wolf zufolge jährlich mit 100 000 Mark unterstützt.

Spionage für den Frieden?

Während die zentrale Rolle des MfS bei der Sicherung der SED-Diktatur nach innen offen zutage liegt, wird seine „Westarbeit" in der Öffentlichkeit häufig anders bewertet und mit der Spionagetätigkeit anderer Staaten gleichgesetzt. Insbesondere ehemalige Mitarbeiter der HV A behaupten, dass sie mit dem Unterdrückungsapparat des MfS nichts zu tun gehabt und durch die von ihnen beschafften Informationen sogar einen Beitrag zum besseren Verständnis zwischen Ost und West geleistet hätten. Dieses auch den IM vermittelte Selbstbild als selbstlose „Kundschafter des Friedens" hält einer näheren Prüfung indes nicht stand. Dagegen spricht nicht nur der Generalauftrag des MfS, die westliche Demokratie systematisch zu schwächen und nach Möglichkeit durch die „Diktatur des Proletariats" zu ersetzen. Dagegen steht auch die bereits skizzierte „Einheit von Abwehr und Aufklärung", wie sie von Mielke, Wolf und anderen leitenden Funktionären des MfS immer wieder betont wurde. Selbst wenn West-Agenten, die

Im „Saal der Waffenbrüderschaft" der HV A in Berlin, Anfang der 1980er Jahre. Der Wandschmuck vereinte die Symbole von Sozialismus und Auslandsspionage

in der Regel für ihre Tätigkeit honoriert wurden, ihren Verrat vor sich selbst durch uneigennützige Motive rechtfertigten, so hatten sie doch keinerlei Einfluss darauf, was mit ihren Informationen geschah. In keinem der überlieferten Dokumente kommt Verständnis für die Handlungen des Westens zum Ausdruck; vielmehr sind sie von starkem Hass geprägt, der das Gegenüber oft vollkommen verzeichnete.

Die HVA beteiligte sich zudem intensiv an der inneren Repression. Durch ihre DDR-IM – zum Beispiel Professoren oder Journalisten mit West-Kontakten – und durch die Überwachung zahlreicher Westdeutscher erfuhr sie häufig auch von „feindlichen" Absichten im eigenen Land. In Form von „Abwehrhinweisen", die die HVA zu tausenden aus ihrem IM-Netz gewann, wurden diese Informationen an die zuständigen MfS-Abteilungen weitergeleitet, die daraufhin ihre Gegenmaßnahmen, bis hin zu Verhaftungen, einleiteten. Erst recht galt dies für die über 200 mit „Westarbeit" befassten Diensteinheiten der so genannten Abwehr, die beispielsweise Fluchthelferorganisationen, ausgebürgerte Dissidenten oder westdeutsche Korrespondenten überwachten. Mit großem Aufwand ging das MfS zudem gegen Bundesbürger vor, die sich gegen die SED-Diktatur engagierten, darunter Mitglieder von Menschenrechtsorganisationen, kritische Journalisten oder Mitglieder der Grünen, die Kontakte zu Gleichgesinnten in der DDR unterhielten. Zu über 150 Gruppen und Institutionen – von der

„Aktion Sühnezeichen" bis zu den Zeugen Jehovas – erteilte Mielke 1985 den Auftrag, in „ihre Ausgangsbasen und Führungsgremien einzudringen, rechtzeitig und umfassend ihre Pläne, Absichten und Maßnahmen zu erkennen" und „nachhaltig ihr Wirksamwerden in der DDR und anderen sozialistischen Staaten zu verhindern". In den 1950er Jahren wurden Regimekritiker, geflüchtete Funktionäre oder angebliche Spione in mehreren hundert Fällen in die DDR gelockt oder brutal entführt. HVA-Chef Wolf wurde deshalb 1997 wegen Entführung und Freiheitsberaubung in vier Fällen zu zwei Jahren Haft auf Bewährung verurteilt.
Später umfasste die „operative Bearbeitung" von „Feindpersonen" im Westen vor allem die Kontrolle ihres Telefons, ihre Ausforschung durch IM sowie gezielt angelegte „Zersetzungsmaßnahmen", die die Betreffenden diskreditieren und zermürben sollten. Gegen den Vorsitzenden des West-Berliner Schutzkomitees „Freiheit und Sozialismus", Hannes Schwenger, wurden beispielsweise anonyme Briefe versandt, um seinen Ruf in der SPD zu untergraben. Seine Nachbarn sollten pornografische Bilder erhalten, die ihn als homosexuell hinstellten. Beim Bundeskriminalamt denunzierte man ihn als Verbindungsmann zu Terroristen und bei der Zollfahndung wegen angeblichen Schwarzhandels mit Waren aus dem DDR-„Intershop". Gegen den Schriftsteller Jürgen Fuchs entfaltete das MfS einen regelrechten Psychoterror, indem man ihn nachts ständig anrief, fortlaufend Notdienste in seine Wohnung bestellte sowie unzählige Waren anliefern ließ, die er nie angefordert hatte. Die Wirkung dieser Maßnahmen wurde regelmäßig überprüft, um entscheiden zu können, ob weitere in Gang zu setzen wären. In Einzelfällen – etwa gegen den Fluchthelfer Wolfgang Welsch oder den Fußballer Lutz Eigendorf – plante das MfS auch noch in den 1980er Jahren Mordanschläge.

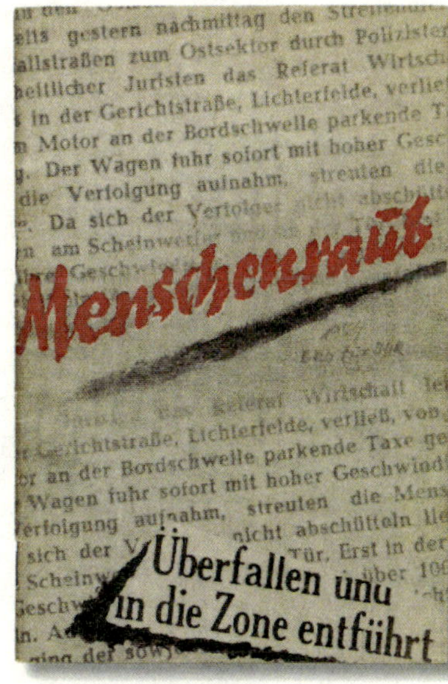

Die 1955 in Bonn herausgegebene Broschüre dokumentiert Fälle von Entführungen durch das MfS

Für den Einsatz im Westen bildete das MfS seit den frühen 1950er Jahren auch spezielle Kampfkräfte aus, die auf Befehl „erfolgreiche Aktionen" gegen politische, wirtschaftliche und militärische Schwerpunktobjekte führen sollten. Sie waren darauf trainiert, im Kriegs- oder Krisenfall Anschläge auszuführen, Hinterhalte zu legen, Menschen zu liquidieren oder Panik erzeugende Maßnahmen auszulösen. Darüber hinaus organisierte die Staatssicherheit die Ausbildung einer geheimen Militärorganisation (MO) der DKP aus mehreren hundert Mitgliedern, die im Ernstfall als „Partisanen" tätig werden sollten. Ausgewählte West-IM hatten die Aufgabe, im Spannungsfall Anschläge zu verüben. Auf die Übernahme West-Berlins war das MfS mit der Planung eigener Kreisdienststellen sowie umfangreicher Verhaftungen vorbereitet.

Nach der Auflösung der Staatssicherheit im Jahr 1990 gingen die für die „Westarbeit" Verantwortlichen überwiegend straffrei aus. Nach einem Urteil des Bundesgerichtshofes stellt Spionage, wenn sie vom Boden der DDR aus geplant wurde, keine Straftat dar. Aber auch Bundesbürger, die für das MfS gearbeitet hatten, wurden nach der Vereinigung nur selten bestraft.

Die Presse stürzte sich nach 1990 auf Enthüllungen über die Machenschaften der Staatssicherheit: Gegen prominente DDR-Flüchtlinge hatte das MfS Mordanschläge geplant

Alfred Müller in
for eyes only
(streng geheim)
Mit Helmut Schreiber, Ivan Palec, Hans Lucke, Werner Lierck, Martin Flörchinger, Christine Laszar, Ingrid Ohlenschläger, Marion van de Kamp, Eva-Maria Hagen u. a.
Szenarium: Harry Thürk – nach einer Idee von Hans Lucke · Kamera: Karl Plintzner · Szenenbild: Alfred Drosdek · Musik: Günter Hauk
Produktionsleitung: Siegfried Kabitzke
BUCH: HARRY THURK – JANOS VEICZI
REGIE: JANOS VEICZI
Angeschnallt auf dem Lügendetektor, diesem teuflischen seelischen Marterinstrument mit USA-Patent, sitzt der Mann Hansen im Keller eines Hauses des amerikanischen Geheimdienstes in Westdeutschland. Fragen peitschen wie Schläge auf ihn nieder.
„Sie sind Mitarbeiter der sowjetischen Abwehr?" – „Nein".
„Des Deuxieme Bureau?"
„Nein". –
„Des Intelligence Service?" – „Nein". – „Des Bundesnachrichtendienstes?" – „Nein". – „Des SSD?" – „Nein". – „Des MID?" – „Ja".
Die grafische Linie, die die Erregungen des Befragten registrieren soll, zeigt keine, gar keine Erhöhung. Der Mann Hansen scheint die Wahrheit zu sagen. Ja, er ist Mitarbeiter des Military Intelligence Department der Amerikaner, ein guter, ein fähiger Mitarbeiter. Aber – ist er wirklich nur das? ...
„Streng geheim" – sind die Methoden der amerikanischen Geheimdienste.
„Streng geheim" – ist jeder der Aufträge, die Hansen und die anderen Agenten auszuführen haben.
„Streng geheim" – in der allerhöchsten Geheimhaltungsstufe aber sind die Pläne, die Major Collins in seiner Hand hat – und um die es geht in diesem atemberaubenden neuen DEFA-Film ...
der Künstlerischen Arbeitsgruppe „Solidarität"
Verleih: VEB Progress Film-Vertrieb
TOTALVISION

Elke Mittmann

Der Fall Horst Hesse

Eine Kundschafterkarriere

„[...] Dringende Anordnung zur Festnahme, folgendes wird zu Ihrer Information mitgeteilt. Nachstehender Mann ist unter allen Umständen zu ergreifen und dem Aufklärungsstab der US-Armee in Europa zuzuführen. Dieser deutsche Staatsbürger ist bekannt als Berger [...] oder Hesse, Horst. [...] Er führt zwei Mosler-gußeiserne Safes bei sich [...] Es wird angenommen, daß er die Grenze nach DDR überschreiten wird, muß unter allen Umständen verhindert werden [...] Dieser Mann ist ein Roter und äußerst gefährlich."

Dieser kryptische Funkspruch, den die Funkaufklärung der Staatssicherheit der DDR am 30. Mai 1956 auffing, verwies auf einen der spektakulärsten Fälle der DDR-Spionage in den 1950er Jahren: Der Raub von zwei mit geheimdienstlichen Unterlagen gefüllten Safes der amerikanischen Militärspionage durch Horst Hesse, Agent der Staatssicherheit der DDR. Was hier zunächst als abenteuerliche, aber routinierte Tat eines DDR-Topagenten erschien, offenbarte sich bei näherer Betrachtung als überraschender Coup eines Agenten, der eher zufällig zu einem Spion geworden war. Aber nicht nur darin zeigt sich die Besonderheit dieses Falls. Der Fall Hesse steht für die systematische propagandistische Aufbereitung und politische Instrumentalisierung von Spionageerfolgen der DDR in den 1950er Jahren.

Beginn einer Agentenlaufbahn

Am 22. Januar 1954 meldete sich bei der Magdeburger Bezirksverwaltung des MfS ein Arbeiter des dortigen Ernst-Thälmann-Werks: der Gießer Horst Hesse. Eine Einladung eines ehemaligen Magdeburger Nachbarn nach West-Berlin hatte Hesse stutzig gemacht. Nichts weniger als einen „Lockbrief" eines westlichen Geheimdienstes sah er in diesem Schreiben. Die öffentliche Propaganda der DDR schürte in den 1950er Jahren und besonders nach dem 17. Juni 1953 ein Klima der „Agentengefahr". Gerade diese Form der Kontaktaufnahme wurde zu den gängigen Methoden gezählt, Ostdeutsche für westliche Nachrichtendienste zu werben. Das SED-Regime unterstellte dem Westen Kriegsvorbereitungen und schrieb den westdeutschen und „anglo-amerikanischen" Geheimdiensten dabei eine wesentliche Rolle zu.

Hesse vermutete als Absender des Briefs „einen Agent[en] einer imperialistischen Macht". Als aktives Mitglied der SED sah er sich zudem der DDR gegenüber verpflichtet, was ihn veranlasste, den Brief als „Beweisstück" im Magdeburger Büro des MfS abzugeben.

Damit hätte der Vorgang „Horst Hesse" auch beendet sein können. Doch das Gegenteil war der Fall: Die Staatssicherheit wollte mehr über den Absender des Briefes erfahren. Sie überzeugte Hesse, der Einladung zu folgen und damit als „Geheimer Mitarbeiter" (GM) für sie tätig zu werden.

Linke Seite: Publikumserfolg – 1962 produzierte die DEFA einen Spionagefilm, der die Geschichte des Kundschafters Horst Hesse aufgreift

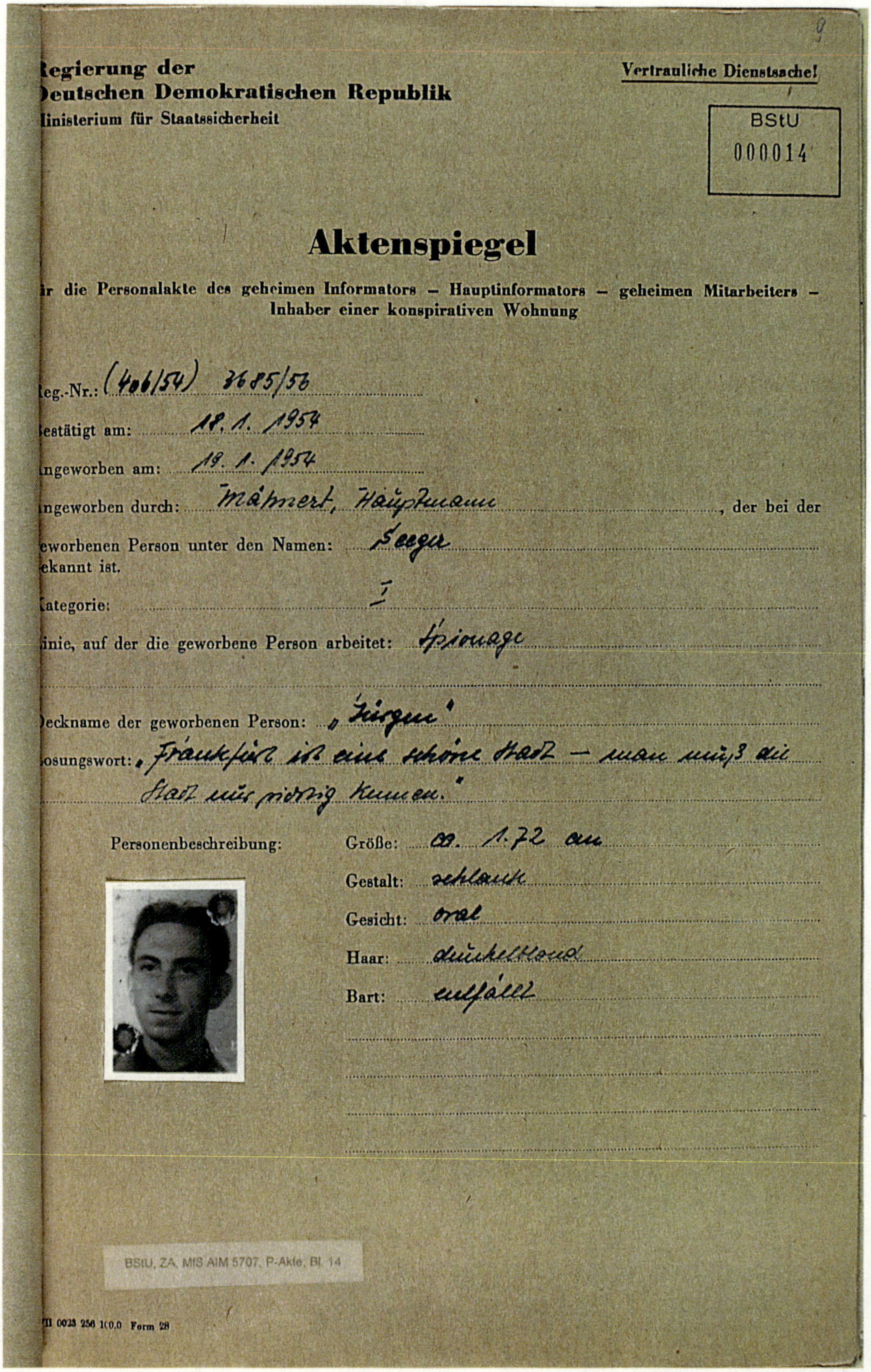

9

Regierung der
Deutschen Demokratischen Republik
Ministerium für Staatssicherheit

Vertrauliche Dienstsache!

BStU
000014

Aktenspiegel

für die Personalakte des geheimen Informators – Hauptinformators – geheimen Mitarbeiters – Inhaber einer konspirativen Wohnung

Reg.-Nr.: (406/54) 3685/56

Bestätigt am: 18. 1. 1954

Angeworben am: 19. 1. 1954

Angeworben durch: Männert, Hauptmann, der bei der geworbenen Person unter den Namen: Seeger bekannt ist.

Kategorie: I

Linie, auf der die geworbene Person arbeitet: Spionage

Deckname der geworbenen Person: „Jürgen"

Losungswort: „Frankfurt ist eine schöne Stadt – man muß die Stadt nur richtig kennen."

Personenbeschreibung:

Größe: ca. 1.72 cm

Gestalt: schlank

Gesicht: oval

Haar: dunkelblond

Bart: entfällt

BStU, ZA, MfS AIM 5707, P-Akte, Bl. 14

II 0023 256 10.0 Form 28

Von der Verpflichtungserklärung bis zum Abschlussbericht des Führungsoffiziers: Die Akte belegt den Werdegang Horst Hesses

Hesse unterschrieb noch am gleichen Tag eine Verpflichtung zur inoffiziellen Mitarbeit. Aus dem Industriearbeiter Horst Hesse war nun ein „Geheimer Mitarbeiter“ mit dem Decknamen „Jürgen“ geworden. In seiner handschriftlichen Verpflichtungserklärung war sein Auftrag wie folgt umrissen: „[...] die Verbindung mit Westberlin zu den Personen herzustellen und weiter aufrecht zu erhalten. [...] Damit soll festgestellt werden, mit welchen Mitteln und Personen gegen die DDR eine feindselige Tätigkeit durchgeführt wird.“

Diese Form der Auslandsspionage der DDR war seit 1952 systematisch aufgebaut und als Konsequenz des 17. Juni 1953 massiv weiter verfolgt worden. Besonderes Augenmerk galt der Aufklärungsarbeit durch „Infiltration“ der westlichen Geheimdienste, wie der Grundsatzbeschluss der SED vom 23. September 1953 unterstrich: „Eindringen der Informatoren in die Spionageorgane, Schulen und Zentren von Spionage- und Diversionsorganisationen zwecks Aufdeckung der Pläne und Absichten des Feindes“.

Zu diesen wichtigsten „Terror- und Spionageorganisationen“, die es – so der MfS-Jargon – zu „zerschlagen“ galt, gehörten die Organisation Gehlen ebenso wie die Ostbüros von FDP, CDU und SPD, die Kampfgruppe gegen Unmenschlichkeit und der Untersuchungsausschuss freiheitlicher Juristen – eigentlich alle Vereinigungen, die der DDR kritisch gegenüberstanden, darunter auch Rundfunkstationen, Heimatverbände und christliche Organisationen. Die Staatssicherheit differenzierte nicht. Mit „konzentrierten Schlägen“ sollte – so der damalige Minister für Staatssicherheit Ernst Wollweber – gegen diese Organisationen gewaltsam vorgegangen werden; Massenverhaftungen von mehreren hundert der Spionage bezichtigten „Agenten“ waren in den Jahren 1954 und 1955 die Folge.

Diese Aktionen führte die 1953 entstandene Hauptabteilung II (HA II) des MfS aus, die zwischen 1953 und 1960 der ehemalige Angehörige der Roten Armee Oberst Josef Kiefel leitete. Drei Unterbereiche der HA II hatten jeweils einen westalliierten Geheimdienst im Fokus, die Abteilung 4 (HA II/4), die so genannte westdeutsche Linie, war auf die Spionagetätigkeit gegen die Organisation Gehlen ausgerichtet. Sie wurde auch Auftraggeber von Horst Hesse.

Es erscheint fast absurd und wenig Erfolg versprechend, einen Industriearbeiter, nach zufälligem Kontakt, ohne konspirative Erfahrung, als Agenten ins gegnerische Lager zu senden. Diese Form der Anwerbung war jedoch kein Einzelfall. Die MfS-Richtlinie 21 von 1952 mit dem Titel „Suche, Anwerbung und Arbeit von Informatoren, Geheimen Mitarbeitern und Personen, die konspirative Wohnungen unterhalten“ definierte die Kriterien der Werbung „Geheimer Mitarbeiter“ als auch deren Einsatzmöglichkeiten: Es sollte sich um Personen handeln, „die zur nicht-öffentlichen Zusammenarbeit mit den Organen der Staatssicherheit herangezogen sind und dank ihrer besonderen Verbindungen mit Personen, die eine feindliche Tätigkeit ausüben, in der Lage sind, den Organen des Ministeriums für Staatssicherheit besonders wertvolle Angaben über deren Spionage- und andere illegale, antidemokratische Tätigkeiten zu beschaffen.“ Offensichtlich war schon die Tatsache, einen möglichen Agenten zu kennen, Grund genug, für das MfS angeworben und konspirativ tätig zu werden.

Die „politisch-ideologische Überzeugung“ des „Kandidaten“ galt in den 1950er Jahren als Hauptmotiv für die möglichst freiwillige Anwerbung, die als sicherste Grundlage für eine erfolgreiche Zusammenarbeit mit den „Organen des MfS“ verstanden wurde. So hieß es dann auch im „Schlußbericht der Werbung“ von Hesse: „Mit dem H. wurde eingehend über die politische Entwicklung in Westdeutschland und der

DDR gesprochen und ihm aufgezeigt, in welcher Form die imperialistischen Geheimdienste den Aufbau der DDR schädigen wollen."

Einsatz an der „unsichtbaren Front".

Bereits im März 1954, also kurz nach seiner Anwerbung, begann „GM Jürgen" seinen Dienst an der „unsichtbaren Front". Dabei führte er sein Leben als Metallarbeiter und Familienvater zunächst unverändert weiter. Zudem wurden die meisten Agenten nicht sofort mit umfangreichen Aufträgen betraut, sondern sollten vielmehr durch „schrittweises Vertrautmachen" herangeführt werden an die zukünftigen Aufgaben, deren Schwierigkeitsgrad sich mehr und mehr erhöhte.

In diesem Sinne sollte Hesse zunächst nur herausfinden, ob der Absender des Briefs aus West-Berlin für einen westlichen Geheimdienst arbeitete und in Erfahrung bringen, über welche Verbindungen in die DDR er verfügte. Außerdem hatte er den Auftrag, auf einen eventuellen Werbungsversuch einzugehen. Abgesehen von Maßregeln für das Verhalten bei einer möglichen Verhaftung erhielt er keine Ausbildung, obschon die Richtlinie 21 vorsah, dass „die Erteilung von Aufträgen planmäßig und nach gründlicher Vorbereitung durchzuführen ist". Bereits nach dem ersten Treffen in West-Berlin stellte sich heraus, dass der ehemalige Nachbar aus Magdeburg tatsächlich geheimdienstlich gegen die DDR tätig war und zudem versuchte, Hesse anzuwerben. Hesse sagte zu, unterschrieb eine Art Verpflichtungserklärung und erhielt den Decknamen „Lux". Er sollte Nachrichten zwischen den Westagenten in der DDR und der Spionageorganisation in West-Berlin übermitteln, aber vor allem die Truppenbewegungen der sowjetischen Armee in Magdeburg fotografieren.

Die von Hesse informierte Staatssicherheit in Magdeburg instruierte ihn nun, wie es in dem „Auftrag für den GM Jürgen" vom 19. März 1954 hieß, „das bestehende Vertrauensverhältnis […] zu vertiefen mit dem Ziel, so Näheres über […] Verbindun-

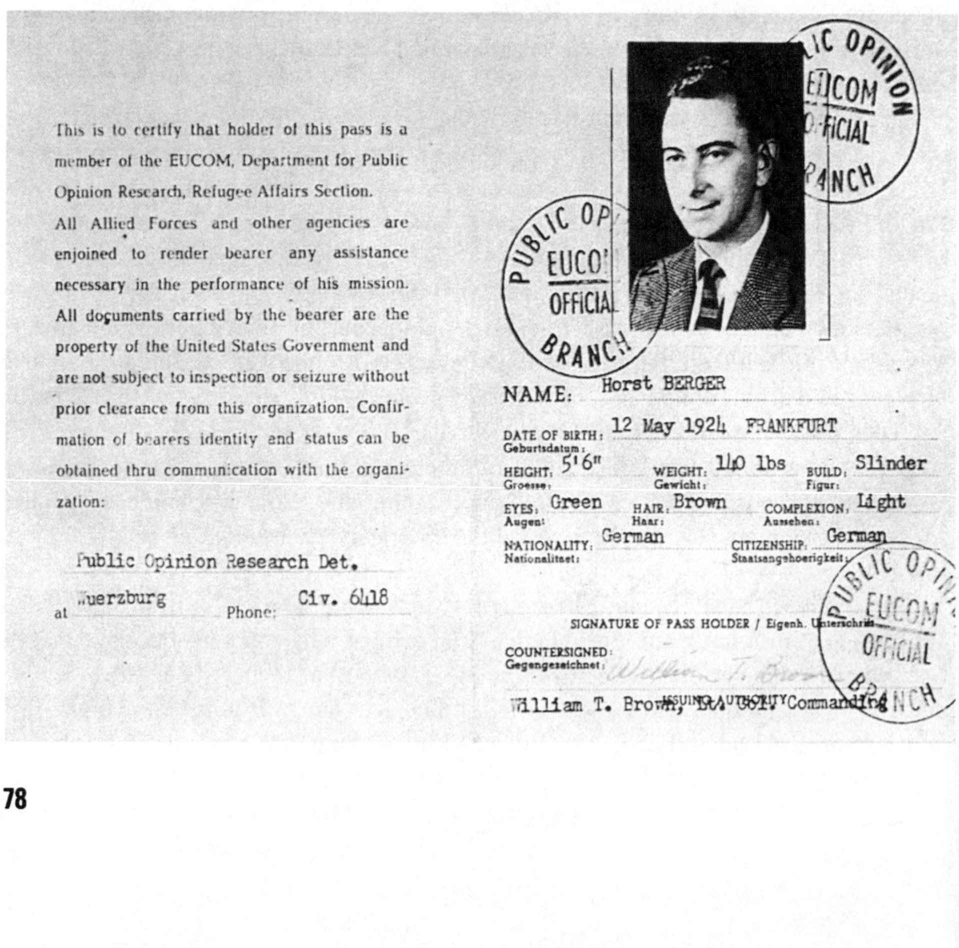
This is to certify that holder of this pass is a member of the EUCOM, Department for Public Opinion Research, Refugee Affairs Section.
All Allied Forces and other agencies are enjoined to render bearer any assistance necessary in the performance of his mission.
All documents carried by the bearer are the property of the United States Government and are not subject to inspection or seizure without prior clearance from this organization. Confirmation of bearers identity and status can be obtained thru communication with the organization:

Public Opinion Research Det.
at Wuerzburg Phone: Civ. 6418

PUBLIC OPINION EUCOM OFFICIAL BRANCH

NAME: Horst BERGER
DATE OF BIRTH: / Geburtsdatum: 12 May 1924 FRANKFURT
HEIGHT: / Groesse: 5'6" WEIGHT: / Gewicht: 140 lbs BUILD: / Figur: Slinder
EYES: / Augen: Green HAIR: / Haar: Brown COMPLEXION: / Aussehen: Light
NATIONALITY: / Nationalitaet: German CITIZENSHIP: / Staatsangehoerigkeit: German

SIGNATURE OF PASS HOLDER / Eigenh. Unterschrift

COUNTERSIGNED: / Gegengezeichnet: William T. Brown
William T. Brown, Lt. Col. Commanding
ISSUING AUTHORITY

Als Horst Berger war Horst Hesse Mitarbeiter des CIC, einer Unterabteilung der CIA, die in Deutschland unter dem Decknamen „Public Opinion Research Departement" arbeitete gen zu offiziellen Geheimdienststellen in Erfahrung zu bringen." Die Agententätigkeit in Magdeburg sollte Hesse zum Schein weiter ausbauen. Zu diesem Zweck autorisierte ihn die Staatssicherheit, in gewissem Umfang Informationen und Fotos als Beweis seiner engagierten Tätigkeit an diesen Geheimdienst weiterzuleiten. Horst Hesse wurde so im klassischen Sinne zu einem „Maulwurf", also einem Agenten, den ein Geheimdienst, in diesem Fall die DDR-Staatssicherheit, in einen gegnerischen Geheimdienst eingeschleust hat.

In den folgenden Monaten kam es zu weiteren Kontakten zwischen Hesse und dem westlichen Geheimdienst. Erst jetzt wurde klar, dass es sich um einen amerikanischen Geheimdienst handelte. Als nächsten Schritt vergrößerte das MfS Hesses Aufgabenspektrum: Er sollte mehr über die internen Strukturen und Methoden der amerikanischen Geheimdienststelle sowie über ihre in der DDR tätigen Agenten erfahren. Außerdem sollte er durch die „Lieferungen" umfangreicher Spionageberichte über die sowjetischen Kasernen in Magdeburg das „Vertrauensverhältnis" zum feindlichen Geheimdienst weiter ausbauen und so perspektivisch persönlichen Kontakt zum Leiter dieser Geheimdienststelle erhalten. Deshalb stattete ihn das MfS auch mit neuem Informationsmaterial zu den Magdeburger Kasernen der sowjetischen Armee aus. Inwieweit eine Zusammenarbeit mit dem KGB stattfand, bleibt unklar. In ihrem grenzenlosen Ehrgeiz fertigten die Magdeburger MfS-Mitarbeiter selbst die Aufnahmen der russischen Kasernen an, die Hesse dann als „Ergebnis" seiner konspirativen Tätigkeit an die US-Spionage weiterreichte.

Horst Hesse alias Horst Berger – die „konspirative" Arbeit bei der CIC

Schon nach wenigen Monaten veränderte dieser anfangs „überschaubare" Spionageauftrag das gesamte Leben von Horst Hesse. Am 11. August 1954 veranlasste ihn die Staatssicherheit, sich nach West-Berlin abzusetzen. Die genauen Umstände dieser offensichtlich überstürzten Absetzung lassen sich aus dem vorhandenen Aktenmaterial nicht eindeutig rekonstruieren. Im entsprechenden Protokoll vom 11. August 1954 steht: „Der GM Jürgen wurde am 10. 8. 1954 gegen 23.00 Uhr zum Hauptbahnhof Magdeburg gebracht. Es wurde ihm verboten, vor seiner Absetzung nochmals mit seiner [...] Rücksprache zu nehmen. Er erhielt den Auftrag, am 11. 8. 54 mit dem D-Zug 4.35 Uhr nach Berlin zu fahren und von dort aus im Westsektor von Berlin den Agenten [...] aufzusuchen. Dem [...] gegenüber soll er schildern, [...] daß sich die Kriminalpolizei nach seiner Person erkundigt hat. Er soll dem [...] erzählen, daß er sich auf Grund dessen sofort nach Westberlin abgesetzt hat." Um diese fingierte Fahnenflucht auch in der DDR, also für seine Vorgesetzten und Kollegen, für seine Parteigruppe und nicht zuletzt für seine Familie glaubhaft zu machen, spulte die Staatssicherheit den in solchen Fällen üblichen „Maßnahmenkatalog" ab, das hieß zunächst vor allem: Hausdurchsuchung und Ausschluss aus der SED.

In West-Berlin nahm Hesse sofort Kontakt zu den ihm bekannten Personen des amerikanischen Geheimdienstes auf. Niemand hegte dort Zweifel an der Echtheit seiner „Fahnenflucht". Im Gegenteil: Aufgrund seines wachsenden Aufgabenbereichs war früher oder später Hesses Enttarnung zu erwarten. Die Amerikaner befürchteten Racheaktionen des MfS und leiteten sogar Maßnahmen ein, Hesse in Berlin zu verstecken, um eine mögliche „Rückführaktion" nach Ost-Berlin zu verhindern. Gerade in den 1950er Jahren entführte das MfS rund 250 Menschen, darunter fahnenflüchtige Agenten und Regimekritiker aus dem Westen, in die DDR und verurteilte sie dort zu hohen Haftstrafen oder zum Tode.

Nach einer Woche Aufenthalt in West-Berlin ließ der US-Geheimdienst Hesse mit einer amerikanischen Kuriermaschine nach Frankfurt am Main ausfliegen. Er erhielt eine neue Identität und arbeitete dort nun als „Horst Berger" für den US-Geheimdienst. Im Notaufnahmelager in Gießen, einer ersten Station für DDR-Flüchtlinge in die Bundesrepublik, standen ihm jedoch zunächst die üblichen Formalien bevor. Er machte die fiktiven Gründe seiner Flucht in die Bundesrepublik glaubhaft und wurde als politischer Flüchtling anerkannt – und hatte sich damit ein Alibi geschaffen, mit dem ihn zunächst niemand als „Geheimen Mitarbeiter" des MfS verdächtigen würde. Bald stellte ihn der US-Geheimdienst in einer seiner Dienststellen in Würzburg ein.

Zunächst nur mit einfachen Aufgaben betraut, bewährte sich der DDR-Spion bei den Amerikanern in kurzer Zeit durch seine engagierte Zielstrebigkeit. Seine Aufgabe wurde konkreter: „Agentenwerbung" unter DDR-Bewohnern. Er reiste häufig nach West-Berlin und konnte unbemerkt nach Ost-Berlin fahren, um erste Ergebnisse an das MfS weiterzuleiten: Personenbeschreibungen seiner Würzburger „Kollegen", Grundrisszeichnungen der dortigen Dienststelle. In Ost-Berlin erhielt er dann weitere Instruktionen. So sollte Hesse zunächst das „Vertrauensverhältnis" mit dem Dienststellenleiter in Würzburg vertiefen, um dann in einem nächsten Schritt tieferen Einblick in die Strukturen zu gewinnen und perspektivisch einen größeren Verantwortungsbereich zu übernehmen. Das eigentliche Ziel bestand darin, die Würzburger Dienststelle zu „zerschlagen".

Diese Strategie ging auf. Innerhalb weniger Monate stieg Hesse zum Abteilungsleiter für den Bereich „Werbung" der Würzburger Dienststelle auf. Seine Aufgabe bestand zwar weiterhin in der Werbung von Ostdeutschen als „US-Agenten", aber sein Verantwortungsbereich hatte sich vergrößert. Deshalb konnte er auch weitere Identitäten von Westagenten in der DDR aufdecken, die er dann an das MfS verriet. Damit entsprach Hesse genau dem Idealbild eines „Geheimen Mitarbeiters" als „wichtigste Waffe gegen Agenten, Spione, Saboteure und Diversanten", wie es die erwähnte Richtlinie 21 formulierte. Um Kontakte zu potentiellen Agenten für den amerikanischen Geheimdienst aufzubauen, ließ Hesse Lebensmittelpakete an ausgewählte DDR-Bürger verschicken, einige der Adressaten zeigten tatsächlich Interesse an einer Spionagetätigkeit gegen die DDR. Auch sie sollten Informationen über die in der DDR stationierte Armee der UdSSR liefern. Dennoch blieben Hesses eigentlicher Aufgabenbereich und Auftraggeber lange Zeit unklar. Was der Öffentlichkeit präsentiert wurde als „Amt zur Erforschung der öffentlichen Meinung, Abteilung Flüchtlingsangelegenheiten des Europäischen Kommandos der US-Streitkräfte", war, so erfuhr Horst Hesse nach und nach, der CIC („Counter Intelligence Corps"), bekannt als militärischer Aufklärdienst des US-Nachrichtendienstes. Gerade der CIC war für das MfS in seiner Richtlinie 21 eine „ausgesprochene militärische Spionageorganisation" – Hesses Einschleusen also ein regelrechter „Glückstreffer". Er gewann für die Staatssicherheit zunehmend an Bedeutung. Führende Offiziere des MfS wie der Leiter der HA II, Oberst Josef Kiefel, nahmen nun an den Treffen mit Hesse in Ost-Berlin teil. Auch ein von Erich Mielke persönlich bestätigter Auftrag an Hesse ist überliefert.

Der 1986 erschienene Jugendroman griff Hesses Geschichte auf

Mit dem „GM Jürgen" bot sich dem MfS nun die Möglichkeit, eine bedeutende „feindliche Agentenzentrale" von Innen heraus zu zerstören. Die Aufforderung hierzu ließ dann auch nicht lange auf sich warten. Bereits im September 1955 beabsichtigte das MfS, die „Dienststelle in Würzburg zu liquidieren" und dass „der GM ‚Jürgen' die Agentenkartei nach der DDR bringt". Am 20. Mai 1956 gegen 2 Uhr war es soweit: Hesse entwendete mit Hilfe von mehreren namentlich nicht bekannten Personen zwei Safes mit den begehrten Agentenkarteien aus dem Würzburger CIC, lud sie in ein bereitstehendes Fahrzeug ein und schaffte die gestohlene Fracht unbemerkt in die DDR. An der Grenze entging er durch den Ausweis seiner amerikanischen Dienststelle jeglicher Kontrolle. Entscheidend war für ihn darin der Satz: „All documents carried by the bearer are the property of the United States Government and are not subject to inspection or seizure without prior clearance from this organization."

Horst Hesse in Würzburg identifiziert

Schleier über die Flucht des US-Agenten gelüftet — Steckbrief liegt vor

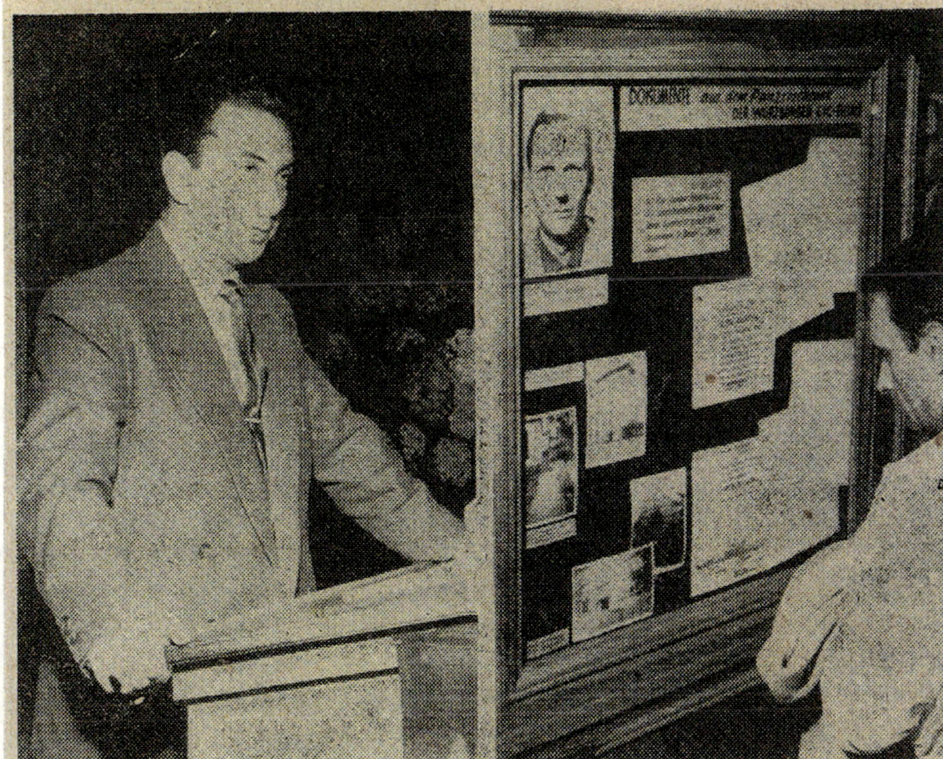

Unser Bild zeigt links Horst Hesse, der mit US-Geheimdokumenten in die Sowjetzone geflüchtet ist, während seiner Ausführungen bei der Pressekonferenz in Ostberlin und rechts einen Teil des in einer Ausstellung gezeigten von Hesse mitgebrachten Materials.

Nach dem Raub der Safes durch Horst Hesse begann in der westdeutschen Presse ein wochenlanges Rätselraten um den tatsächlichen Hergang des Diebstahls

Politische Instrumentalisierung

Diesen „Husarenstreich der Spionage", wie ihn die DDR-Presse später lobte, nutzte die Regierung sofort für Propagandazwecke. Aufsehen erregende Spionageerfolge wie diesen, in dessen Folge rund 140 Westagenten in der DDR enttarnt und verhaftet werden konnten, stellte die SED seit 1953 immer wieder zur Schau.

Das gehörte zum neuen politischen Stil der Staatssicherheit: Erfolge der Spionagearbeit sollten für die Agitation im eigenen Land und für die psychologische Kriegsführung gegen Westdeutschland fruchtbar gemacht werden. Unter dem Eindruck der Ereignisse vom 17. Juni 1953 galt es, in der Öffentlichkeit vor allem innenpolitische Stärke zu dokumentieren, verbunden mit einer Aufwertung des MfS. Die Arbeit westlicher „Agentenzentralen" in der DDR musste dann offiziell als massive Gefahr für die innere Stabilität des Landes gewertet werden.

Vor diesem Hintergrund wurde der „Mann mit dem Panzerschrank" zum „Aufhänger" einer Reihe von Propagandaaktionen. Beispielhaft dafür war die Regierungserklärung von DDR-Ministerpräsident Otto Grotewohl am 29. Mai 1956 vor der Volkskammer. Er entfaltete – durchaus auch mit außenpolitischer Absicht – den Fall Hesse in seiner vollen propagandistischen Breite: Der Inhalt der geraubten Safes liefere den Beweis, dass sowohl die Bundesrepublik als auch die westlichen Alliierten an einer „innerdeutschen Entspannung und Verständigung" kein Interesse zeigten, die westlichen „Agentenzentralen" seien der wesentliche Hinderungsgrund für eine Entwicklung in diese Richtung.3In diesem Sinne ging Grotewohl in seiner Regierungserklärung so weit, in der westdeutschen und westalliierten Spionage gegen die DDR die Vorbereitung eines „Bruderkrieges" zu sehen. Gegen dieses Feindbild setzte er das Image einer außenpolitisch vermittelnden Position der DDR und stellte in diesem Zusammenhang eine Reihe von „Vorschlägen zur innerdeutschen Entspannung" vor, er forderte vor allem die Auflösung westlicher „Agentenzentralen". Letztlich ging es um eine größere außenpolitische Souveränität der DDR und Integrität dem Westen und der Welt gegenüber, Ziel der seit 1956 verfolgten Anerkennungspolitik der DDR.

Horst Hesse (rechts) im Gespräch mit einem polnischen Kollegen, dem Agenten Andrzej Czechowicz, Mitte der 1970er Jahre

Die tatsächliche Spionagegeschichte von Horst Hesse musste zur Unterstützung dieser politischen Haltung „korrigiert" werden. Das MfS feierte ihn nicht als erfolgreich zurückgekehrten MfS-Agenten und verschwieg, dass Hesse eigentlich ein eingeschleuster „Geheimer Mitarbeiter" war. Vielmehr wurde die Geschichte des „nach einer Fahnenflucht reumütig zurückgekehrten DDR-Bürgers, der zum Beweis seines Willens nach Umkehr und Wiedergutmachung zwei Panzerschränke mit wichtigem geheimdienstlichen Inhalt in die DDR gebracht hat" zur offiziellen Version. Zusätzlich untermauert wurde diese Version dadurch, dass Grotewohl Hesse aufgrund seiner vorgetragenen „moralischen Beweggründe" Straffreiheit zusicherte und ihn als Kronzeugen für einen späteren Prozess gegen die enttarnten Agenten benannte. Grotewohl stilisierte ihn zum Vorbild für Westagenten in der DDR, die sich freiwillig stellen wollen. Auf einer internationale Pressekonferenz zum Fall Hesse am 10. Juli 1956 in

In der Broschüre beschrieb Hesse 1957 die konspirative Arbeitsweise des CIC in Würzburg

Ost-Berlin führte der Pressechef des Büros des Ministerpräsidenten, Fritz Beyling, Horst Hesse erstmals der Öffentlichkeit vor und ließ ihn selbst die offizielle Version seiner Geschichte berichten und den Inhalt der beiden geraubten Safes präsentieren. Hesse trat mehrfach öffentlich auf, auch im DDR-Fernsehen, und schließlich als „Kronzeuge" in einem Schauprozess gegen enttarnte Agenten.

Zu propagandistischen Zwecken erschien unter anderem über diesen Prozess 1957 eine Broschüre mit dem Titel „Agentenfunkstelle Görzenberg antwortet nicht mehr". Verfasser war Horst Hesse. Aus der Position des Kronzeugen beschrieb er seine Arbeit in Würzburg und seine Aussage gegen die angeklagten Agenten.

Die Politik im Westen nahm offiziell nur wenig Notiz von diesem Fall. In der Presse jedoch begann ein wochenlanges Rätselraten um die Authentizität dieses Falls und um den tatsächlichen Hergang des Diebstahls der CIC-Safes. Vor allem Journalisten, die auf der erwähnten Pressekonferenz in Ost-Berlin zugegen gewesen waren, äußerten starke Zweifel am Wahrheitsgehalt des Berichtes von Horst Hesse. Die Amerikaner hingegen dementierten den Raub dieser wichtigen Agentenkarteien und unterstellten der DDR, diese Geschichte erfunden zu haben. Schwierig zu erklären bleibt allerdings, warum ein amerikanisches Gericht gegen Hesse in Abwesenheit seiner Person einen Prozess anstrengte, in dessen Verlauf er zum Tode verurteilt wurde.

Kultfigur des MfS

Nach diesen groß angelegten Presseaktionen geriet Horst Hesse zunächst in Vergessenheit. 1962 rückte seine Geschichte wieder ins Blickfeld, als die DEFA den Auftrag bekam, sie zu verfilmen. Unter dem Titel „For eyes only (streng geheim)" ging dieser Agentenstreifen in die Geschichte des DDR-Kinos ein. Das Drehbuch lehnte sich an die tatsächliche Spionagegeschichte von Horst Hesse an. Um zur aktuellen Linie der politischen Propaganda zu passen, wurde sie jedoch erneut verändert: GM Hansen alias Lorenz, vom MfS in die US-Militärspionage in Würzburg eingeschleust, sollte die dort geschmiedeten geheimen Pläne gegen die DDR nach Ost-Berlin schaffen. Höhepunkt der Handlung: Der Raub des Panzerschranks, in dem sich jedoch nicht nur Agentenkarteien, sondern insbesondere militärische Angriffspläne des Westens befanden. Die Botschaft war klar: Nicht nur, dass mit den entwendeten Papieren dem amerikanischen Geheimdienst ein bedeutender Verlust zugefügt worden war, nein, GM Hansen verhinderte damit auch en passant den Dritten Weltkrieg – ein moralisch integrer Agent der DDR, der, um den Weltfrieden zu sichern, sein Leben riskiert. Der Film unterstrich propagandistisch die Überlegenheit des „friedliebenden Sozialismus" und entsprach

Das MfS ließ internes Schulungsmaterial über den Kinofilm „For eyes only" an seine Mitarbeiter verteilen

damit genau der Vorgabe, die 1959 im ersten Siebenjahrplan für die DEFA-Filmprojekte formuliert worden war und nach dem 13. August 1961 noch entschiedener weiterverfolgt werden sollte: „Der Kampf um die Sicherung des Friedens und die friedliche Koexistenz der Völker [...], die Wiedergeburt Deutschlands als friedliebender, demokratischer Kampf gegen den Militarismus und die militaristisch-klerikale Diktatur in Westdeutschland“ sollte nun die inhaltliche Leitlinie bilden. Die DDR-Presse feierte „GM Hansen“ pathetisch als Identifikationsfigur für die sozialistische Gesellschaft. „For eyes only“ zeige „den Menschen aus unserer Mitte, den Helden der sozialistischen Moral in einem typischen Konflikt unserer Tage“ hieß es im „Neuen Deutschland“ vom 21. Juli 1963. Während im Film der direkte Bezug zu Horst Hesse für die Öffentlichkeit verborgen blieb, stilisierte ihn das MfS Anfang der 1970er Jahre zum Vorbild eines „Kundschafters des Friedens“ und widmete ihm sogar eine ihrer Traditionstafeln, die das interne Geschichtsbild, Feind- wie Vorbilder propagandistisch aufbereitet präsentierte.

Neben Kultfiguren wie Feliks Dzierzynski und Richard Sorge, die bereits im Traditionsverständnis des Ministeriums für Staatssicherheit verankert waren, erhielt nun auch Horst Hesse als „Kundschafter des Friedens“ einen Platz in dieser selbstverherrlichenden „Hagiographie“.

„Kundschafter des Friedens“: Das MfS stilisierte Horst Hesse zum Vorbild

„For eyes only" heißt ein streng geheimer Aufmarschplan, mit dem die Amerikaner 1961 die „Ostzone" besetzen wollen. Unter dem Decknamen Hansen schleust sich MfS-Agent Lorenz im MID ein, der als Handelsgesellschaft getarnten Geheimdienststelle der US-Army im Westen Deutschlands. Er soll die Originalpläne beschaffen, damit sie der Weltöffentlichkeit präsentiert werden können. Hansen arbeitet im MID unter Major Collins. Die Situation spitzt sich zu, er steht kurz vor der Enttarnung und gerät unter Druck. Hansen vermutet das Geheimmaterial in Collins' Kühlschrank und lockt seinen Vorgesetzten durch ein fingiertes Telegramm aus der Stadt. Als sich der Kühlschrank nicht öffnen lässt, transportiert er das gesamte Gerät ab. In einer dramatischen Flucht gelingt es Hansen, die Grenzsperren zu durchbrechen.

Das Dokument wird veröffentlicht, die Besetzung der DDR damit vereitelt. Eine internationale Pressekonferenz sorgt für ein großes Medienecho, Collins muss sich vor einem Kriegsgericht verantworten. Der Film rechtfertigt den Bau der Mauer 1961: Immer wieder spielt er darauf an, wie gefährlich es für die DDR ist, die Grenze nicht zu schließen – den Feinden sind so Tür und Tor geöffnet, wie der Plan „For eyes only" nachdrücklich beweist.

Hansen – kein Superheld und Selbstdarsteller wie James Bond – tarnt sich als sympathisch-biederer Bürokrat, der aber im richtigen Moment Schlagkraft beweist. Der Film wurde ein ausgesprochener Publikumserfolg, auf den die zeitgenössische Kritik in Ost und West erwartungsgemäß kontrovers reagierte. Heute ist er ein Klassiker.

»For eyes only (streng geheim)« DDR 1963

Regie: János Veiczi

Szenarium: Harry Thürk

Produktion: DEFA, KAG „Solidarität"

Darsteller: Alfred Müller, Helmut Schreiber, Ivan Palec, Hans Lucke, Werner Lierck, Martin Flörchinger, Peter Marx, Christine Laszar, Ingrid Ohlenschläger, Marion van de Kamp, Eva-Maria Hagen u. a.

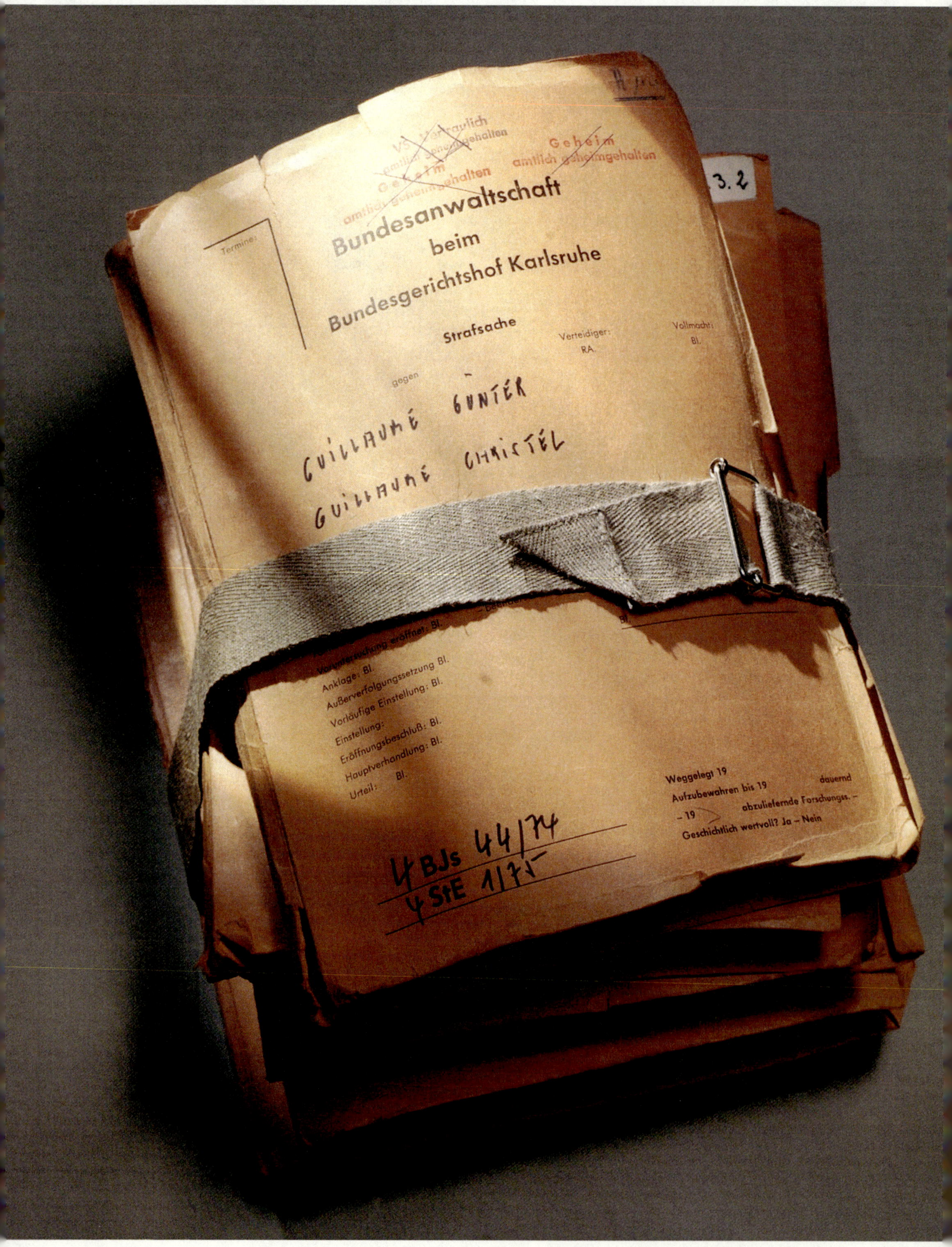
Geheim
amtlich geheimgehalten
Bundesanwaltschaft
beim
Bundesgerichtshof Karlsruhe
Termine:
Strafsache
Verteidiger:
RA.
Vollmacht:
Bl.
gegen
GUILLAUME GÜNTER
GUILLAUME CHRISTEL
Anklage: Bl.
Außerverfolgungssetzung Bl.
Vorläufige Einstellung: Bl.
Einstellung:
Eröffnungsbeschluß: Bl.
Hauptverhandlung: Bl.
Urteil: Bl.
Weggelegt 19
Aufzubewahren bis 19 dauernd
– 19 abzuliefernde Forschungss. –
Geschichtlich wertvoll? Ja – Nein
4 BJs 44/74
4 StE 1/75
3.2

„Mach dir keine Sorgen, es ist alles ein Irrtum"

Der Sohn von Günter Guillaume erinnert sich

Pierre Boom war 17, als das Bundeskriminalamt seine Eltern, Christel und Günter Guillaume, im Frühjahr 1974 vor seinen Augen verhaftete. Christel Guillaume, Angestellte bei der Hessischen Landesvertretung, und Günter Guillaume, Referent des Bundeskanzlers Willy Brandt, wurden des Landesverrats beschuldigt und im Dezember 1975 zu langen Haftstrafen verurteilt. Willy Brandt zog die Konsequenzen aus der Affäre Guillaume und trat nur zwei Wochen nach der Verhaftung des Ehepaares von seinem Amt zurück.

Pierre siedelte 1975 in die DDR über. 1981 wurden seine Eltern aus der Haft in die DDR entlassen. Zum Jahreswechsel 1987/88 stellte Pierre Boom den Ausreiseantrag, im Mai 1988 kam er zusammen mit Frau und Kindern wieder in die Bundesrepublik. Pierre Boom arbeitet heute als freier Journalist in Berlin. Das Gespräch führte Henrike Girmond am 15. Mai 2002 im Zeitgeschichtlichen Forum Leipzig.

Pierre Boom im Zeitgeschichtlichen Forum Leipzig, Mai 2002

HG: Herr Boom, schauen Sie sich gerne Spionagefilme an?

PB: Nein, nicht unbedingt gerne, aber ich schaue sie mir an.

HG: Am 24. April 1974 stürmten morgens um 6.32 Uhr 20 BKA-Beamte die elterliche Wohnung und verhafteten Ihre Eltern wegen dringenden Verdachts des Landesverrats. Wie haben Sie dieses Ereignis in Erinnerung?

PB: Der 24. April war ein Mittwoch, die letzte Woche der Osterferien, es war sehr früh am Morgen. Wir alle schliefen, meine Mutter, mein Vater, meine Großmutter – die Mutter meiner Mutter, Erna Boom – und ich. Die Großmutter lebte immer in unserem Haushalt. Wir hatten in Bad Godesberg, in der Nähe vom Rhein, eine große Vierzimmerwohnung. Woran ich mich erinnere: Dass sehr früh in den Ferien, in denen ich sonst natürlich ausschlafen konnte, nicht Lärm, aber Unruhe in der Wohnung gewesen ist. Meine Zimmertür war angelehnt, ich habe wahrscheinlich eine Weile gebraucht, bis ich richtig wach war, und bin dann aufgestanden, zur Tür gegangen – der ganze Flur war voller Menschen, hauptsächlich Männer, alle in Zivil, aber in Anzügen. Ich dachte: „Was ist denn da los?" – aber in dem Moment, es waren wahrscheinlich nur Minuten, drehte sich schon jemand zu mir um und sagte: „Herr Guillaume, gehen Sie bitte in Ihr Zimmer zurück und ziehen Sie sich an." Ich erinnere mich, dass ich mich aufs Bett gesetzt habe, zum Fenster gegangen bin, und da sah ich unten, wo normalerweise keine Autos parken durften, überall Autos, zivile. Ich glaube, mich auch zu erinnern, dass unten vorm Haus Uniformierte, bewaffnete Uniformierte Aufstellung genommen hatten. Das hat dann die Verwirrung noch vergrößert, also da kam ich mir wirklich wie in einem Spionagefilm vor.

Linke Seite: Verschlusssache – die Akten der Bundesanwaltschaft im Fall Guillaume

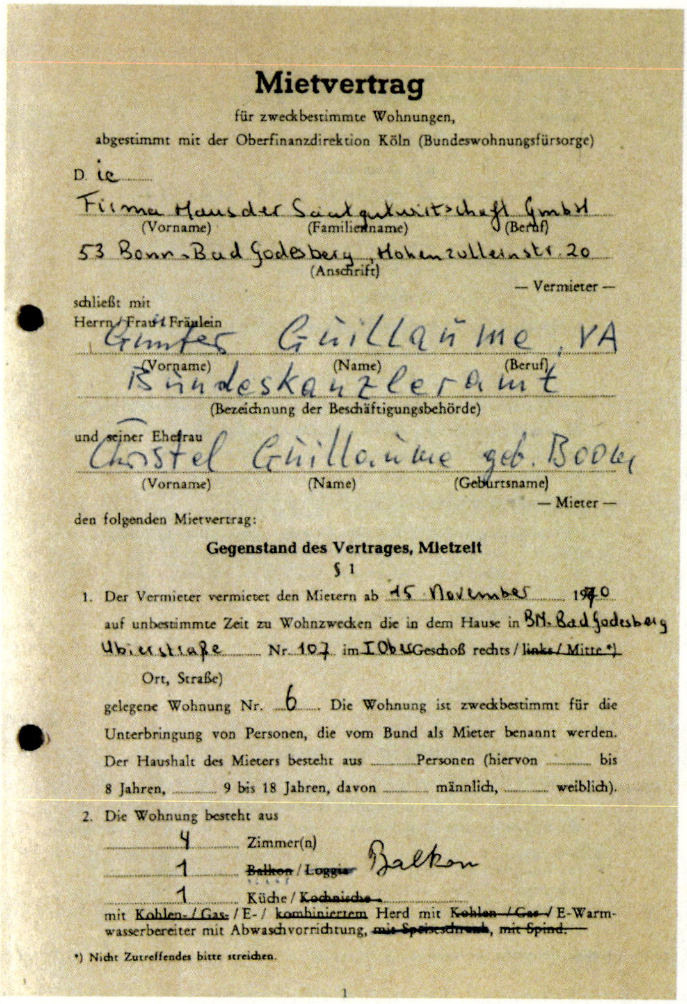

Mietvertrag

für zweckbestimmte Wohnungen,
abgestimmt mit der Oberfinanzdirektion Köln (Bundeswohnungsfürsorge)

D. ie
Firma Haus der Saatgutwirtschaft GmbH
(Vorname) (Familienname) (Beruf)
53 Bonn-Bad Godesberg, Hohenzollernstr. 20
(Anschrift)
— Vermieter —

schließt mit
Herrn ~~/ Frau / Fräulein~~
Günter Guillaume, VA
(Vorname) (Name) (Beruf)
Bundeskanzleramt
(Bezeichnung der Beschäftigungsbehörde)
und seiner Ehefrau
Christel Guillaume geb. Boom
(Vorname) (Name) (Geburtsname)
— Mieter —
den folgenden Mietvertrag:

Gegenstand des Vertrages, Mietzeit

§ 1

1. Der Vermieter vermietet den Mietern ab 15. November 1970 auf unbestimmte Zeit zu Wohnzwecken die in dem Hause in BN.-Bad Godesberg Ubierstraße Nr. 107 im I. Ober-Geschoß rechts / ~~links / Mitte *)~~ Ort, Straße) gelegene Wohnung Nr. 6. Die Wohnung ist zweckbestimmt für die Unterbringung von Personen, die vom Bund als Mieter benannt werden. Der Haushalt des Mieters besteht aus .... Personen (hiervon .... bis 8 Jahren, ... 9 bis 18 Jahren, davon .... männlich, ... weiblich).
2. Die Wohnung besteht aus
   4 Zimmer(n)
   1 ~~Balkon~~ / ~~Loggia~~ Balkon
   1 Küche / ~~Kochnische~~
   mit Kohlen- / Gas- / E- / kombiniertem Herd mit ~~Kohlen- / Gas-~~ / E-Warmwasserbereiter mit Abwaschvorrichtung, ~~mit Speiseschrank~~, ~~mit Spind.~~

*) Nicht Zutreffendes bitte streichen.

1

Wie viele Bundesangestellte wohnte Günter Guillaume mit seiner Familie in Bonn-Bad Godesberg. Familienidylle Weihnachten 1960

HG: Haben Sie gleich erfahren, welcher Verdacht gegen Ihre Eltern geäußert wurde?

PB: Nein, überhaupt nicht. Man hat mir nichts gesagt, weder hat mir jemand erklärt, was hier abläuft, noch wollte jemand von mir etwas wissen. Ich sollte erst mal ruhig in meinem Zimmer bleiben. Dann hat es nicht lange gedauert, eine halbe Stunde, dass meine Eltern und meine Großmutter weggebracht wurden. Anders als mein Vater später gesagt hat, durften sich aber meine Eltern von mir verabschieden, mein Vater hat nichts zu mir gesagt, meine Mutter hat mich umarmt und hat gesagt: „Pierre, mach Dir keine Sorgen, es ist alles ein Irrtum." Diesen berühmten Satz: „Ich bin Bürger der DDR und ihr Offizier!", den mein Vater gegenüber den BKA-Beamten gesagt haben soll, hat keiner von der Familie gehört. Besonders tragisch war der Abschied von Oma, die war ja noch verwirrter und überraschter als ich. Ja, und dann war der erste Spuk vorbei. Und ich war auf einmal als 17-Jähriger ganz allein, mit vielen Kriminalbeamten in der Wohnung, die dann sehr schnell mit der Hausdurchsuchung anfingen. Sie haben ungeheuer viel mitgenommen, auch meine Kassetten, weil sie dachten, das ist Bandmaterial, wo meine Eltern Informationen versteckt haben. Ich bin ziemlich sicher, dass ich an diesem Tag gar nicht raus durfte, da gab es einen BKA-Beamten, der sich nur um mich gekümmert hat.
Ich wusste bis dahin immer noch nicht, worum es eigentlich geht. Mit diesem Beamten fuhr ich um die Mittagszeit zu den Vernehmungsräumen in der Godesberger Innen-

Pierre Boom als 17-Jähriger

stadt, um meinen Eltern Waschzeug und Wäsche zu bringen, weil anscheinend dann erst klar war, dass sie auch inhaftiert werden. Da habe ich meine Eltern zwar nicht gesprochen, aber ich habe sie dort sitzen sehen. Auf der Rückfahrt hat der BKA-Beamte mir gesagt, was meinen Eltern vorgeworfen wird.

HG: Konnten Sie sich überhaupt vorstellen, dass Ihre Eltern spioniert haben?

PB: Nein. Das war für mich so unvorstellbar, so wie ich meine Eltern, wie ich meinen Vater kannte. Ich kannte seine Arbeitsräume im Kanzleramt, im Jahr davor war ich bei der Norwegenreise mit Willy Brandt dabei, habe Rut Brandt kennen gelernt und ihren Sohn. Auch wegen meiner eigenen politischen Einstellung – ich war zwar nicht Juso-Mitglied, habe aber habe bei den Jusos mitgemacht – war DDR-Spionage, gerade in Bezug auf Willy Brandt, außerhalb jeder Vorstellungskraft. Ich weiß bis heute nicht, wann mir klar wurde: Es stimmt, was sie meinen Eltern vorwerfen.

HG: Hatten Sie dann Gelegenheit, mit Ihren Eltern darüber zu reden?

PB: Nein. Ab dem Tag der Verhaftung hatte ich für sehr lange Zeit, streng genommen bis zum Austausch, also über sieben Jahre lang, überhaupt keine Gelegenheit, mich mit ihnen zu unterhalten. Unmöglich war es in der Untersuchungshaft, weil da, wie später auch, die Gespräche unter Bewachung stattfanden, sowie das Gespräch auf das Thema kam, wurde sofort unterbrochen. Meine Eltern wollten noch viel weniger ein Gespräch mit mir, weil sie ja keine Anhaltspunkte liefern wollten, keine Details und Indizien. Der Anwalt meines Vaters hat mir dann später einiges erklärt und Botschaften von meinem Vater überbracht. Aber diese lange Zeit des Nichtredenkönnens, der Sprachlosigkeit war schon schwierig.

„Solidarität des Erschrockenseins"

HG: Wie reagierte Ihr Umfeld auf die „Affäre Guillaume"?

PB: Also, im Umfeld hatte ich sehr viel Glück. Es gab zwei wichtige Bezugspersonen damals, der beste Freund und die erste festere Beziehung zu einem Mädchen, die ein Jahr zuvor begonnen hat und dann bis 1977 gehalten hat. Ich habe mich natürlich schnell bemüht, mit den beiden Kontakt zu bekommen. Am Tag der Verhaftung meiner Eltern ist es mir nicht gelungen, aber gleich am nächsten Tag. Bei den Eltern meiner Freundin gab es schon Probleme, viele Eltern meiner Freunde oder Schulbekanntschaften waren auch im Staatsdienst oder in politischen Positionen, es war eben Bad Godesberg.

In der Schule lief es auch ziemlich gut. Es gab da die von der Jungen Union, mit denen ich sowieso nie viel zu tun hatte; Mitschüler, die mich nicht leiden konnten, haben wohl getuschelt. Aber es ist nie so weit gekommen, dass jemand etwas Abfälliges gesagt hätte oder dass sie mich geschnitten hätten. Das gleiche gilt für die Lehrer, für den Direktor. Auch die Nachbarn zum Beispiel, die waren einfach erschrocken. Das war fast eine

Urlaub in Norwegen 1973: Rut und Willy Brandt, im Hintergrund Günter Guillaume

Solidarität des Erschrockenseins. Meine Freunde, Mitschüler, Nachbarn, Verwandte, alle waren genau wie ich und meine Großmutter auch wie vor den Kopf geschlagen.

HG: Ihre Eltern entpuppten sich als Spione im Dienst der DDR. Was für ein Bild hatten Sie damals von der DDR?

PB: Kaum eines aus eigenem Erleben. Da lebte noch die Mutter meines Vaters in Ost-Berlin, und wir hatten Verwandtschaft in West-Berlin. Bei der Oma in Ost-Berlin war ich zum letzten Mal, als ich zwölf oder dreizehn Jahre war. Da blieb nur die Erinnerung an eine heruntergekommene, ärmliche DDR.
Als ich älter wurde, hatte ich so eine fast naiv romantische Einstellung zu diesem Staat, in Unkenntnis der Realitäten – die DDR war weit weg. Meine Eltern haben die „Normalwessis" gespielt, darüber habe ich mich immer furchtbar aufgeregt: Das war also unsere linke Einstellung, dass man Nylonstrümpfe oder guten Kaffee und Schokolade nach drüben schickt. Das hat immer zu Streit vor allem zwischen meiner Mutter und mir geführt.

HEITERES GUILLAUME-AUSSCHUSSRATEN: WER WAR VERANTWORTLICH?

Karikatur von Peter Leger, 1974: Ein Bundestagsausschuss untersucht die Schuldfrage im Spionagefall Guillaume

HG: Als Kanzlerreferent hatte Ihr Vater seit 1972 ständig mit Willy Brandt zu tun. Welches Bild hat er Ihnen von Brandt vermittelt?

PB: Ich kann mich so gut wie gar nicht an eine Schilderung aus dem Munde meines Vaters über Brandt erinnern. Die Büroräume meines Vaters kannte ich. Zu Weihnachten hat er zum Beispiel dem Pförtner ein Geschenk gebracht – da war ich dabei und natürlich war ich ein bisschen stolz, dass mein Vater diese Position hatte. Ich selbst hatte nicht sehr viel Kontakt mit Brandt, bis auf das eine Mal im Urlaub in Norwegen. Das war sehr interessant, weil ich Willy Brandt als Vorbildfigur zumindest erlebt habe, kennen gelernt kann man nicht sagen, er hat sich ziemlich zurückgezogen. Wogegen der Kontakt zu Rut Brandt sehr intensiv war, eine tolle Frau. Jeden Tag war ich auch mit Matthias zusammen, dem Sohn, wir waren angeln. Danach gab es kein Zusammentreffen mehr mit der Familie, nur in diesem Sommerurlaub.

HG: Im Mai 1974 zog Willy Brandt die Konsequenzen aus der Affäre Guillaume und trat als Bundeskanzler zurück. Können Sie sich noch erinnern, was Sie dabei empfanden?

PB: Das war schon ein Schock – für mich ein doppelter Schock, dass er wegen der Spionageaffäre Guillaume zurücktrat. Es war schwierig für mich, meinen Kopf und mein Herz in Übereinstimmung zu bringen. Ich konnte nicht mit meinen Eltern oder meinem Vater brechen. Das Verhältnis zu meinen Eltern war immer relativ gut. Was noch wichtiger war: Linken Ideen gegenüber, auch in Bezug auf das Verhältnis zur DDR, war ich sehr aufgeschlossen. Ich versuchte zu begreifen, warum sie das gemacht haben: Waren es wirklich noch die Auswirkungen der Nachkriegszeit, ihre antifaschistische Überzeugung? Letztendlich habe ich es nicht verstanden.

Günter Guillaume während seiner Haft in Rheinbach. Das Foto fand sich im Bestand des MfS

„Hin und her gerissen"

HG: Kurz nach der Verhaftung Ihrer Eltern nahm die Ständige Vertretung der DDR Kontakt zu Ihnen auf und lud Sie in die DDR ein. Pfingsten 1974 besuchten Sie dann den anderen Teil Deutschlands. Im Sommer 1975 siedelten Sie und Ihre Großmutter nach Ost-Berlin über. Was bewegte Sie zu diesem Schritt?

PB: Es war eine Mischung aus Neugierde und Angst. Ich habe erst einmal viele Leute kennen gelernt, und dann wurden mir vor allem die Schokoladenseiten der DDR gezeigt. Bei späteren Besuchen wurde ich gefragt, ob ich mir ein Leben in der DDR vorstellen könnte. Niemand ist ja zum damaligen Zeitpunkt davon ausgegangen, dass meine Eltern so lange in Haft sitzen würden, normalerweise wurde in solchen Spionagefällen immer sehr schnell ausgetauscht. Fest stand, dass die Familie danach in der DDR leben würde. Es wurde parallel dazu natürlich im Westen zunehmend schwieriger. Meine Eltern waren nicht mehr da, die Konten waren eingefroren. Ich hatte kein eigenes Einkommen als Schüler, meine Großmutter nur eine kleine Rente. Dazu kam der Druck von außen, von den Eltern über die Rechtsanwälte, und auch von der Ständigen Vertretung: „Wie soll es weiter gehen? Du musst dich entscheiden!" Ich wollte das Abitur noch in Bad Godesberg machen, aber das hätte zwei Jahre gedauert. Ich stand vor der Alternative, entweder die Schule zu verlassen oder in Ost-Berlin weiter zur Schule zu gehen. Ich war damals ganz hin und her gerissen! Ende 1974 wurde der Druck stärker: Wenn ich im Westen bleiben würde, wäre das eine Entscheidung gegen meine Eltern.

„War das alles wirklich so?"

HG: Mit dem Wissen, der Vater, die Eltern arbeiteten als Spione, würden Sie im Nachhinein manche Kindheits- und Jugenderinnerungen anders bewerten?

PB: Ja, natürlich habe ich dann vieles hinterfragt, Urlaube, gemeinsame Ausflüge, oder die Angewohnheit meines Vaters in den letzten Jahren, immer sonntags zum Flughafen zu fahren. Da gab es nämlich einen offenen Zeitungskiosk, das war in den 1970er Jahren noch nicht so verbreitet wie heute. Er hat mich dorthin mitgenommen, das war fast ein Ritual sonntagvormittags. Auf dem Flughafen gab es einen Plattenladen, manchmal hat er mir dort eine LP von einer aktuellen Gruppe gekauft. Danach habe ich erfahren, diese Sonntagsreisen haben dazu gedient, dass er sich mit irgendwelchen Leuten trifft und Informationen austauscht. Für mich war schon auffällig, dass er mich manchmal eine halbe Stunde allein gelassen hat an diesem Plattenstand. Solche Erlebnisse haben ein Gefühl der Unsicherheit hinterlassen: „War das alles wirklich so, wie ich mich daran erinnere?" Was ich noch viel wichtiger finde: Auseinandersetzungen, die ich auch mit meinen Eltern hatte, vor allem mit meinem Vater, glaubte ich nun anders bewerten zu müssen. Denn mein Vater hat sich mir gegenüber als rechter Sozialdemokrat ausgegeben, und auf einmal erfahre ich, er hat mich sozusagen links überholt. Ich habe ihn dann noch in Schutz genommen.

HG: Ihre Eltern sind als „Perspektivagenten" 1956 in die Bundesrepublik übergesiedelt, 1957 sind Sie auf die Welt gekommen. Es ist ungewöhnlich, dass Agenten im Einsatz Kinder bekommen haben. Wissen Sie, wie das MfS auf den Nachwuchs reagiert hat?

PB: Es war eine Ausnahme. Damals, das war ja noch in der Anfangsphase der Aufklärungsarbeit, wurde die Nachricht wohl mit Freude aufgenommen, sonst gäbe es ja auch diese Funksprüche nicht, die letztendlich auch Beweismittel im Prozess waren: „Glückwünsche zum zweiten Mann!" – damit war ich gemeint. In der Folge gab es ein Verbot für Agenten, Kinder zu haben. Das MfS hat sehr wohl gemerkt, dass es zu Problemen kommen kann, dass etwa zu enge Bindungen zum Einsatzgebiet entstehen. Die größte Schwierigkeit in meinem Fall war, dass ich schon fast erwachsen war, vom Westen geprägt, auch politisch. An mir hatten sie kein Interesse, waren aber meinen Eltern verpflichtet. Aber wie ich mich mit der DDR mussten die sich mit mir auseinandersetzen.

„Zwischen den Welten"

HG: Sie sind in der Bundesrepublik geboren, haben Ihre Kindheit und Jugend dort verbracht. Wie sah für sie der DDR-Alltag aus?

PB: Privilegiert war ich vom ersten Tag an, ohne das gleich zu begreifen. Ich bin zwar 1975 in die DDR gegangen, aber nur auf Drängen der DDR ihr Staatsbürger geworden, was ich nicht ganz so gern getan habe. Aber ich dachte, es gehört nun mal dazu. Nach wie vor hatte ich enge Kontakte zum früheren Umfeld. Nun war ich zwar DDR-Bürger, hatte einen Reisepass erhalten. Ich bin da herumgewandert zwischen den Welten, wurde bei der Einreise nie kontrolliert. Das alles habe ich gar nicht so ernst genommen und begriffen, was die DDR-Realität ist. Ich bekam eine Einraumwohnung, für DDR-Verhältnisse relativ viel Geld. Es gab Dinge, die ich schnell zwangsläufig kennen gelernt habe und die mich sehr erschreckt haben, wie in der Schule, die

Christel und Günter Guillaume, Anfang der 1960er Jahre in der Bundesrepublik und 1981 in der DDR

Appelle auf dem Schulhof, oder die erste Wahl, an der ich teilgenommen habe, und bei der man die Wahlkabine nicht benutzen sollte. Die normale DDR habe ich erst allmählich kennen gelernt, musste herausfinden, wie es so läuft, was man bekommt, wofür man anstehen muss. Ein Problem war, dass ich mit meinen Eltern nicht darüber reden konnte. Ich war ja immer auf der Spurensuche im Land meiner Eltern, habe oft gedacht: „Für dieses Land haben sie das also gemacht!" Letztlich hat das dazu geführt, dass ich lieber in den Westen zurück wollte – von da an durfte ich nicht mehr ausreisen.

HG: 1981 kam zunächst Ihre Mutter, ein knappes halbes Jahr später Ihr Vater in die DDR zurück. Hatten Sie nun Gelegenheit, sich mit den Eltern und ihrer Vergangenheit auseinanderzusetzen?

PB: Ja, klar. Aber seit dem war auch viel Zeit vergangen, ich war inzwischen 24, hatte meine spätere Frau schon kennen gelernt. Die Familie hat sich nicht wieder zusammengefunden. Schmerzhafter war deshalb dieser harte Schnitt 1974, als sich die wahre Existenz meiner Eltern offenbart hat. Das konnte man nicht reparieren. Beide waren nun krank, ein bisschen verbittert.
Manches hat sich erledigt im Lauf der Zeit oder an Wichtigkeit verloren. Ich wollte eigentlich die Fragen von damals stellen und habe aber die gegenwärtigen gestellt: Die Biermann-Ausbürgerung, die Havemann-Geschichte oder die Alltagsprobleme, darüber habe ich mit meinen Eltern diskutiert, die damit natürlich überfordert waren. Sie kannten ja diese DDR überhaupt nicht.

„Doppelt verloren"

HG: Ihre Eltern kamen nach 25 Jahren wieder in die DDR zurück und waren – abgesehen von der Haftzeit – einen westlichen Lebensstandard gewohnt. Wie fanden sie sich in der neuen, alten Heimat zurecht?

PB: Sie haben ein privilegiertes Leben geführt, auf Rosen gebettet, zu Helden erklärt. Mein Vater hat das bis zum Ende entweder nicht richtig begriffen oder wollte das nicht sehen, meine Mutter war da sensibler. Sie waren als Spione etwas Besonderes, weil sie sehr lange Zeit weg waren und Karriere gemacht haben. Ich weiß durch Gespräche mit meinen Eltern, dass sie dieses Leben im Westen wirklich gelebt haben, und dass diese Existenz, also das Alltagsleben und die Arbeit, nicht nur manchmal wichtiger oder echter wurde als die Arbeit für die HVA. Es gab wohl auch Phasen, in denen die Spionage geruht hat. Sie sind Bundesbürger geworden, zum Teil wirklich auch Sozialdemokraten und haben auch in Gesprächen untereinander sozusagen die eigene Spionagetätigkeit völlig ausgeblendet. Und das hat ihnen auch Probleme bereitet. Sie mussten dann zurück in ein fremdes Land. Sie wurden zwar mit allem versorgt, aber, worunter mein Vater sehr gelitten hat, sie wurden nicht mehr gebraucht. Damit hatten sie doppelt verloren.

HG: Ihre Eltern wurden als „Kundschafter des Friedens" geehrt, hielten Vorträge; Günter Guillaume erhielt 1982 den Karl-Marx-Orden, 1985 folgt die Ehrendoktorwürde der juristischen Hochschule des MfS Potsdam-Eiche. Eine politische oder geheimdienstliche Karriere innerhalb der SED oder des MfS hat er nach seiner Rückkehr aber nicht gemacht, obwohl man annehmen könnte, dass sein „West-Know-how" gefragt hätte sein müssen. Wie erklären Sie sich das?

PB: Es gibt ja die Regel, wenn ein Agent auffliegt, ist er „verbrannt", er wird zum Sicherheitsrisiko. Richtig in den Apparat hineinlassen wollten sie meine Eltern nicht. Mein Vater hätte sich auch ein politisches Amt vorstellen können, im Außenministerium zum Beispiel. Allerdings hätte der ehemalige Kanzlerspion wohl kaum eine politische Funktion auf dem internationalen diplomatischen Parkett wahrnehmen können. Meine Eltern haben das nicht wirklich verstanden und fühlten sich nicht gebraucht, fehl am Platz.

Oktober 1981: Markus Wolf empfängt Günter Guillaume nach seiner Heimkehr. Die Verbitterung Guillaumes über den späten Austausch und die lange Haftzeit sind der Szene nicht anzusehen

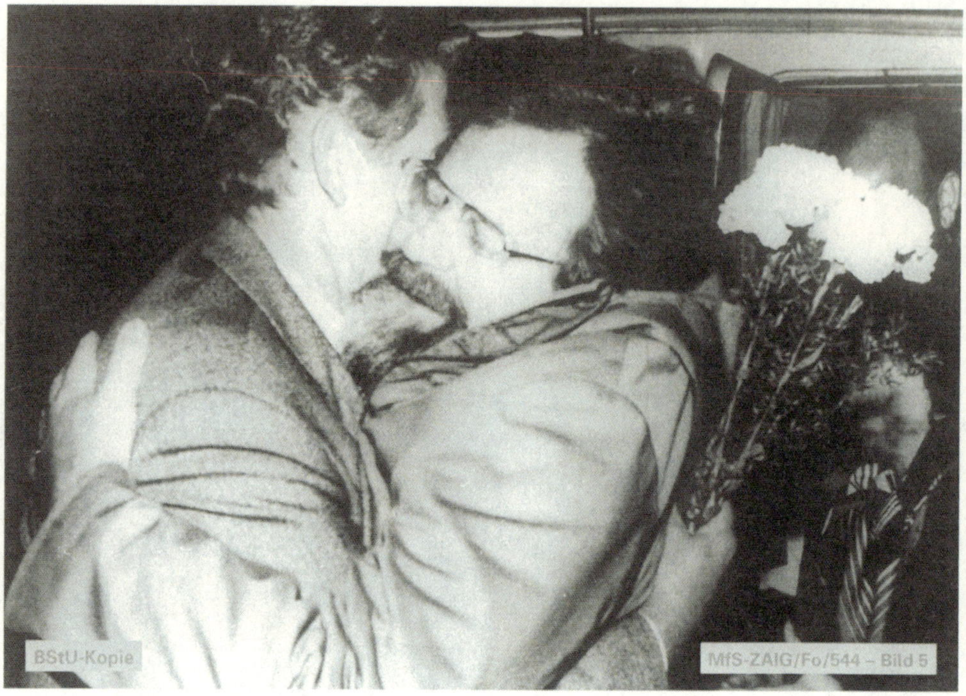

„Der DDR den Rücken kehren"

HG: 1975 kamen Sie in die DDR. 1981 folgten endlich die Eltern nach. Zum Jahreswechsel 1987/88 stellten Sie für sich, Ihre Frau und Ihre Kinder den Ausreiseantrag in die Bundesrepublik. Warum?

PB: Da muss ich ein bisschen überlegen. Es waren zum einen die politischen Umstände. Ich wollte was verändern, und da kamen die Signale von Gorbatschow aus dem Osten. Als Journalist bin ich sehr viel herumgekommen in der DDR, in Betrieben und auch im politischen Bereich. Zugleich lernte ich durch meine Eltern die DDR auch aus der Perspektive der Privilegierten kennen, Funktionärskreise von Partei, NVA, Staatssicherheit. Da merkte ich zunehmend, dass mit Reformen in der DDR nicht zu rechnen ist.

Zum anderen habe ich ganz normal in der DDR gelebt, hatte private Gründe für den Ausreiseantrag. Ich wollte auf keinen Fall, dass mein Sohn in diesem System zur Schule geht, wir hatten ja schon Probleme mit dem staatlichen Kindergarten.

Darüber hinaus war es für mich und meine Frau sehr belastend, dass wir die Staatssicherheit nicht losgeworden sind, obwohl ich ja nie für das MfS gearbeitet habe. Und dann noch dieser Name, den jeder kannte: Lernte ich neue Leute kennen, kam sofort einiges in Bewegung, ob nun in diese oder jene Richtung. Die einen, das war mir unangenehm, haben mir stellvertretend für meinen Vater auf die Schulter geklopft. Das war das eine Extrem. Andere haben mich für einen Stasimitarbeiter gehalten, was Kontakte ungemein erschwert hat. Das hat unfrei gemacht.

Das MfS ehrte Günter Guillaume 1985 mit der Ehrendoktorwürde

Im Auftrage des Ministers für Staatssicherheit, Genossen Armeegeneral Mielke, lade ich Sie zu der an der Hochschule des MfS stattfindenden Festveranstaltung anläßlich der

Verleihung der Ehrendoktorwürde

an den verdienstvollen Kundschafter

Oberst Günter Guillaume

herzlich ein.

Posel
Generalmajor

HG: Wie haben Ihre Eltern reagiert, als Sie ausgereist sind?

PB: Ganz unterschiedlich. Das Verhältnis zu meinem Vater war schon damals sehr schlecht, wir hatten so gut wie keinen Kontakt mehr. Ich habe dann nur über Dritte erfahren, er habe sich fürchterlich aufgeregt.
Ich wusste, durch die Prominenz des Namens oder meiner Eltern war ich in einer anderen Position als andere Ausreisewillige. Es ging nie, oder nur ganz selten, um meine Person oder um meine Familie. Die DDR-Führung fürchtete eher den Skandal, dass der Sohn ihres berühmten Kundschafters der DDR den Rücken kehren will und damit sozusagen nach innen als auch nach außen beweist, dass es sich nicht lohnt, in der DDR zu leben. Ganz schlimm war, dass ich die Staatsbürgerschaft abgeben wollte.

HG: Sie haben dann den Mädchennamen Ihrer Mutter angenommen, nach der Ausreise im Mai 1988 hatten Sie dann keinen Kontakt mehr zu Ihrem Vater.

PB: Vor der Ausreise und nachher auch nicht. Wir wurden wie normale Ausreisende oder fast noch härter behandelt, als ich meine Eltern besuchen wollte. Immer wieder wurden wir abgewiesen. Telefonieren war ungeheuer schwierig, Briefe wurden zensiert.

HG: Das Thema lässt Sie nicht los, Sie schreiben ein Buch über Ihren Vater, über Ihre Eltern, die eigene Geschichte. Wann wird es erscheinen?

PB: Hoffentlich Anfang 2004, vielleicht schon Ende 2003.

HG: Herr Boom, wir danken Ihnen für dieses Gespräch!

Spionagewelle – Im März 1979 widmete das Magazin „Der Spiegel" den „verführten" Sekretärinnen seine Titelgeschichte

Katja Augustin

Verführerinnen und Verführte

Frauen und die Staatssicherheit

„Sie war die geborene Spionin [...] katzenhaft, geschmeidig und falsch, daran gewöhnt, sich auf Kosten aller möglichen Leute zu amüsieren, skrupellos, sie lockte die Männer mit ihrem Körper ..." so urteilte in Paris im Frühjahr 1917 der Untersuchungsrichter über die Tänzerin und Kurtisane Mata Hari, die der Spionage für Deutschland bezichtigt wurde. Der Staatsanwalt sah in ihr eine „finstere Salome". Mata Hari wurde am 15. Oktober 1917 hingerichtet.

Sinnbild weiblicher Spionage: Mata Hari, Tänzerin und Doppelagentin, geboren 1876

Schon zu Lebzeiten war sie eine Legende. Sie, die bürgerlich Margaretha Geertruida Zelle hieß und Holländerin war, nannte sich Mata Hari, malaysisch für „Auge der Morgenröte", und war eine der bekanntesten Nackttänzerinnen der Belle Epoque. Diplomaten und Militärs – sie hatte eine Schwäche für Offiziere – finanzierten ihr aufwändiges Leben. Kurz vor dem Ersten Weltkrieg verblasste jedoch ihr Stern. In der Hoffnung auf neue Einnahmequellen ließ sie sich 1916 sowohl vom deutschen als auch vom französischen Geheimdienst anwerben. Im Februar 1917 wurde Mata Hari in Paris verhaftet. Die Spionagehysterie im Ersten Weltkrieg geriet ihr zum Verhängnis: Die Ankläger stilisierten sie, die nachweislich nur wenig verraten hatte, zur Meisterspionin, um ein Exempel zu statuieren. Mit ihrem Tod verschmolzen die Legenden von der Tänzerin und der Spionin. Der Mythos der verführerischen und berechnenden Agentin war geboren und fand bald seinen Niederschlag in zahlreichen Büchern und Filmen. 1931 schlüpfte Greta Garbo in die Rolle der Mata Hari, auch Marlene Dietrich und Jeanne Moreau versuchten sich an diesem Stoff.

Die Vorstellung von verführerischen Meisterspioninnen ist bis heute lebendig geblieben. Dabei spielte die Agentin als Verführerin in der politischen Geschichte des 20. Jahrhunderts kaum eine Rolle – auch wenn im deutsch-deutschen Verhältnis Spionagefälle von sich reden machten, die sich um Liebe, Abhängigkeit oder Sex drehten.

Spionage im Vorzimmer

Vor allem in den 1970er Jahren wurden Sekretärinnen in den politischen Schaltzentralen der Bundesrepublik von Agenten östlicher Geheimdienste zunächst ver-, dann geführt. Anfang 1979 erschütterte eine Spionagewelle die Bundesrepublik. Innerhalb weniger Wochen wurden sechs Sekretärinnen enttarnt. Das Besondere: Die Ehemänner und Partner dieser Frauen waren allesamt Agenten beim sowjetischen Nachrichtendienst KGB oder der HVA, der für Auslandsspionage zuständigen Abteilung des MfS.

Die östlichen Nachrichtendienste hatten Mitarbeiter beauftragt, Frauen auf interessanten Positionen über ein Verhältnis anzuwerben. Die HVA nannte das nüchtern „einen weiblichen Vorgang operativ zu führen und intim zu betreuen". Die westdeutsche Öffentlichkeit nannte diese Agenten „Romeos".

Offensichtlich hatte die Methode Erfolg. Laut dem bayerischen Verfassungsschutzamt wurden zwischen 1948 und 1987 in der Bundesrepublik 58 Sekretärinnen enttarnt. Bei mehr als 30 von ihnen soll ein „Romeo" zum Einsatz gekommen sein.

In den Medien machte das Bild der einsamen, nicht mehr ganz jungen Sekretärin die Runde, die den Verführungskünsten eines attraktiven Agenten erlag. Geteilt wurde diese Sichtweise auch von Sicherheitsexperten, wie Heribert Hellenbroich, 1979 Abwehrchef beim Bundesamt für Verfassungsschutz: „Die Damen sind alleinstehend, haben ein gewisses Alter erreicht, die erste Jugendblüte ist vorbei. Sie haben keine besondere Bindung an das Elternhaus, an die weitere Familie oder an persönliche Bekannte."

Der Verfassungsschutz startete daraufhin 1979/80 eine Aufklärungskampagne. Plakate mit Bildern von Pärchen und Slogans wie „Es gibt ein Codewort zum Öffnen von Tresoren: Liebe" und „Schön, wenn man einander vertrauen kann ..." warnten in Bonner Ministerien und Parteizentralen vor der „Liebesfalle".

Die Enttarnungswelle Ende der 1970er Jahre rief einen besonders tragischen Fall in Erinnerung, der über zehn Jahre zurücklag. Damals hatte der Agent Heinz Sütterlin vom sowjetischen Geheimdienst KGB den Auftrag erhalten, eine Sekretärin im Auswärtigen Amt zu ehelichen und anzuwerben. Drei Frauen waren in die engere Auswahl geraten bzw. „getippt" worden, wie es im Fachjargon heißt. Der KGB entschied sich für Leonore H., 31 Jahre alt.

An einem Freitagabend 1957 klingelte Heinz Sütterlin an ihrer Haustür, in seiner Hand ein Strauß Blumen. Er gab sich peinlich berührt, entschuldigte sich für die späte Störung und erklärte, er habe eigentlich gehofft, ein anderes Fräulein anzutreffen, doch habe er wohl eine falsche Adresse erhalten. Scheinbar spontan schenkte er Frau H. die Blumen ... Im Dezember 1960 heirateten beide.

Sütterlin warb seine Frau zunächst unter „fremder Flagge" an: Er überredete sie, Material aus dem Auswärtigen Amt zu besorgen, angeblich für eine Organisation, die versuche, den Atomkrieg zu verhindern. Als Sütterlin ihr später den KGB als wahren Auftraggeber nannte, entschloss sie sich, weiterzumachen. Ideologische Gründe spielten für sie keine Rolle, entscheidend war das Vertrauen zu ihrem Mann. 1967 wurde das Ehepaar verhaftet. Erst jetzt erfuhr sie, dass die Hochzeit im Auftrag des KGB erfolgt war. Leonore Sütterlin erhängte sich vor Prozessbeginn in ihrer Zelle.

Doch nicht nur bereits etablierte Sekretärinnen wurden „getippt". Die östlichen Geheimdienste betrieben großen organisatorischen und finanziellen Aufwand, um auch junge Frauen ohne Berufserfahrung „aufzubauen", die zu einem späteren Zeit-

Plakate vom Bundesamt für Verfassungsschutz warnten Frauen vor der „Liebesfalle"

München 1996. Lotte Zimmermann, Sekretärin im bayerischen Innenministerium, ist eine unscheinbare Frau um die 50. Sie lebt allein in einer gepflegten Einfamilienhaussiedlung. Eines Tages stehen zwei Kriminalbeamte vor der Tür: Lotte ist der Spionage für die DDR angeklagt, aus amerikanischen Quellen sind plötzlich Stasi-Unterlagen aufgetaucht. Lotte hatte in ihrer Funktion als Sekretärin beim Bundesministerium des Innern jahrelang für die DDR spioniert, nicht aus Überzeugung, sondern aus Liebe zu einem MfS-Mitarbeiter – Hermann. Ihn setzte das MfS auf Lotte an. Er spielte ihr die große Liebe vor, gab sich schließlich offen als Spion der DDR zu erkennen und setzte sie damit unter Druck: Entweder müsste er zurück und das Verhältnis beenden, oder aber sie unterstützt ihn und arbeitet in seinem Sinne mit.

»Romeo« D 2001

Regie: Hermine Huntgeburth

Buch: Ruth Toma

Produktion: Bavaria, ZDF

Darsteller: Martina Gedeck, Sylvester Groth, Katrin Bühring, Martin Glade, Michael Sideris, Rudolf Kowalski, Lena Lessing, Michael Hanemann, Alexander Held

In dem Gerichtsprozess, zu dem Hermann als Zeuge geladen ist, wird das Geschehen nach und nach aufgerollt. Lotte ist das Opfer des Verfahrens, sie hat sich strafbar gemacht. Hermann als Bürger der DDR hingegen kann juristisch nicht mehr belangt werden. Eigentlich müsste der tragikomische Film „Romeos Opfer" heißen, da Lotte die Protagonistin und die Leidtragende des Geschehens ist. Über „Romeo" erfährt der Zuschauer nur wenig.

Ruth Thoma, für ihr Drehbuch mit dem Deutschen Fernsehpreis ausgezeichnet, lehnt sich an Tatsachenberichte verschiedener Agentinnen aus Liebe an – emotionsgeladene Stoffe mit politischem Gehalt und persönlicher Tragik vor dem Hintergrund deutsch-deutscher Realität.

Die Überläuferin Ursel Lorenzen am 8. März 1979 im DDR-Fernsehen, im Gespräch mit Ulrich Makosch von der „Aktuellen Kamera“

punkt als Inoffizielle Mitarbeiter (IM) gezielt eingeschleust werden konnten, „Perspektiv-IM“ genannt.

In diese Kategorie passt Gerda O.: Die 19-Jährige geriet 1964 an der Pariser Sprachenschule Alliance Française ins Visier der Staatssicherheit. In einem Französischkurs lernte sie den 17 Jahre älteren Herbert Schröter kennen. Er arbeitete für die Abteilung I der HVA, die für die Infiltration des Bundeskanzleramts und des Auswärtigen Amts zuständig war. Aus Liebe zu Herbert und Begeisterung für seine politischen Ideale verpflichtete sie sich zur Mitarbeit. Nach einer nachrichtendienstlichen Grundausbildung zog sie mit ihm auftragsgemäß nach Bonn. Gerda O. wurde Ende 1965 Stenotypistin im Nachrichtenzentrum des Auswärtigen Amts. Bis 1973 spionierte sie erfolgreich, dann stellte sie sich. Die Beziehung zu Herbert Schröter, den sie 1968 geheiratet hatte, war gescheitert und sie zweifelte zunehmend an der Richtigkeit ihres Tuns. Schröter konnte sich rechtzeitig in die DDR absetzen, Gerda hatte ihn gewarnt. Da sie sich gestellt hatte, blieb sie bis zum Prozess auf freiem Fuß. 1977 erhielt sie wegen geheimdienstlicher Agententätigkeit eine dreijährige Haftstrafe.

Herbert Schröter hingegen war bald wieder im Auftrag der HVA unterwegs. An der Schwarzmeerküste lernte er Dagmar K. kennen, die dort nach der Trennung von ihrem Mann mit ihrer kleinen Tochter Urlaub machte. Schröter war wiederum erfolgreich. Das MfS finanzierte Dagmar K. Fortbildungen und die Unterbringung der Tochter in einem Internat; sie sollte sich ganz auf die Vorbereitung ihrer Agententätigkeit konzentrieren können. Ende 1975 bewarb sie sich mit Erfolg beim Bundeskanzleramt. Eifrig gab sie an die HVA unter anderem Persönlichkeitsprofile ihrer Kolleginnen und Kollegen weiter und informierte über die Sicherheitsvorkehrungen des Bundeskanzleramtes. Zwei Jahre später wurde Dagmar K. enttarnt und 1979 zu vier Jahren und drei Monaten Haft verurteilt.

Die „Romeos“ führten die Frauen an die Spionage heran. Keine hätte wohl von sich aus die Initiative ergriffen. In einigen Fällen erwiesen sich solche Beziehungen trotz der mit der Spionagetätigkeit verbundenen Einschränkungen als stabil – offensichtlich spielten echte Gefühle eine Rolle. So zum Beispiel bei Ursel Lorenzen und Dieter Will. Nachdem die beiden sich 1979 nach Ost-Berlin abgesetzt hatten, heirateten sie.

Ursel Lorenzen, die zwölf Jahre lang Sekretärin bei der NATO gewesen war, glaubte, wie ihr Mann, an eine bessere Friedenspolitik der DDR. Deshalb ließ sie sich zu Propagandazwecken als Kronzeugin einer aggressiven NATO-Politik instrumentalisieren. 1987 verfilmte das DDR-Fernsehen mit „Vera – der schwere Weg der Erkenntnis" ihre Geschichte. Ursel Lorenzen und ihr Mann leben noch heute zusammen in Berlin.

In der Regel belastete die Spionage allerdings die Beziehung. Gerda O. sieht in ihr einen Grund für das Scheitern der Ehe mit Herbert Schröter. Aus Sicherheitsgründen lebten die beiden fast völlig isoliert. Sie durfte keine Kinder kriegen, sollte sich ganz ihrer Arbeit widmen. Herbert Schröter reagierte eifersüchtig auf ihre Spionageleistungen und fing an fremdzugehen. Um die „Spionagebeziehung" zu retten, drängte die HVA die beiden zur Heirat. Der Versuch misslang. Gerda O. ließ sich ohne Rücksprache mit Ost-Berlin an die deutsche Botschaft in Warschau versetzen. Erst dort konnte sie sich entscheiden, auszusteigen und sich von Herbert Schröter zu trennen.

Auffällig ist, dass KGB und MfS auch Männer einsetzten, die bereits in der DDR verheiratet waren. Warum, bleibt offen – diese Konstellation erschwerte die Beziehungen zu den Sekretärinnen, denn die Agenten konnten sich nicht ständig in der Bundesrepublik aufhalten. Der „Romeo" musste ein weiteres Doppelleben führen; weder die Sekretärinnen noch die Ehefrauen wussten voneinander. In einen dieser „Romeos" verliebte sich 1968 Margret H., Sekretärin im Bundespräsidialamt. Franz

Gerda O. und ihr „Romeo" Herbert Schröter am Tag ihrer Hochzeit 1968

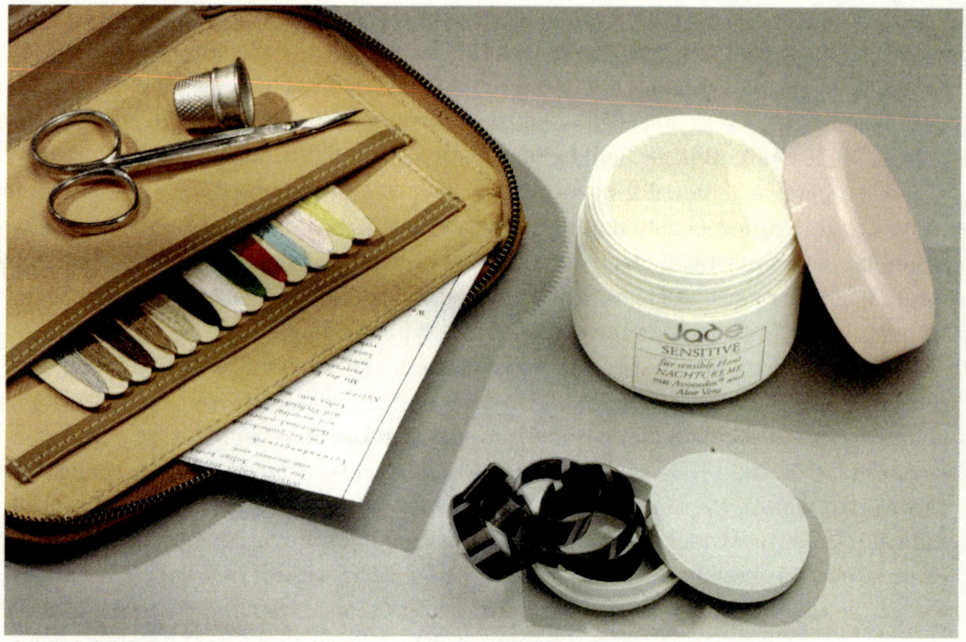

Scheinbar harmlose Alltagsgegenstände dienten als „Container", das heißt Verstecke für geheime Nachrichten oder Kameras. Das BKA beschlagnahmte die Objekte

Becker alias Hans Jürgen H., der zur Tarnung in Bonn Politikwissenschaften studierte, war Agent des KGB. Nach ein paar Jahren zerbrach die Beziehung. Einer gemeinsamen Zukunft hatte „Becker“ sich immer wieder entzogen. Margret H. spionierte dennoch weiter für ihn, auch als er 1971 die Bundesrepublik endgültig verließ, angeblich um in der Schweiz zu studieren. Weisungsgemäß erzählte sie ihren Bekannten vom Ende ihrer Beziehung. Bis zu ihrer Festnahme 1985, fast 15 Jahre lang, lieferte sie Material aus dem Bundespräsidialamt. In dieser Zeit sahen die beiden sich nur selten. Sie verliebte sich in einen anderen Mann, doch es gelang ihr nicht, sich endgültig von „Becker“ zu lösen. 1987 wurde Margret H. zu acht Jahren Haft verurteilt, zwei Jahre später begnadigt.

Auch Herbert Schröter konnte nach der Enttarnung durch seine Ehefrau Gerda O. nicht mehr in der Bundesrepublik eingesetzt werden. Das Verhältnis zu seiner „Urlaubsbekanntschaft“ Dagmar K. musste nun über die deutsch-deutsche Grenze hinweg gesichert werden. Verliebt fuhr Dagmar K. 1973 mehrmals nach Ost-Berlin zu Herbert Schröter. In einem innigen Augenblick „beichtete“ er ihr seine Arbeit für die Staatssicherheit. Er erpresste sie, indem er behauptete, nur ihre Mitarbeit könne die Beziehung retten und versprach ihr eine gemeinsame Zukunft in der DDR. Die Beziehung zu Schröter und die Spionage bestimmten von nun an ihr Leben. Nur noch ein halbes Jahr durfte sie zu ihm in die DDR reisen. Als sie 1974 begann, sich in Bonn zu bewerben, stoppten die Führungsoffiziere aus Sicherheitsgründen die Besuche. Um die „operativ interessante Quelle“ nicht zu gefährden, inszenierte das MfS ein makabres Schauspiel. Im Mai 1976, mittlerweile war sie Sekretärin im Bundeskanzleramt, reiste Dagmar K. mit gefälschten Papieren nach Ost-Berlin und heiratete Schröter. Bis heute ist nicht geklärt, ob es sich um eine Scheinhochzeit handelte. Doch die Hoffnung auf eine gemeinsame Zukunft blieb unerfüllt. Bis zu ihrer Verhaftung im Mai 1977 trafen sich beide nur noch dreimal. Danach meldete Herbert Schröter sich nicht mehr bei ihr.

Zwei strafmildernde Umstände kamen vor Gericht immer wieder zur Sprache: die Ausnutzung der Gefühle der Frauen und die Versäumnisse bei den Sicherheitsvorkehrungen. Den Frauen sei der Verrat leicht gemacht worden. Keine von ihnen war im Laufe der Sicherheitsüberprüfungen oder aber beim Transport geheimer Unterlagen aufgefallen. Dagmar K. ließ beispielsweise von der hausinternen Druckerei im Bundeskanzleramt Extrakopien anfertigen und transportierte sie in ihrer Handtasche, in der sich ein „Container" – ein Versteck – befand. Enttarnt wurden viele der Frauen erst, als ihre „Romeos" oder Kuriere in eine Rasterfahndung geraten waren. Die Männer konnten sich meist rechtzeitig absetzen.

In seinen Memoiren und Interviews bestreitet Markus Wolf, damals Leiter der HVA, den gezielten Einsatz von „Romeos". In den MfS-Akten finden sich hingegen Überlegungen und Anweisungen zur „Zielgruppe" der Sekretärinnen und zur Anwerbung durch „Romeos". Noch im August 1989 suchte die Abteilung XI/9, die unter anderem für US-Einrichtungen zuständig war, in den Reihen der HVA einen geeigneten männlichen IM: „Der IM muss in der Lage sein, für längere Zeit einen weiblichen Vorgang operativ zu führen und intim zu betreuen", er sollte „weiß, 35 bis 45 Jahre alt und zwischen 175 und 180 cm groß" sein.

Sekretärinnen wurden bereits 1958 in der ersten Richtlinie des MfS für die Arbeit mit Inoffiziellen Mitarbeitern im Operationsgebiet als „Zielgruppe" festgelegt. Im März 1988 gab die HVA Schulungsmaterial mit dem Titel „Einige ausgewählte Erkenntnisse und Erfahrungen zur Berufsgruppe der Sekretärinnen in der BRD" heraus. In der Vorbemerkung heißt es: „Der direkte Zugang zu operativ-bedeutsamen Informationen qualifiziert eine Sekretärin [...] zu einem wertvollen IM [...]". Die von der HVA bevorzugte Anwerbung auf politisch-ideologischer Basis sei jedoch nicht erfolgreich gewesen, sondern vor allem „die Entwicklung enger Freundschaften und Liebesverhältnisse".

Bei der Anwerbung müssten mehrere Faktoren berücksichtigt werden: „Die Bearbeitung der Sekretärinnen muß ganz speziell von der weiblichen Psyche und Mentalität, dem starken und ausgeprägten emotionalen Empfinden einer Frau ausgehen." Deshalb sei es wichtig, dass der Mann „[...] behutsam, einfühlsam und auch mit relativ großem Zeitaufwand an die Interessen und Probleme einer Frau anknüpft, ‚für sie da ist' und ihr das sichere Gefühl gibt, als gleichberechtigter Partner anerkannt, geschätzt und auch geliebt zu werden."

„Luchs" Markus Wolf zum 60. Geburtstag: Der Karikaturist Erich Schmitt zeichnete den HVA-Chef 1983 für ein internes MfS-Heft mit einem „Zielobjekt", einer Sekretärin

Spionage aus Überzeugung – Kundschafterin für den Frieden

Auch wenn das MfS auf die „Romeo-Methode" setzte, versuchte es außerdem, Frauen auf „politisch-ideologischer" Ebene anzuwerben – wie Johanna Olbrich. Sie war die perfekte Spionin: politisch motiviert und unauffällig. 1966 wurde die Agentin mit der Legende der Friseurin „Sonja Lüneburg" in die Bundesrepublik eingeschleust. Zwei Jahre später war sie Sekretärin bei der FDP. Als Martin Bangemann 1974 FDP-Generalsekretär wurde, stand „Sonja Lüneburg" ihm als Chefsekretärin zur Seite. Von nun an begleitete sie ihn bei seinem Werdegang im Europaparlament und als Bundeswirtschaftsminister. Bangemann vertraute ihr. 16 Jahre lang leitete sie unter anderem Interna der FDP nach Ost-Berlin weiter. Im August 1985 zog die HVA die Sekretärin aus Sicherheitsgründen in die DDR zurück. Sie hatte ihren Falschausweis in Rom verloren. In Bonn dachte zunächst niemand an Spionage. Eine Vermisstenanzeige wurde aufgegeben.

Nach ihrer Rückkehr in die DDR erhielt Johanna Olbrich für ihre Verdienste den Vaterländischen Verdienstorden in Gold. Erst 1990 konnte ihre wahre Identität in der Bundesrepublik festgestellt werden. 1994 wurde sie zu zwei Jahren und sechs Monaten Haft verurteilt. Aufgrund der ausstehenden Entscheidung des Bundesverfassungsgerichts über die Strafbarkeit von Spionen des MfS ordnete das Bundesverfassungsgericht jedoch die Aussetzung ihrer Strafe an. 1996, in einem zweiten Prozess, erhielt Johanna Olbrich wegen geheimdienstlicher Agententätigkeit eine Bewährungsstrafe von einem Jahr und neun Monaten.

Mit ehemaligen Agentinnen ins Gespräch zu kommen war schwierig. Für die Frauen, bei denen politische Ideale keine Rolle spielten, die für ihren Partner spionierten, ist die Auseinandersetzung mit der Vergangenheit problematisch, waren sie doch Täter und Opfer zugleich. Sie hatten sich strafbar gemacht und das Vertrauen von Kollegen und Vorgesetzten missbraucht. Auf der anderen Seite waren ihre Gefühle instrumentalisiert worden. In Elisabeth Pfisters Film „Unternehmen Romeo“ sagt die ehemalige Spionin Gabriele K., dass sie sich manchmal fühlt wie ein Tier, dem man einen Stempel auf die Stirn gedrückt hat: „Das ist ein Opfer, mit der können wir tun, was wir wollen.“

Unauffällig: Johanna Olbrich, langjährige Sekretärin des FDP-Politikers Martin Bangemann (Mitte) und seit 1964 Agentin der HVA

Bei Frauen, die von der Idee des Sozialismus überzeugt waren oder noch sind, erwies sich der Kontakt als nicht minder schwierig. Ihrer Einschätzung nach würde nun, da die DDR nicht mehr existiere, ihre Rolle als „Kundschafter des Friedens“ nicht mehr genügend gewürdigt. Auf die Frage, ob sie manchmal Zweifel an ihrem damaligen Weg hatte, antwortete Dr. Gabriele Gast, langjährige Topagentin von Markus Wolf beim BND, 1999 in einem Fernsehinterview: „Die Frage stellt sich nach der Verhaftung […] nur kurzzeitig, muss ich sagen. Und dann ist mir ganz klar gewesen, nein, ich musste den Weg so für mich gehen.“

Prostitution im Dienste der Staatssicherheit

Auch im eigenen Land arbeiteten weibliche Inoffizielle Mitarbeiter für das MfS. Wie ihre männlichen Kollegen bespitzelten sie unter anderem Besucher aus dem Ausland, lieferten Informationen und kompromittierendes Material. Dabei setzte das MfS auch auf Prostitution. Nach Uta Falck, Autorin des Buches „VEB Bordell“, warb das MfS zu diesem Zweck zum einen professionelle Prostituierte an, und versuchte es zum anderen bei Frauen, die häufig ihren Partner wechselten oder gerne ausgingen.

Offiziell wurde Prostitution in der DDR strafrechtlich verfolgt und war seit 1968 verboten. Die Staatssicherheit setzte dennoch bereits in den 1950er Jahren Prostituierte ein. Zur Sicherung der 1954 in Berlin stattfindenden Viermächtekonferenz der Außenminister ordnete das MfS „die Bereitstellung von Hotelzimmern, Wohnungen und besonderen Mädchen und Frauen für operative Zwecke“ an. In Markus Wolfs Erinnerungen, er war damals Einsatzleiter, wird dieser Plan zur Anekdote: Da ist die Rede von bedauernswerten Mitarbeitern, die in kleinen Wandschränken ausharrten, um Fotos schießen zu können, von verwechselten Liebestrünken und davon, dass die Zielperson weder an den Pornofilmen noch an den „bereitgestellten“ Damen interessiert gewesen sei.

Nach Abschluss des Grundlagenvertrags von 1972 kamen Politiker und Korrespondenten in die DDR und die Zahl der Besucher aus der Bundesrepublik und West-

Berlin stieg kontinuierlich. Das MfS reagierte: Tourismus und „Polittourismus“ sollten lückenlos kontrolliert und abgeschöpft werden. Zur Überwachung ordnete Erich Mielke im Befehl 21/74 beispielsweise an, „in noch stärkerem Maße als bisher Beobachtungskräfte mit Fremdsprachenkenntnissen, Frauen [...]“ einzusetzen. Ihre Mitarbeit war vor allem dort notwendig, wo die „operative Bearbeitung“ erschwert wurde, etwa in Hotels, Gaststätten oder Bars. Von großem Interesse waren die Interhotels, da in ihnen ausländische Gäste abstiegen. Hier konnten Besuchern gezielt „operative Betten“ zugewiesen werden, die Zimmer waren mit Abhör- und Beobachtungstechnik ausgestattet. Besonders während der international gut besuchten Leipziger Messe arbeiteten professionelle und Gelegenheits-Prostituierte im Auftrag der Staatssicherheit.

„Marlon Forster“ war für das MfS von Interesse, da sie „ihren Lebensunterhalt auf die bekannte leichte Art“ verdiente. 1962 warb die Kriminalpolizei Leipzig sie an. Später wurde sie von der Hauptabteilung VI der Staatssicherheit übernommen, die unter anderem Tourismus und Interhotels kontrollierte. Die Anwerbung erfolgte durch Erpressung: „Das vorhandene kompromittierende Material (Aktfoto's), welches dem Kandidaten vorgelegt wurde, beseitigte noch den letzten Rest an Zweifeln beim Kandidaten.“ Diese durchaus übliche Art der Anwerbung bezeichneten MfS-Richtlinien nüchtern als Werbung auf Grundlage von „Wiedergutmachungsbestrebungen der Kandidaten“.

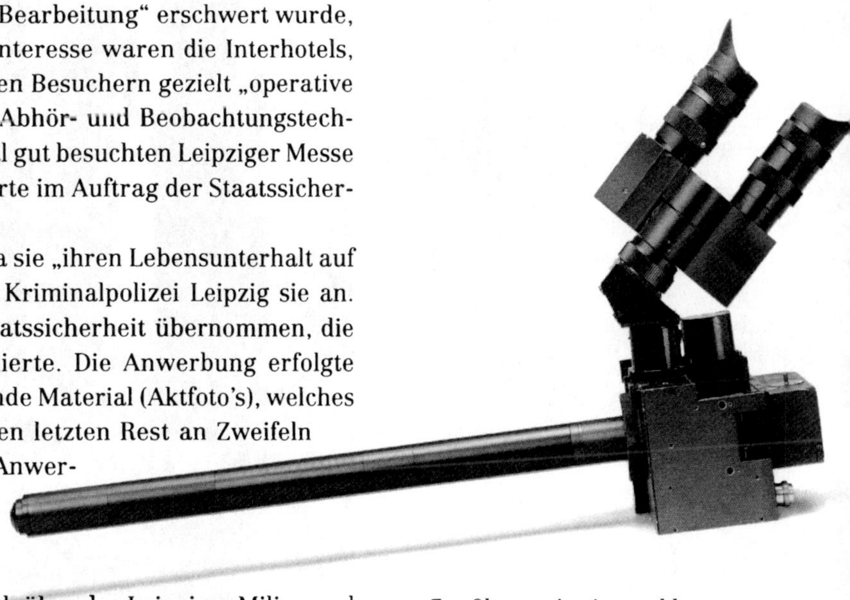

Zur Observation in geschlossenen Räumen entwickelte das MfS Kameras, deren „Nadelöhrobjektive“ durch winzige Öffnungen mit nur einem Millimeter Durchmesser fotografieren konnten

Bis 1978 berichtete „Marlon Forster“ kontinuierlich über das Leipziger Milieu und ihren Einsatz während der Leipziger Messe, unter anderem aus dem Interhotel „Am Ring“. Sie wurde eingeteilt als „HWG mit Messevbdg.“ [Häufig wechselnder Geschlechtsverkehr mit Messeverbindung]. Das gelieferte Material war vielfältig: Sie berichtete über das Sexualverhalten ausländischer Besucher, leitete Autokennzeichen weiter oder meldete geplante Republikfluchten, in die Ausländer involviert waren.

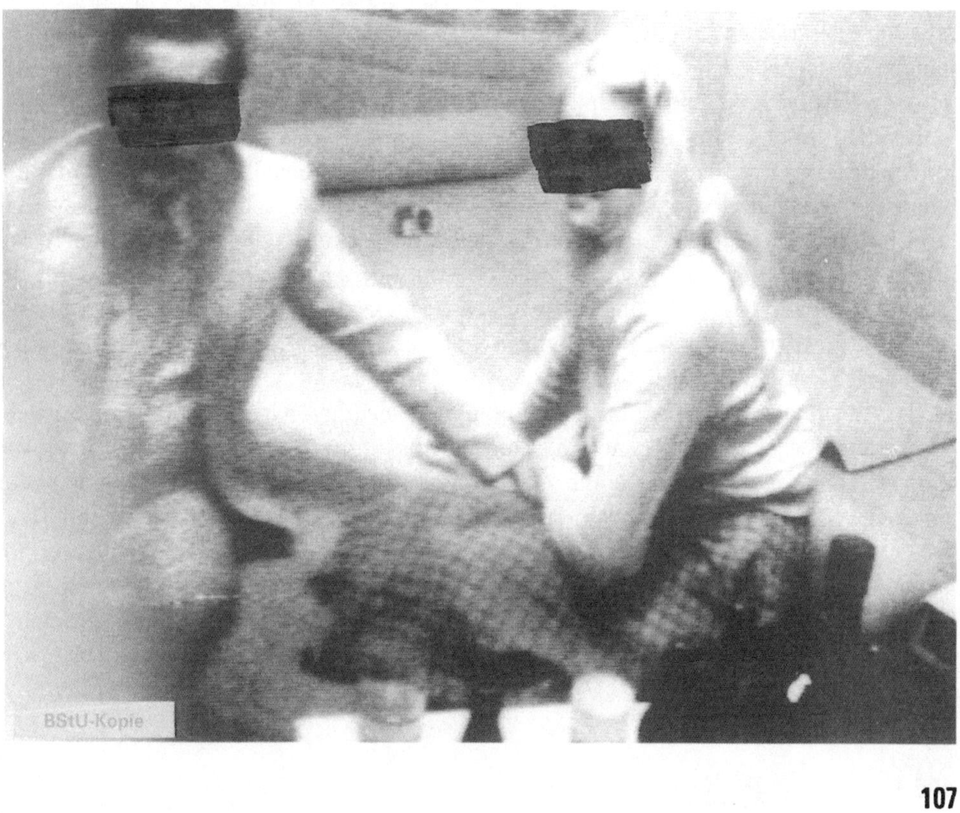

Heimlich fotografierte das MfS Prostituierte mit ihren Freiern, hier im Ost-Berliner „Palasthotel“

Eingang zur Leipziger Messe 1971. Unter dem Decknamen „Treffpunkt" überwachte das MfS das Messegeschehen. Ein Ziel war die Werbung von Besuchern aus der Bundesrepublik

November 1978 beendete die Staatssicherheit die Zusammenarbeit mit „Marlon Forster", auch, da sie nicht mehr attraktiv genug für „operativ-interessante Gäste" sei.

Offensichtlich stieß die Staatssicherheit bei der „Führung" von Frauen, die sich in ihrem Auftrag prostituierten, auf Probleme. Verliebten sich die Frauen in einen Freier aus dem Westen und wollten die DDR verlassen, erklärte das MfS ihr Verhalten zu einem Staatsverbrechen. Darüber gibt der 1987 gedrehte interne Schulungsfilm „Wer ist Wer?" Aufschluss. Im Mittelpunkt des Films: IM „Eva". Seit 1980 arbeitete sie für das MfS, zunächst zur vollsten Zufriedenheit: „Geistig rege, äußerst kontaktfreudig und selbstsicher auftretend war es ‚Eva' möglich, zu materiell gut gestellten männlichen Personen insbesondere aus dem NSA [Nichtsozialistisches Ausland] Kontakte und Intimbeziehungen herzustellen." Doch dann verliebt sich „Eva" in einen West-Berliner und will die DDR verlassen. Die Staatssicherheit verhaftet beide, ihn bei einem Besuch in der DDR. Über ihr weiteres Schicksal wird nicht berichtet. Stattdessen wird gewarnt, dass der dekadente westliche Einfluss die „ideologische Grundposition" der Frauen „aufweicht".

Die Geschichten der Verführerinnen und der Verführten lassen ahnen, dass Nachrichtendienste sich nicht scheuen, Gefühle auszunutzen und Sex als Druckmittel einzusetzen, um an Informationen zu gelangen. Hier zeigt sich die tragische Seite der Spionage. Die Würde des Einzelnen zählt wenig. Grenzen zwischen Opfer und Täter lassen sich in der Welt der Agenten nicht immer klar ziehen: Die verführten Sekretärinnen begingen Landesverrat, Prostituierte lieferten kompromittierendes Material und wurden gleichzeitig zu ihrer Mitarbeit nicht selten gezwungen, und die „Romeos" waren weniger die Don Juans der Spionage als männliche Prostituierte ihrer Nachrichtendienste.

Der Fernseh-Dreiteiler thematisiert den politischen Reifeprozess einer jungen Frau, Vera Lenz, Sekretärin bei der NATO in Brüssel. Anfangs von den politischen Zielen der NATO überzeugt, wird sie Zeugin der Vorbereitungen für ein Stabsmanöver – perfekte Planungen, die durchaus Wirklichkeit werden könnten. Sie ist schockiert von dem atomaren Inferno, das sich über Deutschland ausbreiten könnte, und lehnt die entspannungsfeindlichen Kriegsspiele vor allem der amerikanischen Militärführung aus tiefster Überzeugung heraus ab. Vera hat Zugang zum Zentralcomputer und entdeckt, dass in der Öffentlichkeit falsche Informationen über die militärische Stärke der NATO und des Warschauer Paktes verbreitet werden. Als ein neues Stabsmanöver vorbereitet wird, erlebt sie das Inferno als Simulation auf den Bildschirmen mit. Jetzt steht ihr Entschluss, die NATO zu verlassen und die Informationen der Gegenseite zu überlassen, endgültig fest.

»Vera – der schwere Weg der Erkenntnis«

DDR 1987

Regie: Horst Seemann
Buch: Karl Georg Engel
Produktion: Fernsehen der DDR, DEFA-Studio für Spielfilme
Darsteller: Jolanta Nowak, Jan Nowicki, Jan Pawlowski, Peter Sodann, Leon Niemczyk, Donatas Banionis, Marion van de Kamp, Heinz Dieter Knaup, Rolf Hoppe, Klaus-Peter Thiele, Hanns-Jörn Weber, Horst Schönemann, Ernst Heise u. a.

Die Spionageaffäre der fiktiven Vera Lenz erinnert an Ursel Lorenzen, die im NATO-Generalsekretariat in Brüssel tätig war und sich 1979 nach Ost-Berlin absetzte. Ihre Flucht wurde von der DDR propagandistisch wirksam in Szene gesetzt.
Das Sujet ist filmisch nicht besonders attraktiv: Büros, Hotels, Restaurants, Bars, Konferenzen, Gespräche, Computersimulationen. Die Protagonistin bleibt blass und ohne Profil - zu wenig, um das Interesse an ihrem „langen Weg der Erkenntnis" über drei Teile hinweg aufrecht zu erhalten. Für die zeitgenössische Kritik war der 1989 ausgestrahlte Film gut gedacht, aber schlecht gemacht.

Kleines Lexikon der Spionage

[Abhören] Ob Telefon, Fax, Telex oder E-Mail – den Nachrichtendiensten bleibt keine Mitteilung verborgen. Mit riesigen Abhöranlagen überprüfen die meisten Dienste den internationalen Fernmeldeverkehr. Wie mit einem elektronischen Staubsauger filtern sie Verbindungen aus der Luft und suchen mit einer Wortdatenbank nach bestimmten Stichwörtern, Hit-Words genannt. Die USA setzen auf das Abhörsystem „Echelon", das unter anderem der Wirtschaftsspionage dient. Eine amerikanische „Echelon"-Anlage steht im bayerischen Bad Aibling. Auch der BND erfasst Gespräche im Ausland, aber auch zwischen dem In- und Ausland. Täglich soll er an die 100 000 Telekommunikationen überprüfen können. Kritiker warnen vor dem Aufweichen demokratischer Grundrechte wie der Unverletzlichkeit des Fernmeldegeheimnisses: In großer Zahl werden Bürger abgehört, gegen die kein Tatverdacht vorliegt. Fragwürdig bleibt die Erfolgsquote, die letztlich von der effektiven Auswertung des überprüften Materials abhängt.

[Bond, James] Bonds Autos sind die schnellsten, „Oh James" hauchen die Frauen an seiner Seite, und Q's Arsenal an Spezialwaffen ist unerschöpflich. Der Feind, das Böse, ist immer zu erkennen, trägt Augenklappe oder Stahlgebiss ... und wird letztlich vernichtet. Das Ende: Der Held in den Armen einer schönen Frau und eine Welt, die wieder aufatmen kann – bis zur nächsten Gefahr,

doch keine Angst: Bond „stirbt nie". „Casino Royale", der erste Bond-Roman des Engländers Ian Flemming, erschien 1952. 1962 betrat James Bond, Agent 007 und Brite, die Kinoleinwand und rettet seitdem im Auftrag seiner Majestät die Menschheit.
Bonds Einfluss auf die Welt der Spionage? Allan Dulles, ehemaliger CIA-Chef und Bond-Fan, ließ an einem Ortungsgerät arbeiten, wie es in „Goldfinger" zum Einsatz gekommen war. In der Sowjetunion durften die Filme nicht gezeigt werden, mit einer Ausnahme: beim KGB. Spezialeinheiten versuchten Bonds Wunderwaffen nachzubauen. DDR-Spionagechef Markus Wolf sah seinen ersten Bond-Film in den 1960er Jahren – in der Pressestelle des Ministeriums für Staatssicherheit.

[Container] Auf den ersten Blick eine schöne Statue, auf den zweiten ein Versteck für Geheimmaterial, ein so genannter Container. Die bronzene Venus gehörte dem Spion Alfred Frenzel, in den 1950er Jahren SPD-Abgeordneter im Bundestag. Er informierte den Geheimdienst der ČSSR unter anderem über den Aufbau der Bundeswehr und die Integration in die NATO. 1960 wurde er vom BKA verhaftet, die Plastik beschlagnahmt. Das Versteck im Fuß der Statue war mit einer Sprengladung gesichert, die den Inhalt bei unsachgemäßer Öffnung vernichten sollte. Bei der Entwicklung eines Containers sind der Fantasie keine Grenzen gesetzt: Spezialisten präparieren Kerzenständer, Teddybären, Schuhabsätze, Aschenbecher, Kleiderbügel, Handtaschen. Bei Spionageverdacht suchen die Ermittler nach Containern als Beweismittel. Vor allem kleine Löcher erregen die Aufmerksamkeit – hier verbirgt sich häufig der Öffnungsmechanismus, ausgelöst mit einer Nadel.

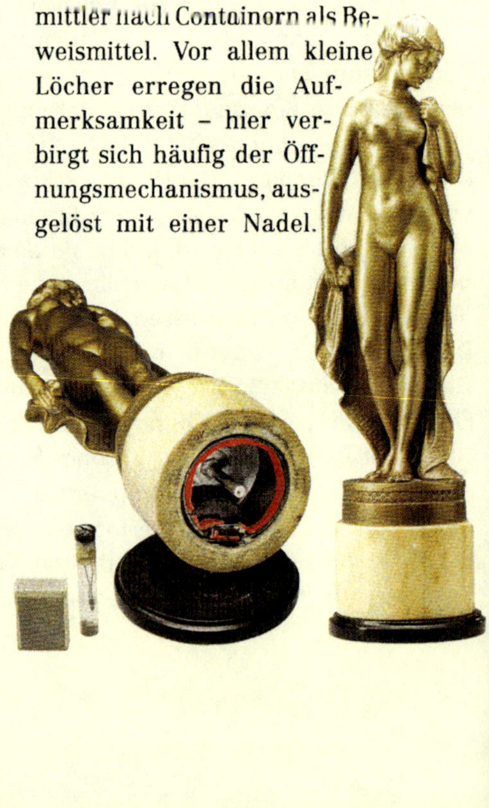

„DIE SCHNAPPEN UNSERE AGENTEN UND WIR IHRE – DAS IST DAS GANZE GEHEIMNIS!"

[**Deckname**] Decknamen sind Tarnnamen. In der Welt der Spionage erhält fast alles einen: der Agent, observierte

DEF

Personen, aber auch gegnerische Nachrichtendienste.

Selbst Geheimdienstler in den heimatlichen Zentralen kennen ihre Kollegen häufig nur unter ihren Decknamen. „Photograph" war der Deckname des Nürnberger Millionärs Hannsheinz Porst, Inhaber des gleichnamigen Fotoversandhauses. Er arbeitete für das MfS. 1967 wurden er und sein Angestellter, der eingeschleuste HVA-Mitarbeiter Albert Pilny (Deckname „Optik"), verhaftet. Mitte der 1950er Jahre hatte Porst sich für die HVA verpflichtet und war auf ihr Anraten in die FDP eingetreten. Großzügige Spenden, teilweise vom MfS finanziert, brachten ihm bald das Vertrauen der FDP-Spitze ein, er gehörte zum Kreis um den damaligen Vorsitzenden Erich Mende, 1963 bis 1966 Minister für Gesamtdeutsche Angelegenheiten. Auch Mende wurde als „Zielperson" in den Akten der HVA mit einem Decknamen geführt: „Elch".

[**Enigma**] Wer im Zweiten Weltkrieg den Funkverkehr der Deutschen abhören wollte, musste den Code der Verschlüsselungsmaschine „Enigma" knacken. Daran arbeitete im Auftrag des britischen Geheimdienstes seit August 1939 eine Gruppe von Militärs, Mathematikern und Linguisten in Bletchley Park, nördlich von London.

Die „Enigma" wurde seit den 1920er Jahren eingesetzt. Zwar konnte der polnische Geheimdienst 1933 den Funkschlüssel der „Enigma C" der Reichsmarine dechiffrieren, aber seine Arbeit geriet ins Stocken, da die Deutschen die Maschine kontinuierlich weiter entwickelten. Als die Spezialisten in Bletchley sich 1939 an die Arbeit machten, verfügte das aktuellste Modell der „Enigma" über 150 Billionen Schlüsselvarianten. 1940 gelang es den Briten endlich in den Funkverkehr der deutschen Luftwaffe einzudringen, ein Jahr später in den der Marine. Von nun an hörten die Alliierten mit. Die Ergebnisse ermöglichten ihnen unter anderem, die deutschen Nachschublinien in Nordafrika zu zerstören und die Landung in der Normandie vorzubereiten. Nach Kriegsende mussten sich die Codebrecher zum Schweigen verpflichten. Erst 1974 lüftete der britische Kriegsveteran F. W. Winterbotham das Geheimnis.

[Geheimkameras] Kameras, raffiniert versteckt wie in dieser Tasche, benutzen Agenten, um observierte Personen heimlich im Bild festzuhalten. Nachrichtendienste entwickeln Tarnungen sowohl für Amateur- als auch für Spezialkameras. Ost und West montierten die „Robot“-Kamera gern in Hand- oder Aktentaschen, das Objektiv hinter dem Verschluss verborgen. Der

KGB entwickelte die kleine „F 21“, mit der, beispielsweise im Jackenfutter versteckt, durch einen präparierten Knopf fotografiert wird, oder die „Kiew 303“, getarnt durch eine Zigarettenschachtel. Das Drehen einer präparierten Zigarette spult den Film weiter und spannt die Kamera wieder.

[Hacken] Das Eindringen in fremde Datensysteme ist für Hacker kein Problem. Kein Wunder, dass Nachrichtendienste im Zeitalter des Datentransfers im Netz ihr Interesse an diesen Computer-Freaks und ihren Fähigkeiten entdeckten. Mitte der 1980er Jahre drangen Hacker aus der Bundesrepublik in amerikanische Computersysteme ein, unter anderem in das der US-Raumfahrtbehörde NASA. Das Brisante: Einige der jungen Männer ließen sich auf einen Handel mit dem sowjetischen Geheimdienst ein. Die Hacker boten dem KGB Codes zum Einbrechen in die Systeme an. Außerdem soll der KGB Interesse an Programmen gezeigt haben, die für die computerunterstützte Konstruktion und Fertigung von Großrechnern und PCs benötigt werden und auf legalem Weg in der UdSSR nicht zu erhalten waren. Wie groß der entstandene Schaden tatsächlich war, ließ sich nur schwer einschätzen. 1990 erhielten drei der Hacker Freiheitsstrafen auf Bewährung wegen geheimdienstlicher Agententätigkeit.

[Kommunikation] Mit Geheimschriften präparierte Briefe stellte die Lehrtafel des Bundesnachrichtendienstes Ende der 1970er Jahre als eine mögliche Verbindung zwischen Agent und Zentrale vor: Die Nachricht – verschlüsselt und „unsichtbar“ – wird per Post über Deckadressen weiter geleitet. Verbreitet ist auch der einseitige Funkverkehr. Zu einem verabredeten Zeitpunkt findet sich der Agent vor einem handelsüblichen Radio ein und lauscht den Zahlenkolonnen, die über eine bestimmte Frequenz verbreitet werden. Wird seine Kennnummer genannt, beginnt die Arbeit, er notiert sich die folgenden Zahlen und entschlüsselt sie. Der Feind hört machtlos mit. Er kennt den Schlüssel nicht.

[Legende] Häufig schleusen Geheimdienste ihre Agenten mit einer falschen Identität, einer „Legende“, ins Ausland ein oder schicken sie mit gefälschten Papieren zu konspirativen Treffen. Bei der Auflösung des MfS 1990 wurden zum Beispiel Falschausweise eines Kuriers der HVA gefunden. Zwischen 1977 und 1989 war dieser Mann in mindestens vier verschiedene Identitäten von Bürgern der Bundesrepublik geschlüpft, die nicht wussten, dass sie mit ihren Daten die Le-

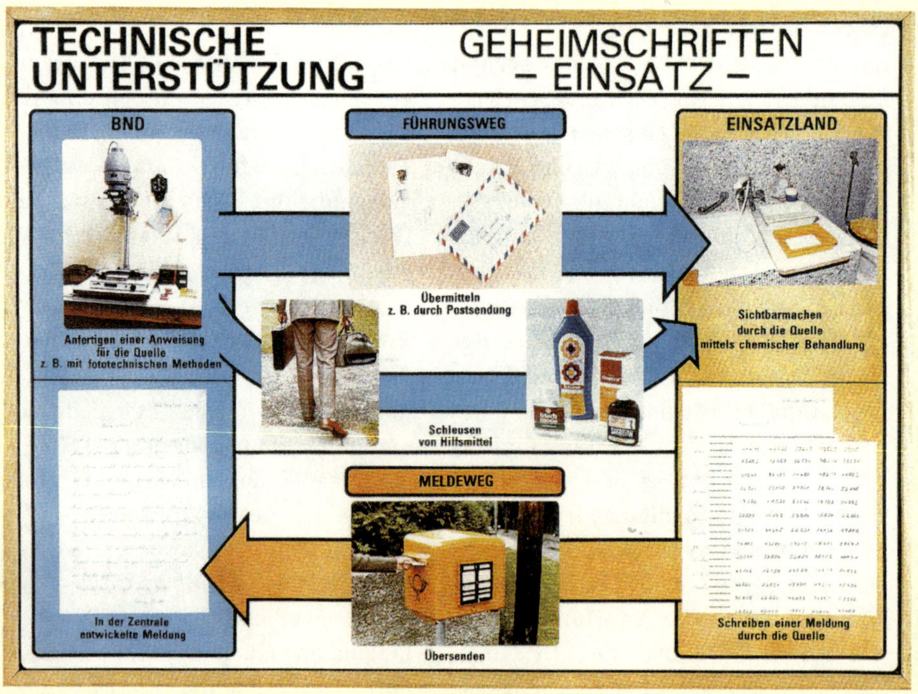

So kann er zum Beispiel mit Hilfe eines kleinen Stativs oder einer Entfernungsmesskette schnell mit optimalem Abstand das gewünschte Dokument fotografieren.

gende für einen Agenten lieferten. Bei den Ausweisen handelt es sich um so genannte Totalfälschungen: Sie wurden komplett, vom Papier über den Stempel bis zum Einband, gefälscht. Ob Reisepass, Behelfsmäßiger Personalausweis für West-Berlin oder Geburtsurkunde – die „Fälscherwerkstatt“ des MfS lieferte nach Wunsch.

[Minox] Die „Minox“ ist die beliebteste Agentenkamera. 1937 wurde die Kleinstbildkamera als handelsübliches Fabrikat auf den Markt gebracht, doch schon bald zeigten die Nachrichtendienste in Ost und West Interesse. Ohne Nachladen konnten Agenten mit ihr 50 Aufnahmen machen. Zwischen 1958 und 1972 kam vor allem die „Minox B“ zum Einsatz, sie konnte lange Zeit vor dem eigentlichen Einsatz versteckt werden, da sie keine Batterien benötigte. Die „Minox“ wird vor allem zum Ablichten von Dokumenten eingesetzt. Durchdachtes Zubehör erleichtert auch dem eher unbegabten Spion die Arbeit.

[Quelle] „Quellen“ sind geheime Informanten. Der BND setzte in den 1950er Jahren ein Morseschulungsgerät in Gestalt eines Plattenspielers ein, um seine „Quellen“ zu schulen. Die mitgelieferte Schallplatte der DDR-Marke „Amiga“ diente der Tarnung: nicht Musik, sondern Anleitungen zum Morsen waren zu hören. Hatte der Agent, die „Quelle“, seine Lektionen gelernt, trat er mit seiner Führungsstelle in Kontakt. Für den BND

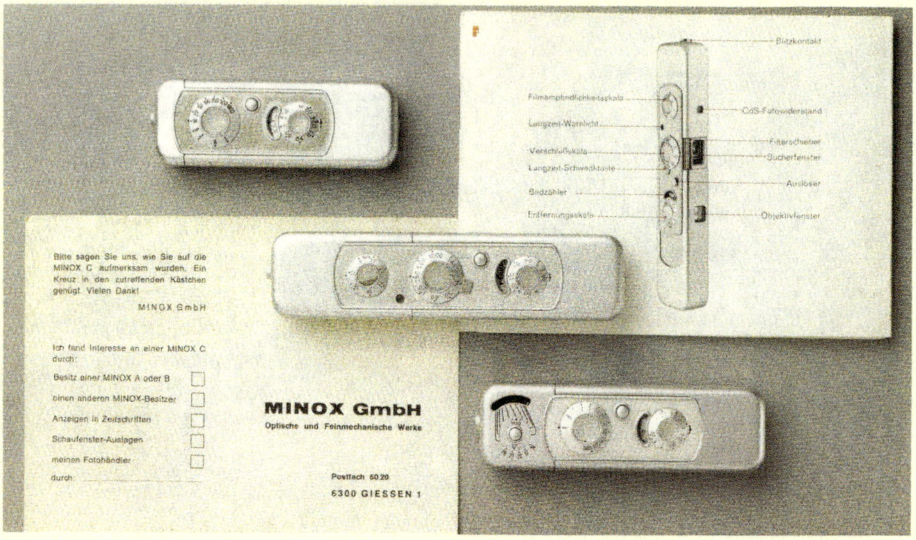

waren unter anderem Auskünfte über die Truppenstärke und Ausstattung des „Gegners“ von Interesse. Handbücher halfen den „Quellen“, Waffengattungen zu identifizieren.

[Steganografie] Die Postkarten enthielten auf den ersten Blick unverfängliche Urlaubsgrüße, dienten aber der Übermittlung geheimer Nachrichten, wie das Schulungsbeispiel des BND aus den 1980er Jahren zeigt. Die Kunst, geheime Mitteilungen zu verbergen, heißt Steganografie. Der Austausch zwischen Agent und Führungsstelle kann so doppelt gesichert werden. Der Absender schreibt die verschlüsselte Nachricht zum Beispiel mittels Geheimtinte oder im so genannten Durchschreibverfahren durch ein chemisch behandeltes Tuch unsichtbar auf einen Träger. Dann verfasst er einen unverfänglichen Text auf dem vermeintlich leeren Papier. In den 1970er Jahren versorgte der BND seine Agenten in der DDR unter anderem mit Haushaltschemikalien wie „Pril“ oder „Sagrotan“. Diese Mittel konnten die von der Zentrale verborgene Nachricht wieder sichtbar machen.

[Toter Briefkasten] In Schrauben, unter Steinen, in hohlen Bäumen oder Mauern verbergen Agenten geheimes Material, das ein Kurier dort abholt und an die Führungsstelle weiterleitet. Solche „Toten Briefkästen“ befinden sich vorzugsweise an Orten, die leicht und doch unauffällig zu erreichen sind, wie Parks oder öffentliche Toiletten. Der Vorteil: Agent und Kurier müssen sich so nicht begegnen.

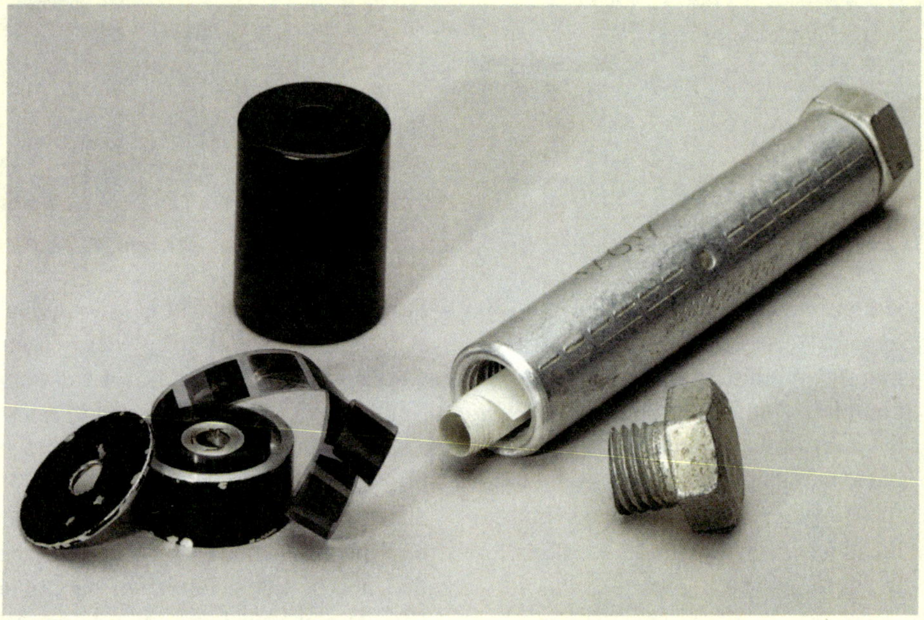

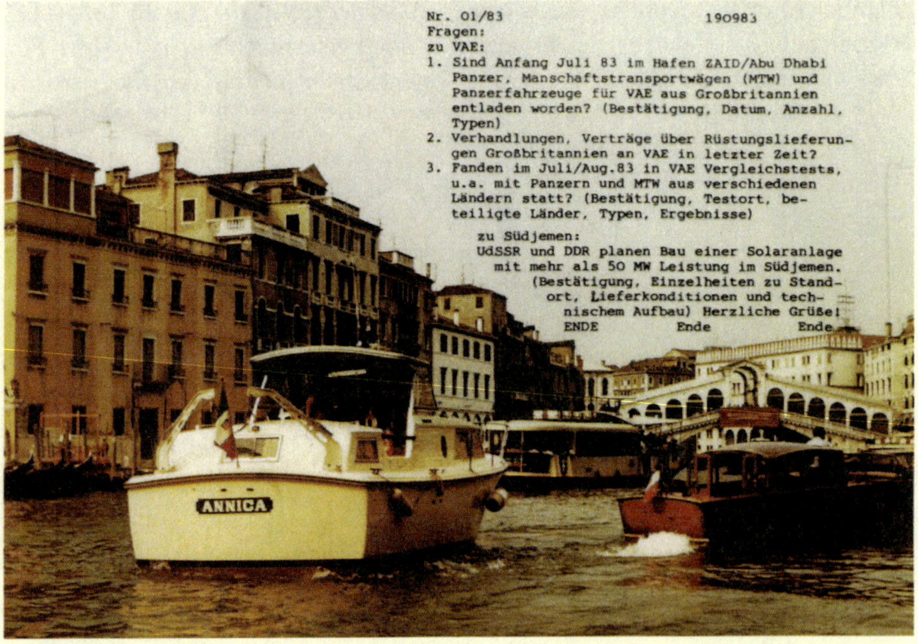

Der präparierte Türstopper diente als „Rollender Briefkasten“ – eine Besonderheit im deutsch-deutschen Spionagealltag. Eingebaut in die Toillette eines Interzonenzuges sollte die in ihm versteckte Nachricht sicher in die DDR fahren.

[Umdrehen] Enttarnt ein Nachrichtendienst einen gegnerischen Agenten, versucht er nicht selten, diesen für den eigenen Dienst zu gewinnen. Ein „umgedrehter“ Agent heißt auch Counterman. Seine Aufgabe lautet nunmehr, seine frühere Führungsstelle auszuspionieren, Informationen über die Arbeitsweise und Struktur zu liefern, aber auch bei der

Enttarnung weiterer Agenten zu helfen. Ein Risiko bleibt: Was ist, wenn der Counterman seinen früheren „Arbeitgeber“ von der Enttarnung unterrichtet hat, wenn er also abermals „umgedreht“ wurde?

[**Verschlüsseln**] Schon der römische Feldherr Julius Caesar (100 bis 44 vor Christus) verschlüsselte seine Korrespondenz, um sie vor dem Zugriff Fremder zu schützen. Er ersetzte zum Beispiel jeden Buchstaben einer Nachricht durch den Buchstaben im Alphabet, der drei Stellen später folgt: aus A wurde D, aus B wurde E ... Diese Verschlüsselungsmethode – Buchstaben werden durch andere oder durch Zahlen und Zeichen ersetzt – nennt sich in Anlehnung an den römischen Kaiser auch heute noch Caesar-Verschiebung. Die Kunst des Ver- und Entschlüsselns, ein Grundpfeiler nachrichtendienstlicher Arbeit, hat sich im Laufe der Jahrhunderte zunehmend perfektioniert. Die Nachfrage nach Kryptologen, Wissenschaftlern, die diese Kunst beherrschen, reißt nicht ab: Der BND stellt auf seinen Internetseiten ein paar knifflige Aufgaben. Wer sie lösen kann, soll sich melden.

[**Wanzen** und andere Tiere] Wanzen heißen die winzigen Abhörmikrofone, die nicht wegzudenken sind aus der Geschichte der Spionage des 20. Jahrhunderts. Wird ein Agent in einen gegnerischen Dienst eingeschleust, spricht man von einem Maulwurf. Doch nicht nur als Namensgeber dient die Fauna, sondern auch als „Mitarbeiter“: CIA-Fachleute experimentierten in den 1960er Jahren mit einer Katze. Sie setzten dem Tier ein Abhörgerät ein, manipulierten sein Gehirn. Nach positiven Testergebnissen – „Acoustic Kitty“ lief tatsächlich gezielt in eine Richtung – kam es zum ersten Einsatz. Ohne Erfolg: Bevor die Katze ihren Bestimmungsort

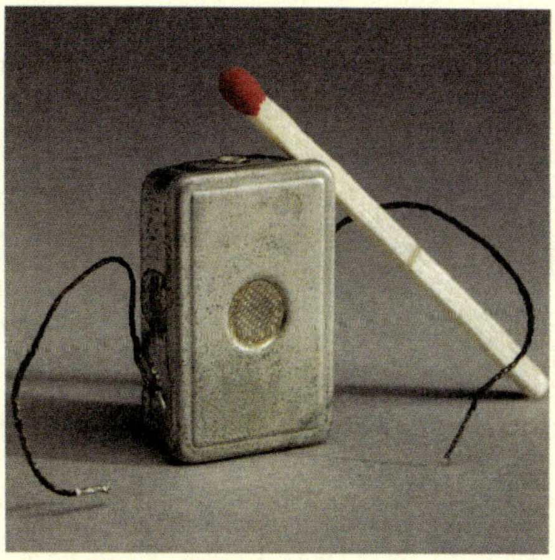

erreichen konnte, wurde sie von einem Taxi erfasst.
Die Ost-Berliner Staatssicherheit soll auf einen Schwan als „Kurier“ gesetzt haben, Einsatzort: der Glienicker See zwischen Berlin und Potsdam, durch den die Grenze verlief. Andere Gerüchte besagen, dass dieser Schwan im Dienst des BND stand. Oder gab es etwa zwei, die „ahnungslos“ aneinander vorbeizogen?

[**Zersetzung**] Ein fingierter Brief des MfS erreichte im Juni 1987 die Eltern von Roland Jahn: Ein Unbekannter entschuldigte sich für seine „Offenheit“ und behauptete, Roland äußere sich wiederholt abfällig über seine Eltern. Jahn, Bürgerrechtler und Mitglied der Jenaer Friedensgemeinschaft, war 1983 aus der DDR in die Bundesrepublik abgeschoben worden. Als er von West-Berlin aus weiterhin die Opposition in der DDR unterstützte, versuchte die Staatssicherheit ihn auch psychisch unter Druck zu setzen und ihn im Verwandten- und Freundeskreis zu diskreditieren. Das MfS nannte diese Vorgehensweise „operative Zersetzung“ und verstand darunter „Zersplitterung, Lähmung, Desorganisierung und Isolierung feindlicher Kräfte“.
Übrigens: Familie Jahn schenkte dem Brief keinen Glauben.

Berlin, im Mai 1987

Liebe Familie Jahn!

Ich habe lange überlegt und mich gefragt ob ich diesen Brief schreiben soll. Nun bin ich zu der Meinung gekommen, daß es besser ist zu schreiben.
In einem Gespräch mit Roland, welches wir kurz vor Weihnachten 1986 führten – als kurz vor Ihren Besuch in Westberlin – äusserte sich Roland in einer für mich unerklärlichen abfälligen Art und Weise über seine Eltern, daß ich jede Achtung vor ihm verlor. Er sagte, daß es ihn ankotze wenn Sie zu Besuch kämen und er sich das dumme Gerede anhören müsse. Ihm würde das die Zeit stehlen, die Nerven rauben und dazu noch Geld kosten. Solche Gedanken würde er Ihnen jedoch nie zum Ausdruck bringen da man nie wisse wozu man die noch einmal braucht. Wenn ich diese Worte nicht selbst aus seinem Munde gehört hätte, ich würde es nicht glauben und jedem sagen, daß dies eine Lüge sei und man Roland nur verleumden will. Aber ähnliche Worte hörte ich wieder von ihm in Vorbereitung der Reise von Lina nach Jena. In einer solchen Art spricht er aber nicht nur mit mir sondern äussert sich auch anderen Bekannten gegenüber.
Er sollte doch froh sein, daß er noch Eltern hat die zu ihm halten!

Entschuldigt meine Offenheit und die direkten Worte aber ich fühle mich verantwortlich und Sie sind besser eingestellt bei weiteren Besuchen.
In Jena wusste er wer seine Feinde sind! Hier schafft er sich durch sein persönliches Verhalten unter seinen Freunden möglicherweise welche!

In alter Verbundenheit

Terroristen

ALBRECHT
Susanne
29 Jahre
Größe: 176 bis 178 cm
grünbraune Augen,
2 Leberflecke links am Kinn, Leberfleck neben dem linken Nasenflügel, Sommersprossen

KLAR
Christian
28 Jahre
Größe: 180 bis 182 cm
blaue Augen,
ausgeprägter Adamsapfel, zeitweise Brillenträger

SCHULZ
Adelheid
25 Jahre
Größe: 162 bis 165 cm
graugrüne Augen,
2 Muttermale auf rechter Wange, zeitweise Brillenträgerin

BOOCK
Peter, Jürgen
29 Jahre
Größe: 172 cm
graubraune Augen,
Muttermale auf rechter Halsseite

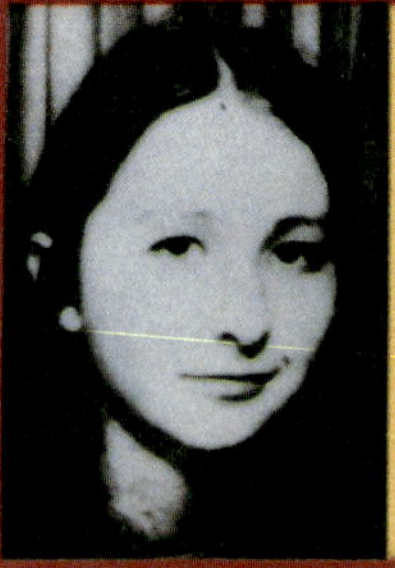

KRABBE
Friederike
30 Jahre
Größe: 172 cm
dunkelbraune Augen,
trägt zeitweise getönte Brille

SECKENDORFF-GUDENT
Freiherr Ekkehard von
40 Jahre
Größe: 179 cm
blaugraue Augen,
Warze an der linken Wange neben dem Ohr, Brillenträger

DÜMLEIN
Christine
31 Jahre
Größe: 172 cm
braune Augen,
Leberfleck an der linken Wangenseite

LOTZE
Werner, Bernhard
28 Jahre
Größe: 177 bis 178 cm
blaugraue Augen,
Leberfleck an der linken Wangenseite

SIEPMANN
Ingrid
36 Jahre
Größe: 171 cm
blaugraue Augen,
Leberfleck links neben der Nase und über linker Augenbraue, zeitweise kosmetischer Fleck über der Oberlippe rechts

FRIEDRICH
Baptist-Ralf
34 Jahre
Größe: 181 cm
blaue Augen,
Muttermal an linker Stirn- und Wangenseite

MAIER-WITT
Silke
30 Jahre
Größe: 171 cm
blaue Augen

STERNEBECK
Sigrid
31 Jahre
Größe: 169 cm
blaue Augen

HELBING
Monika
27 Jahre
Größe: 170 cm
graugrüne Augen,
2 Muttermale (Warzen) oberhalb des linken Mundwinkels, Muttermal links vom Kehlkopf, trägt zeitweise getönte Brille

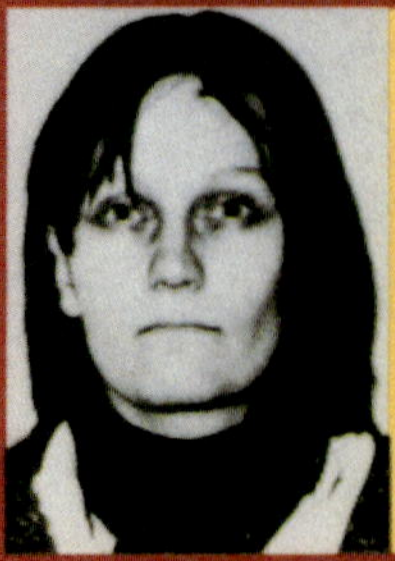

MOHNHAUPT
Brigitte
31 Jahre
Größe: 160 bis 162 cm
blaugrüne Augen,
Brillenträgerin

VIETT
Inge
36 Jahre
Größe: 163 cm
braune Augen,
Narbe am rechten Zeigefinger (1 cm lang, 3. Glied, Fingerunterseite), zeitweise Brillenträgerin

Michael Müller

Die „RAF-Stasi-Connection"

Es ist bis heute eines der dunkelsten Kapitel der deutsch-deutschen Geheimdienstgeschichte: Die Verbindung der Staatssicherheit der DDR zu den westdeutschen Terroristen der „Rote Armee Fraktion" (RAF). Und trotz aller Details, die in den Jahren seit dem Fall der Mauer ans Licht der Öffentlichkeit gelangten und publiziert wurden, bleibt vieles im Dunkel, sind die Spekulationen um die Hintergründe der so genannten RAF-Stasi-Connection nie abgerissen.

Mehr als zwei Jahrzehnte waren die selbst ernannten anti-imperialistischen Revolutionäre der RAF und ihrer Vorgänger-Gruppierungen die erklärten innenpolitischen Staatsfeinde Nummer eins der Bundesrepublik Deutschland. Das Jahr 1977 brachte eine nie gekannte Welle terroristischer Gewalt und wurde zum westdeutschen Trauma: Kommandos der RAF ermordeten Generalbundesanwalt Siegfried Buback und den Bankier Jürgen Ponto. Sie entführten Arbeitgeberpräsident Hanns Martin Schleyer. Der gewaltsamen Befreiung der Geiseln in der gekaperten Lufthansamaschine „Landshut" durch die GSG 9 in Mogadischu folgten die Selbstmorde der RAF-Inhaftierten in Stammheim. Aus Rache richtete die RAF ihr Entführungsopfer Schleyer hin. Der „heiße Herbst" von 1977 ging in die Geschichtsbücher ein und veränderte die Bundesrepublik radikal.

Auch als die bundesdeutschen Fahnder in der ersten Hälfte der 1980er Jahre etliche führende Mitglieder der RAF verhaften konnten, blieben die weiterhin untergetauchten Terroristen der Alptraum der Fahndungsbehörden. Ihre Steckbriefe hingen in jeder Polizeidienststelle, Post oder Bankfiliale. Doch Inge Viett, Susanne Albrecht, Silke Maier-Witt, Henning Beer, Werner Lotze, Monika Helbing und andere, die zum harten Kern der Gewalttäter gezählt wurden, blieben wie vom Erdboden verschluckt. Dabei glaubten die Ermittler nicht einmal, völlig im Dunkeln zu tappen. Tausende von Hinweisen zu den Gesuchten wurden vom Bundeskriminalamt in Wiesbaden (BKA) akribisch gelistet, darunter auch Meldungen der westdeutschen Geheimdienste. Allein zum Aufenthaltsort Susanne Albrechts gab es bis 1987 vor allem von Informanten des Bundesnachrichtendienstes (BND) mindestens acht Hinweise. Sie orteten die mutmaßlich an der Ermordung Jürgen Pontos Beteiligte mal im Jemen, mal im Libanon oder auch in Syrien. Auch andere RAF-Mitglieder vermutete der BND im Nahen Osten.

Doch ein halbes Jahr nach der Öffnung der Mauer überraschte die bundesrepublikanische Öffentlichkeit eine nie erwartete Entwicklung. Im Sommer 1990 wurden kurz hintereinander zehn der meistgesuchten mutmaßlichen RAF-Terroristen in der DDR verhaftet: Inge Viett, Susanne Albrecht, Sigrid Sternebeck, Christine Dümlein, Monika Helbing, Silke Maier-Witt, Werner Lotze, Henning Beer, Ekkehard Freiherr von Seckendorff-Gudent und Baptist Ralf Friedrich. Sie alle trainierten zum Teil seit zehn Jahren nicht mehr in palästinensischen Lagern für die Befreiung der Dritten Welt, sondern hatten sich – mit neuen Identitäten versehen – an der Arbeitsfront in der DDR für den Fortbestand und die Entwicklung des realen Sozialismus engagiert

Linke Seite: Fahndungsplakat, November 1980. Albrecht, Dümlein, Friedrich, Helbing, Lotze, Maier-Witt, von Seckendorff-Gudent und Sternebeck befanden sich zu diesem Zeitpunkt schon in der DDR

Das „Forsthaus an der Flut" bei Briesen, etwa 100 Kilometer südöstlich von Berlin, diente MfS-Mitarbeitern und RAF-Terroristen als konspirativer Treffpunkt

– unter den wachsamen Augen und den schützenden Händen ihrer Stasi-Betreuer. Zehn Jahre lang hatte die Staatssicherheit sie dem Zugriff der westdeutschen Ermittler entzogen und ihnen einen bescheidenen aber sicheren Unterschlupf in der DDR geboten.

Federführend für diese MfS-Operation war die Hauptabteilung XXII, Terrorabwehr, die Generalleutnant Gerhard Neiber, einem der Stellvertreter Erich Mielkes, unterstand. In dieser Abteilung wurde das RAF-Aussteiger-Programm unter der Bezeichnung „Operativvorgang Stern II" geführt. Die Nummerierung legt nahe, dass es auch einen „Operativvorgang Stern I" gab. Von dessen tatsächlicher Existenz erfuhr die Öffentlichkeit im Frühjahr 1991. Ehemalige Stasi-Offiziere hatten den Ermittlern offenbart, dass das MfS unter dieser Tarnung die Kontakte zu weiterhin aktiven Mitgliedern der „Rote Armee Fraktion" geführt hatte.

So reisten auch die Mitglieder der RAF-Kommandoebene Christian Klar, Helmut Pohl, Adelheid Schulz und die erst 1982 beziehungsweise 1983 übergesiedelten Henning Beer und Inge Viett regelmäßig in die DDR, wo sie von der Staatssicherheit betreut wurden. Die Stasi erstattete den Terroristen aus dem Westen nicht nur die Reisekosten und sorgte für die medizinische Betreuung der zum Teil gesundheitlich angeschlagenen Desperados, sie bildete die Feinde der Bundesrepublik auch an Waffen und in Sprengtechnik aus. Das erste entscheidende Treffen der aktiven RAF-Kader mit Vertretern des Ministeriums für Staatssicherheit hat nach heutigen Erkenntnissen am 19. September 1980 stattgefunden. Ganze zwei Wochen verbrachten Inge Viett, Christian Klar, Helmut Pohl, Henning Beer und Adelheid Schulz in dem Stasi-Objekt „Forsthaus an der Flut" bei Briesen. Das Treffen kam auf Initiative der RAF und vermittelt von Inge Viett zustande. Thema war die Aufnahme der ausstei-

Anfahrtsskizze des MfS

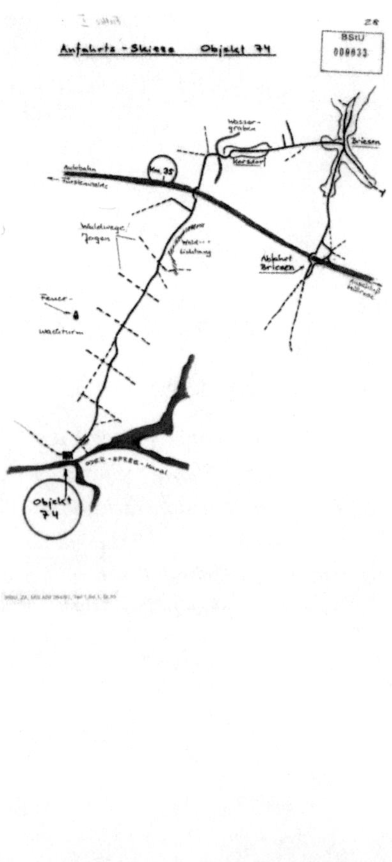

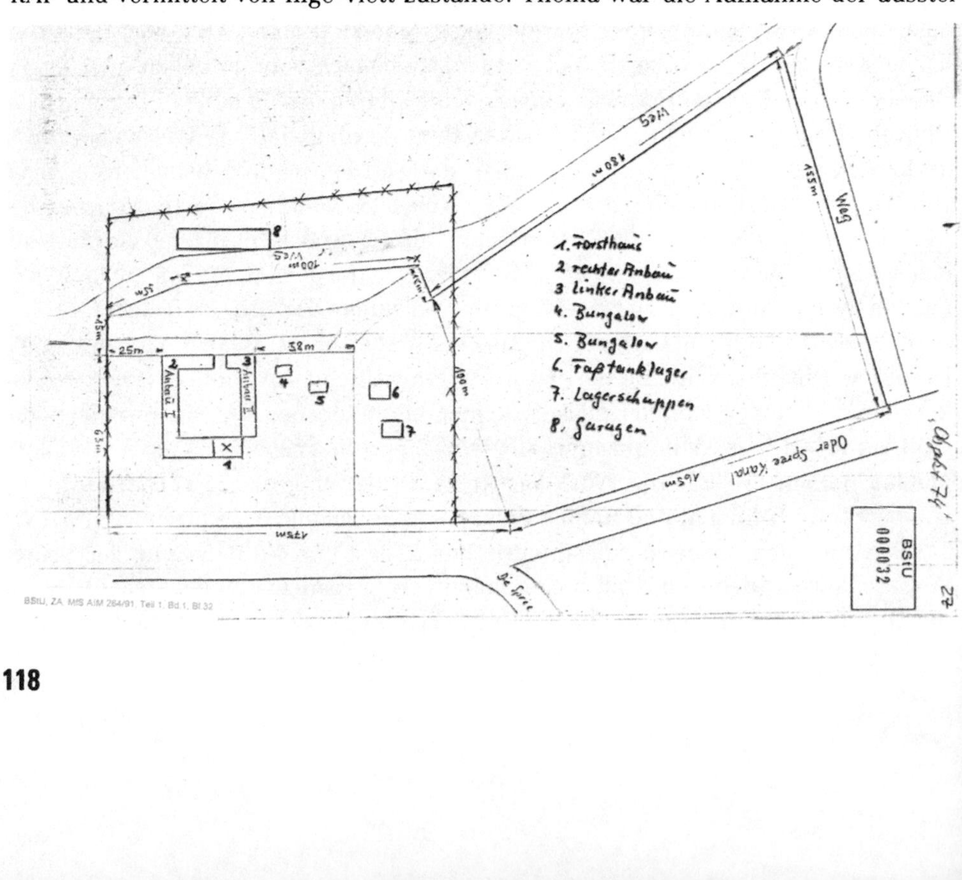

gewilligen RAF-Mitglieder, die wenig später beginnen sollte. Die Terroristen, die „einen nervlich und körperlich zerschlagenen Eindruck" machten, baten aber auch um Ausbildung und um materielle Hilfe wie die Lieferung von Sprengstoff. Diese Unterstützung haben sie angeblich nicht erhalten, allerdings fand auf einem nahe dem Forsthaus gelegenen Übungsplatz ein Pistolenschießen statt, das die Stasi-Offiziere als quasi vertrauensbildende Maßnahme gewertet wissen wollten. Doch solche vertrauensbildenden Maßnahmen gingen später sehr viel weiter. So kam es zu einem folgenschweren Übungsschießen, zu dem Christian Klar eigens aus dem Westen anreiste. Geschossen wurde mit einer Panzerfaust RPG 7 sowjetischer Bauart auf eine Mercedes-Limousine, in der sich eine Puppe und ein lebender Schäferhund befanden. Der Mercedes wurde getroffen, die Puppe vom Sitz gerissen, der Schäferhund schwer verletzt. Die Stasi-Ausbilder erschossen das Tier, zerlegten das Fahrzeugwrack hinterher fachgerecht mit Sprengladungen und beseitigten die Spuren.

Der Mercedes des Kommandeurs der amerikanischen Streitkräfte in Europa, General Frederik Kroesen, nach dem Panzerfaust-Attentat der RAF am 15. September 1981

Am 15. September 1981 war General Frederik Kroesen auf seinem täglichen Weg zum Heidelberger Hauptquartier der US-Streitkräfte in Mitteleuropa, als sein Dienstwagen von einer heftigen Detonation erschüttert wurde. Kurz darauf folgte eine zweite Explosion, die die Heckscheibe des Mercedes springen ließ. Der Wagen war von zwei Granaten getroffen worden, abgefeuert aus einer Panzerfaust RPG 7. Der Schütze hatte gut gezielt – lediglich etwas Glück und die Tatsache, dass Kroesen, seine Ehefrau, sein Adjutant und der deutsche Fahrer in einem neuen gepanzerten Auto fuhren, haben ihnen das Leben gerettet. Die Mitglieder der RAF, die das nur knapp gescheiterte Attentat verübt hatten, konnten fliehen.

Bis heute ist das Rätsel nicht gelöst: Hatten die Terroristen den Anschlag auf den US-General vorher in der DDR geübt oder wurde das Übungsschießen mit der Panzerfaust später zur „Erkenntnisgewinnung" nachgestellt? Dieses Rätsel wurde Anfang der 1990er Jahre zu einem zentralen Punkt der juristischen Aufarbeitung der „RAF-Stasi-Connection". Die Strafverfolgungsbehörden des vereinigten Deutschlands stellten sich die Frage, ob sich die beteiligten Ausbilder des MfS und ihre Vorgesetzten der Abteilung XXII bis hin zu Generalleutnant Gerhard Neiber und Erich Mielke der Beihilfe zum versuchten Mord schuldig gemacht hatten und anzuklagen waren. Dies wäre der Fall gewesen, hätte die ominöse Ausbildung, die von niemandem im Kern bestritten wurde, vor dem Anschlag auf General Kroesen stattgefunden. Es gab entsprechende Hinweise, doch die unter Verdacht stehenden Stasi-Offiziere sagten übereinstimmend aus, das Panzerfaust-Schießen habe erst im Frühjahr 1982 stattgefunden. Auch die Aussagen inhaftierter RAF-Terroristen stützten diese Bekundungen. Nach dem heutigen Erkenntnisstand ist die Frage nicht zu klären. Zu Anklagen wegen Beihilfe zum versuchten Mord und zum Herbeiführen einer Sprengstoff-Explosion sowie wegen Unterstützung einer terroristischen Vereinigung kam es nicht, entweder weil die Vorwürfe nicht beweisbar waren oder weil sie der Verjährung unterlagen. Letztlich blieb der arg konstruierte Vorwurf der versuchten Strafvereitelung, der gegen vier der beteiligten Offiziere verhandelt wurde. Die ursprünglichen Verurteilungen zu Geldstrafen auf Bewährung wurden vom Bundesgerichtshof im März 1998 aufgehoben. Den Angeklagten sei aufgrund der schwierigen völkerrechtlichen Rechtslage das Unrecht ihres Tuns womöglich nicht bewusst gewesen, so die Richter.

Kämpfer hier – Arbeiter da

Aktive RAF-Mitglieder und Stasi-Offiziere trafen sich regelmäßig bis 1984. Insgesamt reisten die Kommando-Mitglieder 24 Mal in die DDR, während die Aussteiger bereits an ihren neuen Wohnorten und unter ihren neuen Identitäten ein „bürgerliches" DDR-Leben führten. Die RAF habe die DDR respektive das MfS nie als Partner betrachtet, immer seine Unabhängigkeit bewahrt und die Stasi auch nie über geplante Aktionen unterrichtet oder gar in die Vorbereitungen eingebunden, wurden verurteilte RAF-Mitglieder wie Helmut Pohl oder Adelheid Schulz nie müde zu beteuern. Im Gegenteil: Unerträglich habe man sich gegenseitig zum Teil gefunden, die DDR habe ihnen zum Schluss nichts mehr bieten können, und so habe die RAF 1984 die Kontakte abgebrochen, erklärte Helmut Pohl Anfang der 1990er Jahre. Wie dem auch gewesen sei, immerhin bot die DDR zehn der RAF-Terroristen eine sichere Heimstatt, solange die DDR selbst existierte, und den anderen Ruhe- und Übungsraum, in dem sie vor dem Fahndungsdruck in der Bundesrepublik und anderen Staaten sicher waren.

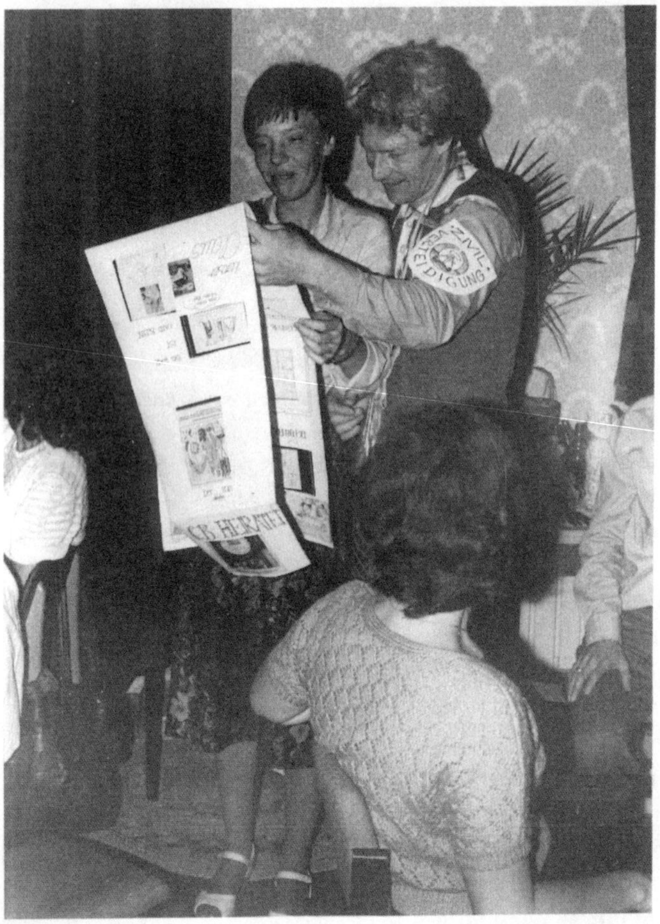

Polterabend: Susanne Albrecht und ihr Partner, der Physiker Claus Becker, vermutlich 1983

Die „Terror-Rentner" versuchten, sich im real-existierenden Sozialismus so gut zu integrieren wie es eben ging. Die neue Form der Konspiration hatte mit dem Leben im Untergrund der vergangenen Jahre nichts mehr zu tun. Aus den bewaffneten Kämpfern für eine bessere Welt wurden „normale DDR-Bürger": Ekkehard von Seckendorff-Gudent nahm den Namen Horst Winter an und heiratete Monika Helbing, fortan Elke Winter. Als beide verhaftet wurden, leitete er in Frankfurt an der Oder die Beratungsstelle für Suchtkranke in der Gubener Straße. Er war erfolgreich und angesehen, das Ehepaar hatte einen achtjährigen Sohn und bewohnte eine Vierzimmerwohnung. Auch Werner Lotze und Christine Dümlein heirateten, wurden zu Manfred und Katharina Janssen. Sie zogen nach Senftenberg in die Niederlausitz, und Lotze alias Janssen arbeitete zunächst als Kraftfahrer, später nach einem Fernstudium als Schichtleiter im Chemiewerk Schwarzheide. Seine Frau war Sekretärin.

Für alle wurde das Leben in der DDR zur praktischen Erfahrung mit den „arbeitenden Massen", für die sie früher die Revolution herbeiführen wollten, wie Baptist Ralf Friedrich später ausdrückte: „Das hat uns auf den Boden der Tatsachen zurückgebracht." Friedrich lebte als Jürgen Eildberg in Schwedt mit seiner angeblichen Ehefrau Martina, in Wahrheit Sigrid Sternebeck. Er arbeitete in einem Betrieb im Bereich Materialwirtschaft, sie im Dienstleistungskombinat. Früh aufstehen und mit den Widrigkeiten des DDR-Alltags klar kommen: Härter hätte der Kontrast zwischen ihrem Leben als Terroristen und dem Kleinbürgeralltag in der DDR für die RAF-Aussteiger nicht sein können.

Die DDR: Zwischen Terrorangst und Hilfsbereitschaft?

Zu den wichtigen Fragen, auf die es bis heute keine hinreichend befriedigende Antwort gibt, gehört die nach dem Motiv, das die DDR-Oberen hatten, sich dem Risiko eines Bündnisses mit der RAF auszusetzen. Immerhin hätte sich Ost-Berlin im Falle einer

Die Plattenbausiedlung in Berlin-Marzahn bot der RAF-Aussteigerin Susanne Albrecht ein ideales Versteck

Entdeckung dieser seltsamen Allianz der internationalen Kritik ausgesetzt – als Unterstützerstaat des internationalen Terrorismus, entgegen der offiziellen Politik, die sich dem Kampf gegen den Terrorismus verschrieben und entsprechende internationale Konventionen unterzeichnet hatte. Aus dem Widerspruch zimmerten sich die Verantwortlichen eine vermeintliche Logik. Man habe doch auch der BRD genützt, erklärte der ehemalige Hauptabteilungsleiter Oberst Harry Dahl, der 1978 mutmaßlich den alles initiierenden ersten Kontakt zu Inge Viett hatte, vor Gericht. Und auch die Verteidigung hob darauf ab, dass das MfS im Grunde die Arbeit der bundesdeutschen Behörden gemacht und Schaden von der Bundesrepublik abgewandt habe.

War die Hauptabteilung XXII altruistisch um die Resozialisation gealterter Terroristen bemüht? Lag Erich Honecker, von dem persönlich laut Dahl der Befehl zur Aufnahme der RAF-Mitglieder gekommen war, die innere Sicherheit des Klassenfeindes am Herzen? Oder gefiel der Staatsspitze im Gegenteil der Kampf der Revoluzzer gegen die Bonner Republik, wie der Spiegel noch 1997 spekulierte? Sah sie in den selbst ernannten Antiimperialisten der RAF natürliche Verbündete im internationalen Klassenkampf? Immerhin unterstützte die DDR ja auch „Befreiungsbewegungen" in der Dritten Welt, war mit der PLO verbündet, und das MfS verwaltete im Operativvorgang „Separat" seine Kontakte zu den Terroristen um Iljitsch Ramirez Sanchez, genannt Carlos. Klingt die erste These zu absurd, um wirklich wahr sein zu können, so klingt die zweite zu glatt und simpel, um als Erklärungsmodell völlig zu überzeugen. Eine dritte These zielt auf den umfassenden Kontrollwahn, dem die Staatsführung der DDR verfallen war, und dem sich das Ministerium für Staatssicherheit genauso verpflichtet fühlte. So kann man, wenn man will, eine Aussage interpretieren, die Gerhard Neiber im Juli 1990 gegenüber der Zeitung „Neues Deutschland" machte: „Die Leute haben ja nicht nur einmal versucht, durch die DDR zu reisen. Im Transit. Sind ja auch nach Berlin gekommen. Alles bedurfte einer gründlichen Aufklärung. Wann kommt er wieder? Mit wem nimmt er Kontakt auf? Wie verhält er sich hier? Es mußte Schritt für Schritt aufgeklärt werden, durch die ganze Breite der

Die DDR trat 1988 der Internationalen Konvention gegen Geiselnahme bei und verpflichtete sich, jegliche Akte des Terrorismus zu verfolgen und zu bestrafen

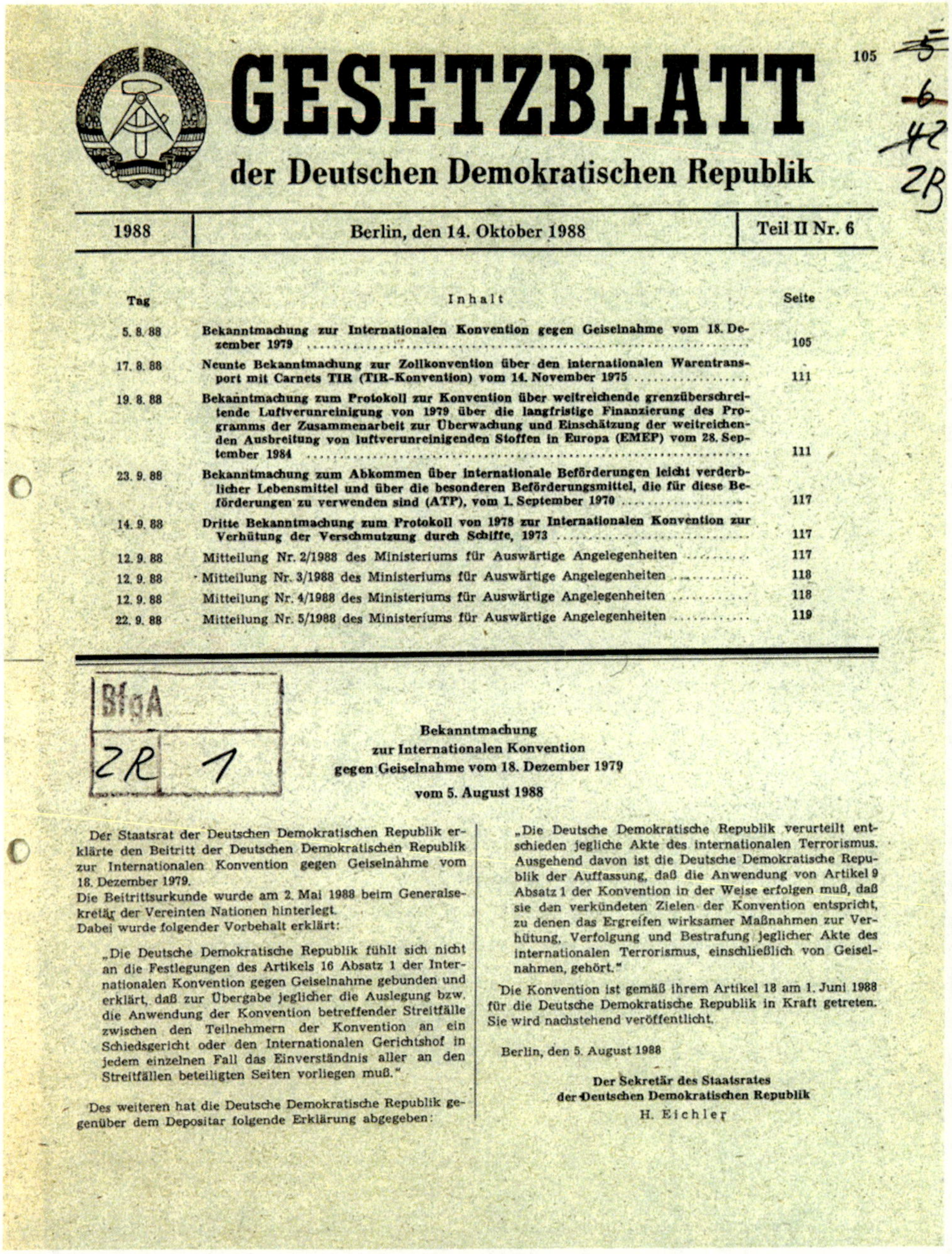

105

GESETZBLATT

der Deutschen Demokratischen Republik

1988	Berlin, den 14. Oktober 1988	Teil II Nr. 6

Tag	Inhalt	Seite
5. 8. 88	Bekanntmachung zur Internationalen Konvention gegen Geiselnahme vom 18. Dezember 1979	105
17. 8. 88	Neunte Bekanntmachung zur Zollkonvention über den internationalen Warentransport mit Carnets TIR (TIR-Konvention) vom 14. November 1975	111
19. 8. 88	Bekanntmachung zum Protokoll zur Konvention über weitreichende grenzüberschreitende Luftverunreinigung von 1979 über die langfristige Finanzierung des Programms der Zusammenarbeit zur Überwachung und Einschätzung der weitreichenden Ausbreitung von luftverunreinigenden Stoffen in Europa (EMEP) vom 28. September 1984	111
23. 9. 88	Bekanntmachung zum Abkommen über internationale Beförderungen leicht verderblicher Lebensmittel und über die besonderen Beförderungsmittel, die für diese Beförderungen zu verwenden sind (ATP), vom 1. September 1970	117
14. 9. 88	Dritte Bekanntmachung zum Protokoll von 1978 zur Internationalen Konvention zur Verhütung der Verschmutzung durch Schiffe, 1973	117
12. 9. 88	Mitteilung Nr. 2/1988 des Ministeriums für Auswärtige Angelegenheiten	117
12. 9. 88	Mitteilung Nr. 3/1988 des Ministeriums für Auswärtige Angelegenheiten	118
12. 9. 88	Mitteilung Nr. 4/1988 des Ministeriums für Auswärtige Angelegenheiten	118
22. 9. 88	Mitteilung Nr. 5/1988 des Ministeriums für Auswärtige Angelegenheiten	119

BfgA

ZR 1

Bekanntmachung zur Internationalen Konvention gegen Geiselnahme vom 18. Dezember 1979

vom 5. August 1988

Der Staatsrat der Deutschen Demokratischen Republik erklärte den Beitritt der Deutschen Demokratischen Republik zur Internationalen Konvention gegen Geiselnahme vom 18. Dezember 1979.
Die Beitrittsurkunde wurde am 2. Mai 1988 beim Generalsekretär der Vereinten Nationen hinterlegt.
Dabei wurde folgender Vorbehalt erklärt:

„Die Deutsche Demokratische Republik fühlt sich nicht an die Festlegungen des Artikels 16 Absatz 1 der Internationalen Konvention gegen Geiselnahme gebunden und erklärt, daß zur Übergabe jeglicher die Auslegung bzw. die Anwendung der Konvention betreffender Streitfälle zwischen den Teilnehmern der Konvention an ein Schiedsgericht oder den Internationalen Gerichtshof in jedem einzelnen Fall das Einverständnis aller an den Streitfällen beteiligten Seiten vorliegen muß."

Des weiteren hat die Deutsche Demokratische Republik gegenüber dem Depositar folgende Erklärung abgegeben:

„Die Deutsche Demokratische Republik verurteilt entschieden jegliche Akte des internationalen Terrorismus. Ausgehend davon ist die Deutsche Demokratische Republik der Auffassung, daß die Anwendung von Artikel 9 Absatz 1 der Konvention in der Weise erfolgen muß, daß sie den verkündeten Zielen der Konvention entspricht, zu denen das Ergreifen wirksamer Maßnahmen zur Verhütung, Verfolgung und Bestrafung jeglicher Akte des internationalen Terrorismus, einschließlich von Geiselnahmen, gehört."

Die Konvention ist gemäß ihrem Artikel 18 am 1. Juni 1988 für die Deutsche Demokratische Republik in Kraft getreten. Sie wird nachstehend veröffentlicht.

Berlin, den 5. August 1988

Der Sekretär des Staatsrates der Deutschen Demokratischen Republik
H. Eichler

Staatssicherheitsmethoden. […] Die DDR gewissermaßen als Hinterland zu nutzen, galt es zu verhindern. Verhindert werden mußte auch, daß sich Möglichkeiten im Lande selbst herausbildeten, die terroristischen Gruppierungen zu unterstützen. Es war von Anfang an Aufgabe dieser Arbeitsgruppe, Terrorismus rechtzeitig zu erkennen, zu prüfen. Dazu die Informationen zu sammeln." Das alles klingt begrenzt logisch. Die unterschwellige larmoyante Klage, die Terroristen versuchten ja so oder so durch die DDR zu reisen, ist nicht schlüssig. Man musste sie ja nicht durchlassen, wenn man sie erkannte. Und die Sorge, in der DDR könnten sich Unterstützergruppen für die RAF zusammenfinden, zeugt von einer blühenden Phantasie des Stasi-Generals, wenn er es denn tatsächlich so gemeint haben sollte.

Die offizielle Aufgabenstellung der Hauptabteilung XXII war Terrorabwehr, die acht Referate befassten sich unter anderem mit Linksextremismus, Rechtsextremismus und internationalem Terrorismus. Gegründet worden war die Abteilung 1973 anlässlich der Weltfestspiele der Jugend in Ost-Berlin. Zugegebenermaßen war da das palästinensische Massaker an israelischen Sportlern bei den Olympischen Spielen in München im Jahr zuvor immer noch in aller Munde und in allen Köpfen. Eine reale Gefahr aber, dass ausgerechnet Linksextremisten sich die sozialistische DDR zum Ziel nehmen könnten, konnte daraus so wenig abgeleitet werden wie aus der Situation 1980, als sich das MfS endgültig mit der RAF einließ.

So zwanghaft der Verfolgungswahn der Staatssicherheit tatsächlich war, so zwanghaft blieb die Maskerade, die man ihren Aktivitäten angedeihen ließ. Im April 1979 weilte Gerhard Neiber auf einer Tagung in Prag. Er leitete eine DDR-Delegation, die den osteuropäischen Geheimdienst-Kollegen bei der Terrorabwehr mit Rat zu Seite stehen sollte. „Zutiefst wesensfremd" sei der Terrorismus als Kampfform dem Marxismus-Leninismus, teilte er seinen Kollegen aus der Tschechoslowakei, Ungarn und Bulgarien mit. Seine Entwicklung in den kapitalistischen Staaten beweise deren Krise und ihre Unfähigkeit, den Menschen einen Weg in die Zukunft zu weisen. Zumindest der letzte Teil entbehrt nicht einer gewissen inneren Logik. Neiber gab zu, was seine Zuhörer wohl sowieso wussten, nämlich die Erfahrungen der DDR mit durchreisenden Terroristen: „Wir sind bestrebt, politisch und operativ gut durchdachte, alle möglichen Auswirkungen berücksichtigende Entscheidungen zu treffen, um den Eintritt politischen Schadens für die DDR und unsere Bruderstaaten zu vermeiden. Davon wird beispielsweise auch unser Vorgehen bestimmt, wenn im grenzüberschreitenden Reiseverkehr und auf dem Territorium der DDR Personen aus nichtsozialistischen Ländern erkannt werden, die von westlichen Organen verdächtigt werden, an terroristischen Handlungen teilgenommen zu haben bzw. entsprechenden Organisationen oder Gruppierungen anzugehören." Warum vermeidet man nicht den politischen Schaden, in dem man die entsprechenden Verdächtigen ab- oder ausweist? Neiber empfahl formelle Einreiseverbote. Dies hat es in der DDR ein einziges Mal gegeben: 1984 gegen „Carlos" und seine Gruppe, nachdem deren Verhalten in Ost-Berlin immer mehr zum Sicherheitsrisiko wurde. Neiber wurde deutlicher: „Dabei übersehen wir nicht, daß es auch weiterhin bestimmte Personen geben wird, [...] bei denen aber aus politischen und operativen Gründen die Durchführung von Einreisesperren nicht zweckmäßig erscheint. Bei diesen Personen wäre es nach unserer Auffassung angebracht, zu einem schnellen Informationsaustausch über deren Einreise, Transit bzw. Aufenthalt in unseren Staaten zu kommen und das System des Zusammenwirkens der Sicherheitsorgane bei der Fahndung und Kontrolle dieser Personen weiter zu vervollkommnen und operativ beweglicher zu gestalten." Mit der totalen Kontrolle über zehn Aussteiger, die in die DDR übersiedelten, und mit der Kontrolle über die meisten Aktiven bei deren Aufenthalt auf dem Gebiet der DDR war man diesem Ziel bis 1984 relativ nahe gekommen; und beweglich war der differenzierte Umgang mit Terror-Pensionären, erfolglosen Aktiven oder den gefährlicheren „Carlos"-Leuten bis Mitte der 1980er Jahre auch.

Aber was für einen Sinn macht das alles, wenn man unterstellt, dass die Staatssicherheit die RAF tatsächlich nicht aktiv vor und bei Terroranschlägen unterstützt hat, und wenn man sich nicht mit der Begründung abfinden will, dass das MfS zufrieden war, wenn es fast alles wusste und auch noch einiges von den RAF-Mitgliedern über ihre Strukturen im Westen und die Fahndungen in der Bundesrepublik erfuhr? Ist an der vordergründig absurden These, dass die Staatssicherheit der DDR den Sicherheitsorganen der Bundesrepublik einen Teil der Arbeit abgenommen hat, doch ein Körnchen Wahrheit? Fürchtete man den politischen Schaden nicht, weil klar war, dass

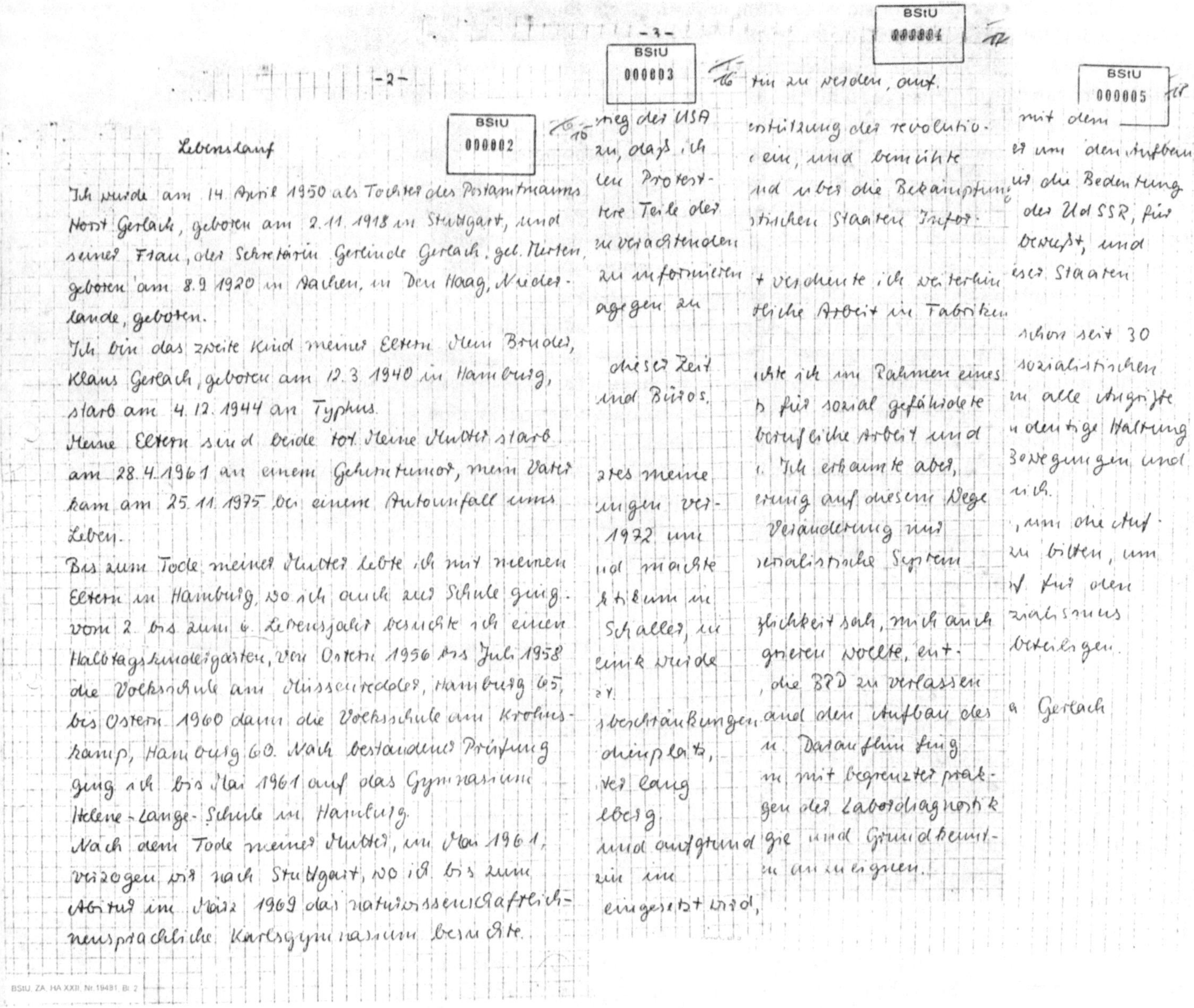

Legende: Angelika Gerlach alias Silke Maier-Witt verfasste ihren Lebenslauf unter Anleitung ihrer MfS-Betreuer

er im beiderseitigen Interesse nicht eintreten würde? Auch darüber ist seit 1990 immer wieder spekuliert worden. Es ist der dritte bis heute ungeklärte Komplex der „RAF-Stasi-Connection".

Was wusste der Westen?

Erstmals im Juli 1990 tauchten Aussagen eines unerkannt gebliebenen Stasi-Offiziers auf, der behauptete, es habe geheime Absprachen zwischen bundesdeutschen und DDR-Behörden über die Aufnahme von RAF-Aussteigern gegeben. Oberst Harry Dahl wiederholte dies Jahre später vor Gericht. Dafür gibt es bis heute keine Beweise. Bewiesen sind aber, wie Irene Chaker in der Dokumentation „20 Jahre Deutscher Herbst" zeigt, Kontakte bezüglich der in Stuttgart Stammheim einsitzenden RAF-Gefangenen schon 1977 – zwischen dem westdeutschen Anwalt Karl-Heinz Weidenhammer, der im

Stammheim-Prozess Jan Carl Raspe verteidigt hatte, und dem Ost-Berliner Anwalt Friedrich Karl Kaul. Weidenhammer bestätigte diese Gespräche als „Rechtsanwalt W." in dem Buch „Das RAF-Phantom" und erklärte, die Bundesregierung sei über die Kontakte informiert gewesen. Das mag eine Marginalie in der Geschichte der „RAF-Stasi-Connection" sein, zeigt aber, dass das Thema auf der Tagesordnung stand, und zwar schon vor dem offiziellen Beginn dieser Beziehungen im Frühjahr 1978.

Bewiesen ist auch, dass spätestens seit Mitte 1985 konkrete Hinweise auf den Aufenthaltsort von gesuchten Mitgliedern der RAF in der DDR vorlagen. Am 13. Juni 1985 gab ein junger DDR-Übersiedler auf der Polizeiwache im schwäbischen Möglingen an, er habe die auf den Fahndungsplakaten abgebildete Silke Maier-Witt erkannt. Es handele sich um eine seiner ehemaligen Mitstudentinnen an der medizinischen Fachschule „Walter Krämer" in Weimar, er hatte sie an unverwechselbaren Merkmalen erkannt. Das Bundeskriminalamt wurde informiert. Man bat den jungen Mann um weitere Recherchen, bald konnte er berichten, dass Silke Maier-Witt jetzt Angelika Gerlach hieß. Das BKA verständigte das Bundesamt für Verfassungsschutz und den Bundesnachrichtendienst. Doch die Nachforschungen der Geheimdienste verliefen im Sande. Am 26. Mai 1986 schrieb ein BKA-Beamter: „Aufgrund der hier aufgezählten Fakten sollte der Hinweis weiter verfolgt werden. Die Fahndungs- und Ermittlungsmöglichkeiten in der Bundesrepublik Deutschland sind in dieser Sache ausgeschöpft. Eine erneute Abgabe der Spur an den BND wird für wenig sinnvoll gehalten. Zurückliegend hat der BND kein brauchbares Ergebnis erbracht. Es wurden vielmehr die Ermittlungsmaßnahmen um ca. neun Monate verzögert. Hier entstand der Eindruck, daß der BND nicht gewillt ist, sein in der DDR bestehendes Ermittlungsnetz wegen der Recherchen nach einer Person, von der nur die Vermutung besteht, daß es sich um eine Zielperson handelt, zu gefährden."

Wie konkret und zutreffend die Vermutungen waren, sollte sich nach dem Fall der Mauer zeigen. Auch zum Aufenthaltsort von Susanne Albrecht erhielten die bundesdeutschen Behörden konkrete Hinweise, doch sowohl das BKA als auch der BND beriefen sich auf Quelleninformationen, die die wegen Mordes an dem Bankier Jürgen Ponto gesuchte Terroristin in Syrien beziehungsweise in einem Palästinenserlager in der Nähe von Sidon lokalisierten. Und auch wo Inge Viett sich versteckte, erfuhren die Ermittler von einem DDR-Bürger: Wohnort, Falschidentität, Arbeitsstelle, alles stimmte bis ins Detail. Doch der BND sah sich nicht in der Lage, die „vorliegenden lückenhaften Angaben" zu verifizieren.

Besser informiert über die zutreffenden Informationen der westdeutschen Fahnder war wieder einmal das MfS, aber auch der KGB. Wie sich erst Jahre nach dem Untergang der DDR bei der aufwändigen Puzzlearbeit der Aktenrekonstrukteure der „Gauck-Behörde" herausstellte, hatte die KGB-Residentur in Karlshorst im März 1986 die Stasi gewarnt, dass im Westen Hinweise auf Angelika Gerlach alias Silke Maier-Witt vorlägen. Der „große Bruder" aus Moskau muss seine heißen Informationen entweder durch das Abhören westdeutscher Telefongespräche erhalten haben, oder es gab einen KGB-Maulwurf in den westdeutschen Sicherheitsbehörden. Aber auch dies ist bis heute ungeklärt. Die Funkaufklärung der Staatssicherheit erfuhr erst vier Monate nach den Sowjets aus Telefongesprächen vom Wissensstand der Westbehörden. Das MfS reagierte schnell. Silke Maier-Witt musste aus Erfurt, wo sie als Hilfskrankenschwester gearbeitet und einen Lehrgang an der medizinischen Fachschule besucht hatte, verschwinden. Sie wurde zunächst in eine konspirative Wohnung in Ost-Berlin gebracht, erhielt eine neue Identität, eine neue Legende, musste ihr Aussehen verändern und tauchte schließlich als Sylvia Beyer in Neubrandenburg

In den Erinnerungen von Rita Vogt sind die 1970er Jahre die heiteren Jahre in ihrem Leben. Sie glaubt an eine gerechtere Welt, die sie mit Gewalt durchsetzen will. Mit ihren Genossen überfällt sie als „Enteignungsaktion" eine Bank. Danach reist sie aus Beirut über Ost- nach West-Berlin. In der beklemmenden Atmosphäre der Grenzübergänge trifft sie auf den entgegenkommenden MfS-Offizier Erwin Hull, der sie – auch mit einer Pistole im Gepäck – passieren lässt.

»Die Stille nach dem Schuss« D 1999

Regie: Volker Schlöndorff

Buch: Wolfgang Kohlhaase in Zusammenarbeit mit Volker Schlöndorff

Produktion: Babelsberg Film, Mitteldeutsches Filmkontor, MDR

Darsteller: Bibiana Beglau, Martin Wuttke, Nadja Uhl, Harald Schrott, Alexander Beyer, Jenny Schily, Mario Irrek, Thomas Arnold, Franca Kastein, Dietrich Körner

Einige Jahre später: Die Bewegung ist gescheitert, die Situation durch selbstzerstörerische Diskussionen angespannt. Rita flieht nach Ost-Berlin, erhält wie die anderen Aussteiger eine neue Identität. Die DDR will sie im eigenen Land unter Kontrolle haben. Aus der Terroristin Rita Vogt wird nun die Arbeiterin Susanne Schmidt. Aber der realsozialistische Alltag ist anders als erwartet. Als eines Tages Ritas Fahndungsfoto im Westfernsehen ausgestrahlt wird, ist ihre Legende nicht mehr sicher. Hull verhilft ihr erneut zu einer neuen Identität. Nach dem Mauerfall informiert Hull Rita darüber, dass sie bald verhaftet und in die Bundesrepublik ausgeliefert werden soll. Offensichtlich war die Gegenseite über Rita bestens informiert. Sie, die bis zuletzt den Sozialismus verteidigte, muss erkennen: „Was für ein versautes Ende!" Rita gerät in eine Straßenkontrolle. Als sie mit Vollgas die Sperre durchbricht, wird sie erschossen. Rita Vogt ist eine fiktive Figur, charakterisiert nach Gesprächen, die Kohlhaase mit den Ex-Terroristen Susanne Albrecht, Hans-Peter Boock und Inge Viett führte. Im Nachspann des Films ist zu lesen: „Alles ist so gewesen. Nichts war genauso."

wieder auf, wo sie im VEB Pharma die Leitung des Dokumentationszentrums übernahm.

Die Arbeit der Stasi war schnell, perfekt und sinnlos, denn alle Ermittlungsbemühungen des Gegners im Westen blieben erfolglos, ob es sich um Recherchen der Geheimdienste handelte oder um inoffizielle Anfragen auf halb-diplomatischem Parkett. Bis zum Schluss hielt die DDR-Führung das Versteckspiel durch und bewahrte eines der größten Staatsgeheimnisse der DDR. Erst als das SED-Regime in einer friedlichen Revolution zusammengebrochen war, konnten die Fahnder nun in Zusammenarbeit mit ihren Kollegen vom Zentralen Kriminalamt in Ost-Berlin die Spuren wieder aufnehmen. Ob sie dabei tausende Akten des zentralen Aufnahmeheims Röntgental durchforsteten, um verdächtige Legenden aufzuspüren, oder ob sie die Falschidentitäten der Ex-Terroristen von einem Stasi-Informanten auf dem Silbertablett serviert bekamen, wie eine andere Theorie besagt: Im Juni 1990 war für alle ehemaligen RAF-Mitglieder das Leben als Bürger der DDR beendet. Im Gegensatz zu ihren Helfern von der Stasi wurden acht von ihnen für ihre Taten in den 1970er und Anfang der 1980er Jahre zu hohen Haftstrafen verurteilt. Mittlerweile sind alle wieder aus dem Gefängnis entlassen.

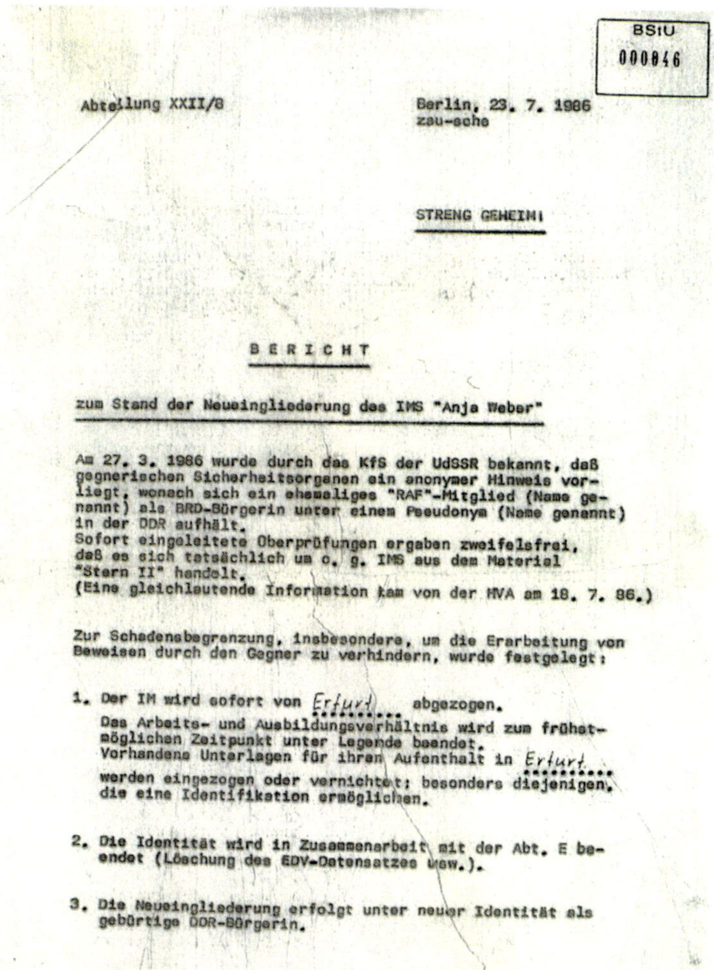

BStU
000046

Abteilung XXII/8

Berlin, 23. 7. 1986
zau-sche

STRENG GEHEIM!

BERICHT

zum Stand der Neueingliederung des IMS "Anja Weber"

Am 27. 3. 1986 wurde durch das KfS der UdSSR bekannt, daß gegnerischen Sicherheitsorganen ein anonymer Hinweis vorliegt, wonach sich ein ehemaliges "RAF"-Mitglied (Name genannt) als BRD-Bürgerin unter einem Pseudonym (Name genannt) in der DDR aufhält.
Sofort eingeleitete Oberprüfungen ergaben zweifelsfrei, daß es sich tatsächlich um o. g. IMS aus dem Material "Stern II" handelt.
(Eine gleichlautende Information kam von der HVA am 18. 7. 86.)

Zur Schadensbegrenzung, insbesondere, um die Erarbeitung von Beweisen durch den Gegner zu verhindern, wurde festgelegt:

1. Der IM wird sofort von Erfurt abgezogen.
   Das Arbeits- und Ausbildungsverhältnis wird zum frühestmöglichen Zeitpunkt unter Legende beendet.
   Vorhandene Unterlagen für ihren Aufenthalt in Erfurt werden eingezogen oder vernichtet; besonders diejenigen, die eine Identifikation ermöglichen.

2. Die Identität wird in Zusammenarbeit mit der Abt. E beendet (Löschung des EDV-Datensatzes usw.).

3. Die Neueingliederung erfolgt unter neuer Identität als gebürtige DDR-Bürgerin.

BStU, ZA, HA XXII, Nr.19481, Bild 46

Das MfS zog Silke Maier-Witt (IM „Anja Weber") aus Erfurt ab, nachdem der BND konkrete Hinweise auf ihren Aufenthaltsort erhalten hatte

Links: Prozess gegen Silke Maier-Witt (vorne rechts zwischen zwei Verteidigern) vor dem Stuttgarter Oberlandesgericht am 8. Oktober 1991, gezeichnet von Erich Dittmann

Frei-
heit
für
Meine
Akte!

Karl Wilhelm Fricke

Das Ende der HV A und die Folgen

In der Geschichte der demokratischen Revolution in der DDR sind die Umstände, unter denen die HV A – die für Spionage, Desinformation und „aktive Maßnahmen" im Operationsgebiet zuständige Hauptverwaltung A des Ministeriums für Staatssicherheit (MfS) – aufgelöst wurde, von gleichsam „spezifischer" Merkwürdigkeit. Die Diensteinheiten der „Aufklärung" waren integrale Strukturen des MfS, wenn auch mit einer gewissen Autonomie ausgestattet. Ihr Ende musste daher zwangsläufig mit dem Verfallsprozess des MfS und seiner Liquidierung verbunden sein, aber es wies auch seltsame Besonderheiten auf.

Nachdem das MfS, wie der neu gewählte DDR-Ministerpräsident Hans Modrow in seiner Regierungserklärung vom 17. November 1989 mitgeteilt hatte, in ein „Amt für Nationale Sicherheit" (AfNS) umgewandelt worden war, verblieb auch die „Aufklärung" dort. Indes konstituierte sich am 7. Dezember 1989 in Ost-Berlin der Zentrale Runde Tisch. Bereits in seiner ersten Sitzung forderte er die Regierung auf,„das AfNS unter ziviler Kontrolle aufzulösen". Sieben Tage später fasste der Ministerrat tatsächlich einen entsprechenden Beschluss, der gleichzeitig das AfNS durch einen Verfassungsschutz sowie durch einen Auslandsnachrichtendienst der DDR ersetzte. Partiell sollte mithin der Apparat der Staatssicherheit erhalten bleiben. Ehemaligen Kadern des MfS bzw. des AfNS schien sich ein neues Wirkungsfeld zu eröffnen. Nicht von ungefähr wurde einstigen Schlüsselfiguren des MfS die Leitung der „neuen" Institutionen

Demonstration gegen die Staatssicherheit am 20. November 1989 in Leipzig

Linke Seite: Wachhäuschen auf dem Gelände des MfS in der Normannenstraße in Berlin-Lichtenberg. 1990 hinterließen Demonstranten ihre Forderungen

Pausenlos waren die Reißwölfe im Einsatz, um Akten zu vernichten

übertragen. Im Verfassungsschutz sollte Generalmajor a. D. Heinz Engelhardt, zuletzt Chef der Staatssicherheit im Bezirk Frankfurt/Oder, die Leitung übernehmen, im Nachrichtendienst Generaloberst a. D. Werner Großmann, zuletzt immerhin einer der Stellvertreter Erich Mielkes, des Ministers für Staatssicherheit, und seit 1986 Nachfolger von Markus Wolf als Chef der HVA. Die Sache schien geschickt eingefädelt.

Die öffentlichen Proteste gegen die beiden als Nachfolge-Institutionen der Staatssicherheit empfundenen Dienste, deren Gründung sich zunächst unter strenger Geheimhaltung vollzogen hatte, wurden massiver. Die Modrow-Regierung setzte daraufhin deren Aufbau aus, und zwar bis zum 6. Mai 1990, dem ursprünglich in Aussicht genommenen Termin der später auf den 18. März vorgezogenen Wahlen zur Volkskammer. Gleichzeitig wurde nun die Auflösung des MfS bzw. AfNS unter ziviler Kontrolle vorangetrieben. Ein am 8. Februar ad hoc gebildetes Regierungskomitee, eine Behörde mit Beauftragten in den Bezirken, sollte sie überwachen.

In diesem – hier nur kurz skizzierten – Auflösungsprozess konnten die ehemaligen Kader der „Aufklärung" allerdings ihren letzten Coup landen: Im Einvernehmen mit dem Zentralen Runden Tisch ermächtigte sie die Regierung in Ost-Berlin, die Auflösung der HVA selber in die Hand zu nehmen. Auch die Regierung Lothar de Maizière hielt sich schließlich an diese Regelung, die einer politisch und gesellschaftlich unkontrollierten Selbstauflösung des Stasi-Geheimdienstes gleichkam. Und wie zu erwarten war, wussten die unter Leitung von Oberst Bernd Fischer mit der Auflösung der HVA befassten ehemaligen Generäle und Offiziere die Gelegenheit zu einer exzessiven Vernichtung ihrer Aktenbestände zu nutzen.

Der Tatbestand wog umso schwerer, als zuvor schon, auf Empfehlung des Zentralen Runden Tisches vom 19. Februar 1990, der Ministerrat am 26. Februar die physische Vernichtung sämtlicher elektronischer Datenträger des MfS einschließlich der HVA mit personenbezogenen Daten bis 9. März verfügt hatte. Diese – aus heutiger Sicht schwer nachvollziehbare – Entscheidung setzten Mitarbeiter des Staatlichen Auflösungskomitees unter Kontrolle der Arbeitsgruppe Sicherheit des Runden Tisches und des Bürgerkomitees Normannenstraße denn auch unverzüglich um. Als die HVA am 30. Juni 1990 formell liquidiert war, übergaben die „Auflöser" einen Restbestand ihrer Archivalien von rund vier Dutzend Aktenmetern – ein im Vergleich zu den ursprünglichen Beständen geradezu lächerliches Überbleibsel.

Ein für alle Mal schien die reale Geschichte der HVA verschleiert. Diese Hoffnung entpuppte sich später freilich als Selbsttäuschung der Alt-Kader, denn erstens konnte der Aktenbestand einer der Abteilungen XV, die auf Bezirksebene der HVA nachgeordnet waren, nämlich der in Leipzig, durch beherzten Zugriff des Bürgerkomitees sichergestellt werden; die vorgefundenen Unterlagen erlaubten wertvolle Rückschlüsse auf Struktur und Funktionsweise der HVA. Zweitens fanden sich im Laufe der Zeit Akten der „Aufklärung" in den Hinterlassenschaften mehrerer Hauptabteilungen der „Abwehr", die mit der HVA kooperiert haben – vornehmlich in Beständen der Hauptabteilung II („Spionageabwehr") und der Hauptabteilung XX („Bekämpfung von politisch-ideologischer Diversion und politischer Untergrundarbeit"), aber auch der Hauptabteilung IX („Untersuchungsorgan").

Der SIRA-„Rosenholz"-Komplex

Zudem konnte die Vernichtung der elektronischen Datenträger insofern „geheilt" werden, als Sicherheitskopien mehrerer Teildatenbanken aus dem „System zur Informationsrecherche der Aufklärung" (SIRA) aufgefunden wurden. Diese auf Magnetbänder übertragenen SIRA-Dateien konnten 1998 von einem Spezialisten in der Behörde des Bundesbeauftragten für die Stasi-Unterlagen nach langem, geduldigem Experimentieren entschlüsselt und lesbar gemacht werden. Das verhalf zu umfangreichem Wissen über die Spionage der HVA im Westen. Vieles, was Inoffizielle Mitarbeiter (IM) im Westen an Informationen und Materialien geliefert hatten, wurde offenbar, ebenso ihre Decknamen, nicht hingegen ihre Klarnamen, die sich dennoch häufig identifizieren ließen.

Zusätzliche Erkenntnisse über die „Aufklärung" sind dem Zugriff auf die so genannten „Rosenholz"-Materialien zu verdanken, die ihre Bezeichnung vom Bundesverfassungsschutz erhielten. Es handelt sich nicht um Akten, sondern um vom MfS mikroverfilmte Karteikarten der Personenkartei („F 16") und der Vorgangskartei („F 22"), mit deren Hilfe sich der Zusammenhang zwischen Registriernummer, Decknamen und Klarnamen eines von der HVA geführten Spions herstellen lässt. Zu den Materialien gehören auch Statistikbögen des MfS des Jahres 1988 mit Angaben über die zu diesem Zeitpunkt für die „Aufklärung" tätigen IM.

Erfolg: Ernst Uhrlau, Ministerialdirektor und Geheimdienstkoordinator im Bundeskanzleramt, präsentiert im April 2000 eine CD-ROM mit der „Rosenholz"-Datei

Die Originale der „Rosenholz"-Materialien wurden zwar in Ost-Berlin vernichtet, aber davon gefertigte Mikrofilme blieben erhalten. Sie befinden sich heute in den Vereinigten Staaten, in der Obhut der CIA. Nur Insider wissen, wie sie dorthin gelangten – aller Wahrscheinlichkeit über Moskau, wo sie Mittelsmänner des KGB 1990 an „Kollegen" in Amerika verkauften.

Trotz dieser Sachlage sind großartige Enthüllungen aus den „Rosenholz"-Materialien kaum mehr zu erwarten. Schon vor einigen Jahren durften Ermittler im Auftrag des Generalbundesanwalts nach Washington reisen und Einblick nehmen, sie konnten so die Unterlagen für Ermittlungen gegen IM der Staatssicherheit, die im Westen für die HVA oder auch für Diensteinheiten der „Abwehr" tätig waren, noch vor Ablauf der strafrechtlichen Verjährungsfrist auswerten und zu einschlägigen Strafverfahren heranziehen. Eine annähernd vollständige Kopie der „Rosenholz"-Daten für die Stasi-Unterlagen-Behörde wird angesichts der Datenfülle vor Ende 2002 kaum fertig gestellt sein. Sie zu nutzen, wird für die historische Aufarbeitung der Problematik von besonderem Wert sein.

Zur Strafbarkeit von DDR-Spionage

Nach dem Ende der HVA stand auch die strafrechtliche Aufarbeitung ihrer Aktivitäten auf der Tagesordnung – eine Problematik mit vielen Facetten. Einerseits war die juristische Grundfrage zu klären, ob nach rechtsstaatlichen Maßstäben hauptamtliche Mitarbeiter der HVA, die vom Territorium der DDR aus Spionage betrieben hatten, überhaupt strafbar waren. Andererseits war zu prüfen, inwieweit sich Inoffizielle Mitarbeiter strafbar gemacht hatten, die sich als DDR-Bürger für die „Aufklärung" hatten verpflichten lassen. Juristisch eindeutig war lediglich die Strafbarkeit von Alt-Bundesbürgern, die nach dem Ende der HVA als Spione enttarnt wurden.

Günter Guillaume 1993 als Zeuge im Prozess gegen Markus Wolf, den ehemaligen Chef der HVA, gezeichnet von Stefan Höller

Der Bundesgerichtshof in Karlsruhe sowie mehrere Oberlandesgerichte, so in Düsseldorf, Hamburg, Koblenz, München und Stuttgart, haben die Strafbarkeit von Spionage, die von hauptamtlichen Mitarbeitern des MfS aus der DDR betrieben wurde, zunächst grundsätzlich bejaht. In einer Reihe von Strafverfahren kam es daher auch zu Urteilen, die jedoch nicht rechtskräftig wurden.

Der Fall Markus Wolf demonstriert die widerspruchsvolle Entwicklung besonders anschaulich. Der 4. Strafsenat am Oberlandesgericht Düsseldorf verurteilte den langjährigen Chef der HVA am 6. Dezember 1993 wegen Landesverrats und geheimdienstlicher Agententätigkeit in Tateinheit mit Bestechung zu sechs Jahren Freiheitsentzug. Aus Gründen, die noch darzulegen sind, hatte das Urteil keinen Bestand. Ein zweiter Prozess gegen Wolf endete am 27. Mai 1997 mit seiner Verurteilung durch den 7. Strafsenat des Oberlandesgerichts Düsseldorf wegen Freiheitsberaubung in Tateinheit mit Körperverletzung und Nötigung in mehreren Fällen zu einer zweijährigen Gefängnisstrafe auf Bewährung. Dieses Urteil wurde rechtskräftig.

Gegenstand des Verfahrens war unter anderem der Entführungsfall Christa Trapp, einer Sekretärin in einer Dienststelle der US-Hochkommissars in West-Berlin. Mitarbeiter der Abteilung II der HVA verschleppten sie zusammen mit ihrer Mutter nach einem von Wolf handschriftlich genehmigten und sogar verbesserten Maßnahmeplan am 16. Juni 1955 von West- nach Ost-Berlin und nötigten sie zur Spionage. Unmittelbar nach ihrer Verpflichtung, die ihr und ihrer Mutter die Rückkehr nach West-Berlin ermöglichte, hat sie sich ihrem Vorgesetzten offenbart. Die Operation erwies sich insoweit als Flop, aber das hat am Straftatbestand natürlich nichts geändert.

Im Prozess kam ein zweiter Entführungsfall zur Sprache: Paul Thräne, Hauptmann im MfS, flüchtete gemeinsam mit seiner Freundin am 11. August 1962 nach West-Berlin, wurde aber knapp vier Wochen später mit Hilfe der HVA auf abenteuerliche Weise via Österreich und Tschechoslowakei in die DDR „zurückgeführt". Das Bezirksgericht Neubrandenburg verurteilte Thräne am 24. September 1963 zu 15 Jahren Zuchthaus, zehneinhalb Jahre verbrachte er in Isolationshaft. Das wegen Republikflucht eingeleitete Strafverfahren gegen seine Freundin wurde nach mehrjähriger Untersuchungshaft eingestellt.

Die Absicht der Bundesanwaltschaft, weitere Nomenklaturkader der HVA zur Rechenschaft zu ziehen, sollte an juristischen Barrieren scheitern. Einigen Strafverfahren kam besondere Relevanz zu, etwa der beim 1. Strafsenat des Kammergerichts Berlin am 22. Juli 1991 erhobenen Anklage gegen Werner Großmann, den schon erwähnten letzten Chef der „Aufklärung", gegen seinen ehemaligen Stellvertreter Ralf-Peter Devaux und drei weitere hohe Offiziere der HVA wegen Landesverrats und geheimdienstlicher Agententätigkeit.

Eine weitere Anklage des Generalbundesanwalts richtete sich gegen Oberst a.D. Rolf Wagenbreth, den langjährigen Leiter der für Desinformation zuständigen Abteilung X der HVA, und zwei weitere Obristen sowie gegen den Kieler NDR-Redakteur Bernd Michels, der jahrelang für diese Abteilung als Agent (Deckname „Bernhard") tätig war.

Beim Kammergericht Berlin stieß der Oberste Ankläger der Bundesrepublik wider Erwarten auf juristische Barrieren: Die Hohen Richter hegten Zweifel an der Verfassungsmäßigkeit der Anklage, da der Gleichheitsgrundsatz im Sinne von Artikel 3 und des Verbots rückwirkender Strafgesetze gemäß Artikel 103 des Grundgesetzes verletzt würde. Deshalb beschlossen sie, das Verfahren auszusetzen, das Bundesverfassungsgericht sollte entscheiden.

Der erstrebte Beschluss wurde in Karlsruhe nach rund vier Jahren am 15. Mai 1995 verkündet. Im Kern entschied der 2. Senat des Bundesverfassungsgerichts, dass Spionage vom Territorium der DDR zu Lasten der Bundesrepublik außer Strafverfolgung zu setzen war. Die einschlägigen Verfahren gegen hauptamtliche Kader der HVA – auch das gegen Großmann und andere – wurden daher eingestellt, bereits ergangene Urteile aufgehoben. Spionage für die ehemalige DDR auf dem Territorium der alten Bundesrepublik blieb hingegen strafbar. Die Entscheidung ist vielfach als verkappte Amnestie für die ehemaligen „Chefs der Spione" kritisiert worden. Das erstinstanzliche Urteil gegen Markus Wolf wurde aufgehoben.

„Wolf im Schafspelz": Der Karikaturist Walter Hanel kommentierte die öffentliche Selbstdarstellung des ehemaligen Chefs der HVA, Markus Wolf, nach 1990

Widersinn in der Strafverfolgung

Die Karlsruher Entscheidung war in der Tat nicht unproblematisch, denn sie hatte groteske Folgen: Während Rolf Wagenbreth und andere Offiziere der Desinformationsabteilung der HVA nicht mehr strafrechtlich verfolgt werden konnten, erhielt der in demselben Verfahren angeklagte Journalist Bernd Michels 1996 eine Freiheitsstrafe von anderthalb Jahren auf Bewährung, weil er mit Wagenbreths Drahtziehern zusammengearbeitet hatte.

Bestraft wurden auch Sekretärinnen in Bonner Ministerien und Parteizentralen, von so genannten Romeos unter Vortäuschung von Zuneigung und Liebe zur Spionage geworben oder missbraucht – ihre ehemaligen Führungsoffiziere kamen dagegen straffrei davon.

Fortan beschränkte sich die strafrechtliche Verfolgung wegen Spionage für die HVA auf bundesdeutsche IM, ihr Handeln blieb auch nach der Entscheidung der Karlsruher Richter strafbar. So weit sie in den 1990er Jahren enttarnt werden konnten, wurden sie vor Gericht zur Verantwortung gezogen. In Gänze fällt die Bilanz der Ahndung von Spionage für die DDR seit 1990 durch bundesdeutsche Strafgerichte allerdings ernüchternd aus. Nach Angaben von Bundesanwalt Joachim Lampe wurden bis zum Stichtag 1. Juli 1997 – eine spätere Statistik liegt nicht vor – Ermittlungsverfahren gegen 7099 Personen eingeleitet, 4171 von ihnen aus der DDR und 2928 aus der Alt-Bundesrepublik. Die gewaltige Zahl schrumpft allerdings zusammen angesichts der Tatsache, dass es lediglich bei 82 DDR-Bürgern zur Anklage kam und 23 von ihnen verurteilt wurden, während es bei den 388 angeklagten Alt-Bundesbürgern 253 waren. Bei den weitaus meisten Verurteilten wiederum wurden die Strafen zur Bewährung ausgesetzt. Auf mehr als zwei Jahre belief sich die Strafe, die nicht ausgesetzt wurde, bei lediglich zwei Angeklagten aus der DDR sowie bei 51 aus der Bundesrepublik.

Der frühere NATO-Mitarbeiter Rainer Rupp alias „Topas" und seine Ehefrau Ann-Christine 1994 im Düsseldorfer Oberlandesgericht. Rupp spionierte 1977–1989 für die HVA und den KGB

Unter diesen 51 Verurteilten mit höheren Strafen waren „Spitzenquellen" und „Topagenten" wie Dr. Gabriele Gast (Deckname „Gisela"), zuletzt Regierungsdirektorin beim BND in Pullach und gleichzeitig IM der HVA. Sie wurde 1990 enttarnt. Durch ein Urteil des Bayerischen Obersten Landesgerichts vom 19. Dezember 1991 erhielt sie eine Freiheitsstrafe von sechs Jahren und neun Monaten. Ein ähnliches Urteil fiel im Fall der Brüder Alfred und Ludwig Spuhler, „Maulwurf" der eine in der Zentrale des BND, sein Kurier der andere. Sie wurden am 15. November 1991 vom Bayerischen Obersten Landesgericht wegen ihres Verrats zu zehn bzw. fünfeinhalb Jahren Freiheitsstrafe verurteilt. Ein besonderes As in Wolfs Agentenpoker war Klaus Kuron, Oberamtsrat in der Spionageabwehr des Bundesamts für Verfassungsschutz in Köln, der rund acht Jahre lang für die HVA tätig war. Er hatte sich dem MfS selbst angeboten – und stellte sich 1990 auch selbst den Strafverfolgungsbehörden. Vom Oberlandesgericht Düsseldorf erhielt er am 7. Februar 1992 eine Freiheitsstrafe von zwölf Jahren. Zu verweisen ist nicht zuletzt auf den Fall des Spions Rainer Rupp (Deckname „Topas") und seiner Ehefrau Christine Ann (Deckname „Türkis"), beide lange Jahre im Internationalen Stab der NATO in Brüssel tätig. Das Düsseldorfer Oberlandesgericht verurteilte am 17. November 1994 auch Rupp, der nach der Anklage die Hauptschuld auf sich nahm, zu einer zwölfjährigen Haftstrafe, seine Frau kam mit einer Bewährungsstrafe davon.

Dennoch verunglimpfen Markus Wolf und Werner Großmann in ihren Memoiren die gegen ihre einstigen Spione ergangenen Urteile als „Rachejustiz". Davon kann ernsthaft kaum die Rede sein, zumal auch hohe Strafen, die nicht zur Bewährung ausgesetzt wurden, in keinem Fall voll verbüßt werden mussten. Seit Sommer 2000 ist kein einziger ehemaliger Agent der HVA mehr in Haft.

Verrat in der HVA

Der Hinweis, dass die Strafjustiz der DDR einst gänzlich anders mit enttarnten West-Spionen umging, wäre überflüssig, stünde nicht ein fatales Beispiel im Kontext der HVA. Die Rede ist vom Fall Horst Garau. Der in Cottbus ansässige Kreisschulrat war als Instrukteur im Westeinsatz inoffiziell für die „Aufklärung" tätig gewesen. 1976 wurde er vom bundesdeutschen Verfassungsschutz „überworben", war also fortan als „Counterman" tätig, bis Garau 1982 durch Kurons Verrat aufflog. Drei Jahre lang unterließ es das MfS, ihn in der DDR zu verhaften, um die Quelle in Köln nicht zu gefährden – bis zum Übertritt Hansjoachim Tiedges, jenes Referatsgruppenleiters im Bundesamt für Verfassungsschutz, der am 19. April 1985 zum MfS überlief. Horst Garau und seine Ehefrau Gerlinde in Cottbus wurden – nun scheinbar auf Tiedges Aussagen hin

– unverzüglich festgenommen. In getrennten Verfahren wurde Gerlinde Garau zu dreieinhalb Jahren, ihr Mann durch das Militärobergericht Berlin wegen Spionage im schweren Fall zu einer lebenslangen Freiheitsstrafe verurteilt. Unter mysteriösen, bis heute ungeklärten Umständen kam er am 12. Juli 1988 in der Sonderhaftanstalt Bautzen II zu Tode – offiziell hieß es, er hätte sich durch Erhängen selbst getötet. Dieser Fall, der erst nach dem Ende der HVA aufgedeckt werden konnte, bietet einen signifikanten Einblick in den Alltag der Spionage im geteilten Deutschland.

Zu unseren heutigen Erkenntnissen über die HVA zählt das Wissen darum, dass sie zu verschiedenen Zeiten immer wieder Verratsfälle in den eigenen Reihen zu verzeichnen hatte. Zwar waren sie nicht immer so spektakulär wie der Übertritt des Oberleutnants Werner Stiller, eines Führungsoffiziers im „Sektor Wissenschaft und Technik“ der HVA im Januar 1979. Dank sorgfältiger Vorbereitung konnte er bei seinem Seitenwechsel auf Mikrofilm übertragene Materialien in beträchtlicher Zahl mitbringen. Dutzende IM der DDR-Industrie- und Wissenschaftsspionage konnten dadurch enttarnt werden, teils flohen sie in die DDR, teils mussten sie sich vor Gericht verantworten.

Tragisch dagegen verlief ein anderer Versuch der „Fahnenflucht“. Am 11. September 1980 wurde in Ost-Berlin Dr. Werner Teske festgenommen, bis zu diesem Tage Hauptmann in der HVA. Er hatte einen Frontwechsel in den Westen in Erwägung gezogen und zu diesem Zweck interne Unterlagen in seine Wohnung mitgenommen, Dienstdokumente, Adressenverzeichnisse. Zuletzt schreckte er aber vor dem „Verrat“ zurück. Es half ihm nichts: Obwohl er zu keiner Zeit Kontakt zu einem westlichen Nachrichtendienst gesucht, sein Vorhaben also tatsächlich aufgegeben hatte, wurde Teske nach zweitägiger Geheimverhandlung vor dem 1. Militärstrafsenat des Obersten Gerichts der DDR am 11. Juni 1981 wegen Spionage im schweren Fall und Vorbereitung zur Fahnenflucht zum Tode verurteilt und 15 Tage später in Leipzig erschossen. Für die Staatssicherheit stand dieses Urteil bereits sieben Wochen vor der Hauptverhandlung fest, wie aus Akten der für das Untersuchungsverfahren zuständigen Hauptabteilung IX im MfS hervorgeht.

Wie kritisch die strafrechtliche Aufarbeitung der Spionage durch die Staatssicherheit auch einzuschätzen ist, sie hat durchaus erfolgreich die Arbeitsweise und die Strukturen der HVA bloßgelegt. Aber außer beachtlichen Erfolgen hatte sie auch Niederlagen hinzunehmen, die dazu beigetragen haben, dass ihr bis heute fortwirkender Nimbus allmählich verblasst.

Transparent für die Montagsdemonstrationen, Leipzig 1989

Udo Ulfkotte

Geheimdienste nach dem 11. September

Ein Ausblick

In die Geschichte der amerikanischen Geheimdienste wird der 11. September als Tag des größten Desasters eingehen. Denn ihre übereinstimmende Aussage, keine Hinweise auf die lange geplanten und gut vorbereiteten Anschläge erhalten zu haben, ist nur ein Teil der Wahrheit. Und es war nicht das erste Mal, dass die „Intelligence Community" der Vereinigten Staaten vorliegende Informationen nicht beachtete oder aber unzutreffend analysierte.

Obwohl der amerikanische Auslandsgeheimdienst CIA über mehr als 200 Residenturen verfügt, der technische Geheimdienst National Security Agency (NSA) weltumfassende Horchposten und das National Reconnaissance Office (NRO) modernste Fotosatelliten mit einer Auflösung von bis zu wenigen Zentimetern unterhalten – wichtige Ereignisse der letzten Jahrzehnte haben sie nicht vorauszusagen vermocht: weder das Attentat auf US-Soldaten in Beirut (1983), noch den irakischen Einmarsch in Kuwait (1990), nicht die Anschläge auf das World Trade Center (1993) oder auf die amerikanischen Botschaften in Kenia und Tansania (August 1998).

Wie auch die jüngste Terrorwelle waren diese über Monate, wenn nicht über Jahre vorbereitet worden, in allen Fällen waren Dutzende Menschen über die Planungen unterrichtet - nur nicht die amerikanischen Geheimdienste. Für die Vorbereitungen nutzten sie ein Kommunikationsnetz – doch den bestausgestatteten Nachrichtendiensten der Welt blieb es verborgen.

Herausforderung Datenflut

Das alles erklärt sich nur durch die zunehmende Technikgläubigkeit westlicher Geheimdienste. Denn von den etwa 30 Milliarden Dollar, die den Diensten der Vereinigten Staaten alljährlich etwa zur Verfügung stehen, wurde in den vergangenen Jahren immer mehr für die elektronische Aufklärung ausgegeben, während die Aufwendungen für klassische Agenten reduziert wurden. Das aus mehr als 120 Aufklärungssatelliten und zahlreichen Bodenstationen bestehende Netzwerk der NSA, mit modernster Funkelektronik ausgestattete Flugzeuge und die Entwicklung neuer Verfahren zur Kryptoanalyse genossen Vorrang vor Spionen, die mit dem Ende des Kalten Krieges entbehrlich schienen. Linguisten, die mit Hilfe der funkelektronischen Aufklärung gewonnene Hinweise hätten übersetzen können, und Analysten, die solche Nachrichten einzuordnen vermögen, galten seit dem Beginn der 1990er Jahre zunehmend ebenso als überflüssig wie klassische Spionagenetzwerke, die über Jahrzehnte aufgebaut werden müssen. Stattdessen wurden Softwareprogramme und Hardwarekomponenten finanziert, die einen Teil der früher durch Menschen erledigten Aufgaben übernehmen sollten und zum Beispiel abgefangene Kommunikationsinhalte wie Faxe oder E-Mails vollautomatisch in vorgegebenen elektronischen Ordnern nach

Linke Seite: Das World Trade Center kurz vor und nach dem Anschlag, aufgenommen durch den Spionagesatelliten „Ikonos"

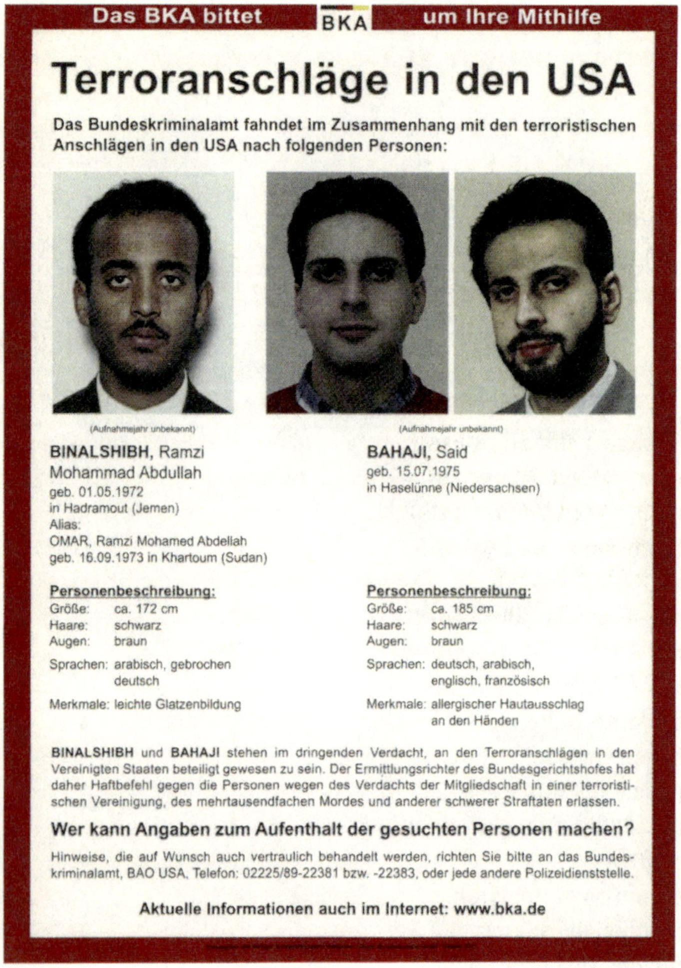

Themen und Schlüsselbegriffen sortieren. Der Mensch rückte offenkundig in den Hintergrund – es entstand eine Lücke zwischen dem täglich wachsenden Datenmaterial und der Möglichkeit, dieses durch Menschen analysieren zu lassen.

Welchen Herausforderungen sich die Nachrichtendienste im Zeitalter der Massenkommunikation gegenübersehen, wurde spätestens im Prozess gegen die mutmaßlichen Urheber der Bombenanschläge auf die Botschaften in Kenia und Tansania deutlich: Zwar lagen schon frühzeitig Informationen über geplante Anschläge vor, die entscheidende Antwort, wann und wo diese stattfinden sollten, konnte aus der ungeheuren Datenmenge elektronisch aber nicht herausgefiltert werden. Allein das von der NSA unterhaltene „Echelon“-Satellitensystem vermag in jeder Minute bis zu drei Millionen Faxe, E-Mails und Telefongespräche abzufangen. Potentielle Hintermänner von Attentätern wie Bin Laden arbeiten jedoch mit zwei Methoden, um den weltweiten Horchposten zu entkommen: Mit Verschlüsselungsalgorithmen jenseits von 128 bit oder mit Kurieren, die Nachrichten weiterleiten, versuchen sie die modernsten Spionagemethoden zu umgehen – mit Erfolg.

Amerikanische, aber auch europäische Dienste speichern immer mehr Daten, um sie später auszuwerten. In München, Frankfurt, Berlin oder Hamburg werden Glasfaserkabel der Ballungszentren „angezapft“ und Daten für etwa sechs Monate digital gesichert. In Gebäuden, die als Industriebauten getarnt sind, fahnden FBI- und CIA-Beamte nach den digitalen Spuren von Waffenhändlern, Terroristen und Menschenhändlern. Allerdings können Vorkommnisse nur rückwirkend analysiert und aufgeklärt werden, und in jeder Schicht sitzen der Datenflut gerade einmal zwei amerikanische Mitarbeiter gegenüber.

Mission impossible?

Geheimdienste, die aus der Sicht ihrer Kritiker angesichts des 11. September 2001 maßlos versagt hatten, wurden dennoch zum einzigen Hoffnungsträger und sind seither gefordert wie nie zuvor. Sie bekommen zugleich die Grenzen dessen vor Augen geführt, was nachrichtendienstliche Aufklärung leisten kann. „Terrorismus ist eine sehr schwierige Herausforderung für die Geheimdienste“, sagte kürzlich ein in Berlin tätiger amerikanischer Mitarbeiter der CIA, „und noch schwieriger ist es, an verwertbare Informationen heranzukommen, mit deren Hilfe sich Anschläge verhindern ließen.“

Wer in der westlichen Kultur aufgewachsen ist und das Innenleben und die Verbindungen einer islamistischen Terrorzelle wie der von Osama Bin Laden geführten Al Qaida ausforschen wollte, müsste enorme Entbehrungen auf sich nehmen: über Jahre in rauer Umgebung leben, beständig indoktriniert von religiösen Fanatikern, geplagt von Durchfällen, ohne medizinische Versorgung, ohne auch nur für eine Sekunde heimlich Kontakt zu früheren Freunden aufnehmen zu können. Das überfordert auch überzeugte Patrioten. So wird denn verständlich, warum westliche Geheimdienste es vor dem 11. September 2001 nicht geschafft, ja nicht einmal versucht hatten, mit eigenen Agenten das von Geheimnissen umgebene Netzwerk der Al Qaida zu infiltrieren.

Geheimdienste, die Strategien zur wirksamen Gefahrenabwehr entwickeln wollen, stoßen auf eine Fülle von Hindernissen. Bin Ladens weltweites Terrornetzwerk mit seiner diffusen und christlich-abendländischen Köpfen nur schwer vermittelbaren Struktur ist ein schwieriger Gegner. Es gibt keine hierarchische Kommandostruktur. Die „Mitglieder" der Gruppen, die sich äußerlich durch nichts von nicht-extremistischen Muslimen unterscheiden, operieren autonom. Es gibt keine schriftlichen Befehle, keine Anweisungen, keine Kontakte, die man aufspüren könnte. Für westliche Geheimdienste ist es eine undankbare Aufgabe, diese Strukturen aufzudecken und zu bekämpfen – anders als während des Kalten Krieges ist der Feind nicht klar definiert.

Nach den Anschlägen vom 11. September 2001 müssen sich die Fluggäste erheblich verschärften Personenkontrollen unterziehen

Inzwischen ist den Geheimdiensten bekannt, dass die Hintermänner islamischer und nicht-islamischer Terrorgruppen auch in Europa sich ungemein schnell an neue westliche Sicherheitsstandards – etwa in Flughäfen – anzupassen vermögen. Eine der Gruppen testete Sprengstoff-Spürhunde und entwickelte daraufhin angeblich einen strumpfähnlichen Teilkörperanzug, der durch eine Geruchsimprägnierung die Hunde in die Irre führen soll. Weil das Sicherheitspersonal verstärkt den Bauchbereich abtastet, soll der Sprengstoff in Brusthöhe verborgen werden. Sicherheitsausrüster entwickelten daraufhin neue technische Spürsysteme für Flughäfen, die – anders als herkömmliche Systeme – nicht einen Röntgenabdruck der Gepäckstücke erstellen, sondern in jedem einzelnen die genaue Menge der jeweiligen chemischen Elemente anzeigen. Damit dürfte es unmöglich werden, Sprengstoffe in kleinen Mengen im Gepäck zu verteilen.

Die zu Selbstmordanschlägen bereiten Gruppen tauschen nicht nur solche Informationen untereinander aus, sondern lernen auch von den Fehlern der anderen. Im Gegensatz zu den ausschließlich ideologisch motivierten Terrorgruppen während des Kalten Krieges teilen sie ihr Personal und auch ihre selbst entwickelte Technik – im Unterschied zu den sie bekämpfenden Geheimdiensten.

Internationale Zusammenarbeit

Die vereinte Kraft der westlichen Geheimdienste könnte islamistische Terroristen gewiss erfolgreich bekämpfen. Doch zumindest in der Vergangenheit bestimmte eher Rivalität als Partnerschaft diese Zusammenarbeit. Das galt für Frankreich und die Vereinigten Staaten, aber auch britische Dienste haben Erkenntnisse etwa über Kämpfer der IRA nicht in jedem Falle mit amerikanischen „Partnern" geteilt.

Die Geheimdienste, die sich als „Partnerdienste" verstehen, müssen, um langfristig Erfolg zu haben, endlich nicht nur einen Bruchteil, sondern alle ihre Informationen untereinander austauschen und erkennen, dass Informationsmanagement keine Einbahnstraße ist. Bislang ist davon – trotz gegenteiliger öffentlicher Bekundungen – noch wenig zu spüren.

Hinzu kam die Unzuverlässigkeit der gewonnenen Informationen. Washington verließ sich ebenso wie der Bundesnachrichtendienst (BND) im Großraum Afghanis-

Eine Kontrollkamera fotografierte Mohammed Atta am 11. September 2001 auf dem Kennedy-Flughafen in New York

tan lange Zeit auf Quellen des pakistanischen Militärgeheimdienstes ISI. Der aber hatte jahrelang die Taliban und auch Al Qaida heimlich mit aufgebaut und unterstützt sie auch heute noch – entgegen der offiziellen Darstellung des pakistanischen Staatspräsidenten Musharraf. Da sie erfahrungsgemäß oft eigene politische, wirtschaftliche oder sonstige Ziele verfolgen, sollte der Westen gerade nahöstlichen Diensten, die in ihren Reihen selbst zahlreiche Sympathisanten des Terrors haben dürften, nicht mehr uneingeschränkt vertrauen. Eigene Informationen etwa in muslimischen Staaten zu gewinnen, scheitert jedoch oftmals an der Sprachbarriere.

Um dieses Manko auszugleichen, verstärken amerikanische und europäische Nachrichtendienste auch die technische Aufklärung. Hoch empfindliche Satellitenkameras, raffinierte Abhöranlagen und umfangreiche Datenbanken – Hightech dieser Art kann Informationen sammeln, doch Vorhersagen darüber, wann und wo es konkret wieder Terroranschläge geben wird, lassen sich so kaum verlässlich leisten.

Dennoch beschlossen die Vereinigten Staaten aufgrund der veränderten sicherheitspolitischen Lage, ihre Abhörstation im süddeutschen Bad Aibling nicht wie geplant im September 2002 zu schließen. Ihre Antennen sind auf Russland und den Nahen Osten ausgerichtet, sie sollen künftig die amerikanische Terrorabwehr unterstützen. Die Station Bad Aibling ist Teil des weltweiten Abhörsystems „Echelon". Erkenntnisse über bevorstehende Anschläge hatte sie in der Vergangenheit jedoch offenkundig nicht geliefert.

Während Bad Aibling so plötzlich eine neue Zukunftsperspektive erhielt, kündigte der russische Präsident Wladimir Putin gleichzeitig völlig überraschend an, die Abhörstation „Lourdes" auf Kuba zu schließen. Die größte Abhörstation außerhalb der Landesgrenzen erlaubte russischen Technikern, die amerikanische Luftwaffe, das Raumfahrtzentrum in Cape Canaveral, das Weiße Haus und den Botschaftsverkehr abzuhören, aber auch Wirtschaftsgeheimnisse zu beschaffen. Die Amerikaner, denen „Lourdes" stets ein Dorn im Auge gewesen war, begrüßten den Entschluss des russischen Präsidenten, die Station zu schließen.

Moskau, das in Afghanistan damals noch immer über ein hervorragendes Netzwerk eigener Agenten verfügte, hatte schon Anfang März 2001 dem Afghanistan-Sanktionsausschuss der Vereinten Nationen – und damit auch den Amerikanern – detaillierte Geheimdienstberichte übergeben. Washington ignorierte die umfangreichen Berichte über geplante Attentate. Hinweise auch aus russischen Quellen künftig ernst zu nehmen, gehört zu den Lehren aus dieser Erfahrung.

Ausbau des Agentennetzes

Schon seit Monaten hatten amerikanische Geheimdienste schwere Anschläge auch gegen amerikanische Einrichtungen – nur eben nicht innerhalb der Vereinigten Staaten – erwartet. Der ägyptische Nachrichtendienst Muhabarat, der Mossad in Israel, saudische und jordanische, europäische und asiatische Dienste verfügten unabhängig davon über Hinweise auf geplante Anschläge gegen israelische und amerikanische Einrichtungen. Vor diesem Hintergrund analysierten Mitarbeiter von BND und Verfassungsschutz die Netzwerke der Terroristen, die von Frankfurt, München und Mailand aus Attentate – unter anderem auf den Straßburger Weihnachtsmarkt und europäische U-Bahn-Netze – vorbereitet hatten.

Es ergab sich allmählich ein Bild, das zwar zu erhöhten Sicherheitsvorkehrungen amerikanischer Einrichtungen in vielen Teilen der Welt führte, letztlich jedoch diffus war. Die Erkenntnisse deuteten nicht auf eine bestimmte Terrorgruppe hin, sondern

Abhöranlage der National Security Agency (NSA) in Bad Aibling, etwa 50 km südöstlich von München. Sie kontrolliert Telefongespräche, Faxe und E-Mails in Deutschland

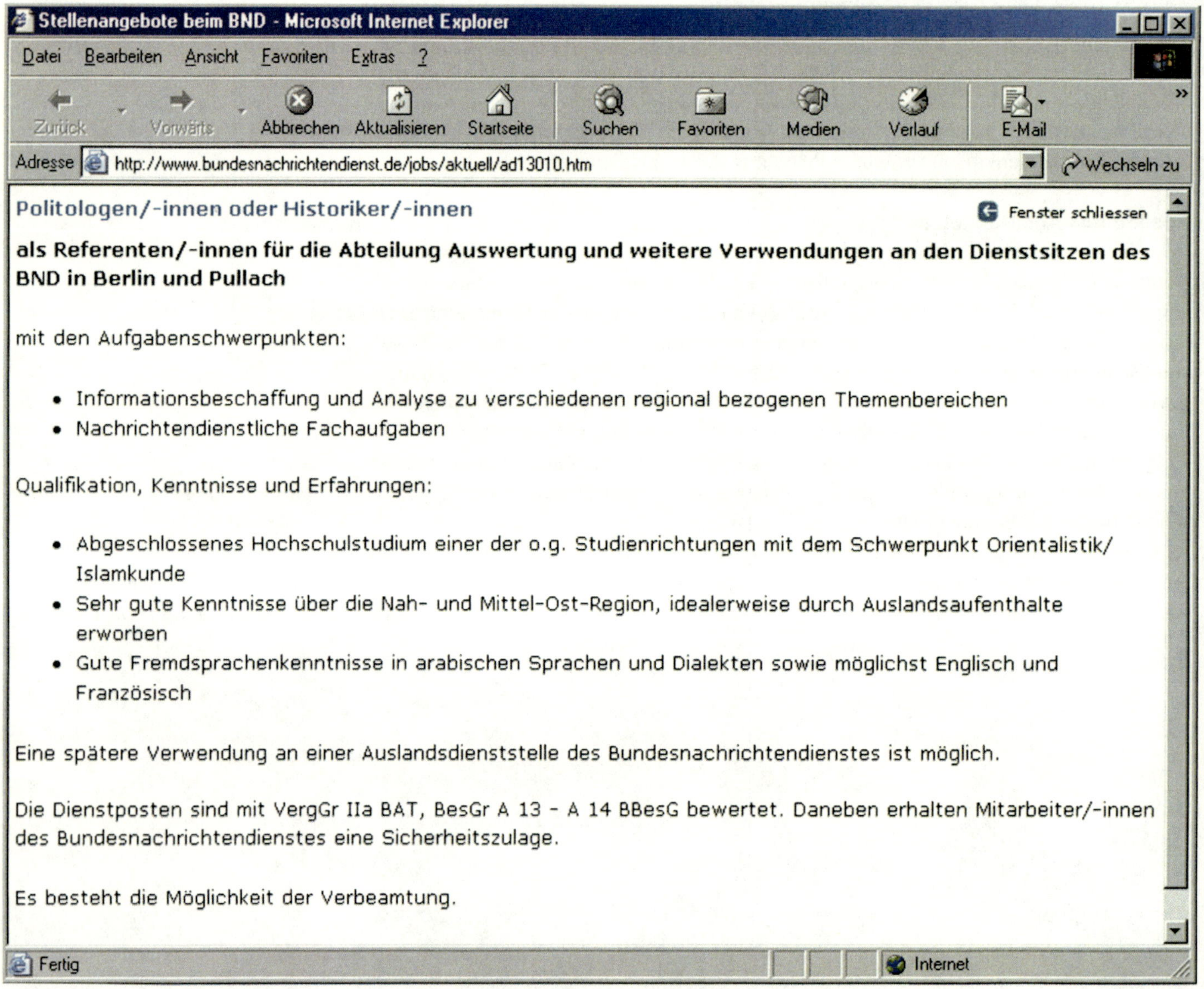

Stellenangebote beim BND - Microsoft Internet Explorer

http://www.bundesnachrichtendienst.de/jobs/aktuell/ad13010.htm

Politologen/-innen oder Historiker/-innen

Fenster schliessen

als Referenten/-innen für die Abteilung Auswertung und weitere Verwendungen an den Dienstsitzen des BND in Berlin und Pullach

mit den Aufgabenschwerpunkten:

- Informationsbeschaffung und Analyse zu verschiedenen regional bezogenen Themenbereichen
- Nachrichtendienstliche Fachaufgaben

Qualifikation, Kenntnisse und Erfahrungen:

- Abgeschlossenes Hochschulstudium einer der o.g. Studienrichtungen mit dem Schwerpunkt Orientalistik/ Islamkunde
- Sehr gute Kenntnisse über die Nah- und Mittel-Ost-Region, idealerweise durch Auslandsaufenthalte erworben
- Gute Fremdsprachenkenntnisse in arabischen Sprachen und Dialekten sowie möglichst Englisch und Französisch

Eine spätere Verwendung an einer Auslandsdienststelle des Bundesnachrichtendienstes ist möglich.

Die Dienstposten sind mit VergGr IIa BAT, BesGr A 13 - A 14 BBesG bewertet. Daneben erhalten Mitarbeiter/-innen des Bundesnachrichtendienstes eine Sicherheitszulage.

Es besteht die Möglichkeit der Verbeamtung.

Fertig — Internet

Der BND sucht aufgrund der Terroranschläge der islamistischen Al Qaida vermehrt nach Islamwissenschaftlern

legten den Verdacht nahe, dass mehrere Gruppen einzeln oder gemeinsam Anschläge planten. Der britische Auslandsgeheimdienst MI6 erhöhte die Zahl seiner Agenten im Nahen Osten. Im Gegensatz zu amerikanischen Diensten verfügen die Briten – ebenso wie der BND – vor allem dort über ein Netzwerk verlässlicher Späher, das über die klassischen „Schurkenstaaten" gut unterrichtet ist, jedoch dann versagt, wenn es gilt, Informationen aus dem Innenleben von nichtstaatlich gelenkten nahöstlichen Terrorgruppen zu beschaffen.

Gelingt es einem Nachrichtendienst, einen Spion in das Innerste eines Terroristenringes einzuschleusen, so obliegt es allein seinem Kontaktmann zu beurteilen, ob die gewonnenen Informationen verlässlich sind und diese weiterzuleiten – eine entscheidende Schwäche menschlicher Spionagenetzwerke. Niemand vermag derzeit einzuschätzen, ob sie oder ob die Technik versagt haben. Sicher ist jedoch, dass die Vereinigten Staaten vor dem Hintergrund der schon seit Jahren in Washington öffentlich bekannten terroristischen Bedrohung weltweit über ein nur unzulängliches Netz von Kundschaftern verfügen. Dem BND wurden wenige Wochen nach den Attentaten aus dem drei Milliarden Mark umfassenden Anti-Terror-Paket der Bundesregierung 50 Millionen Mark zusätzlich zur Verfügung gestellt, und plötzlich konnten (ebenso wie im Bundeskriminalamt oder im Auswärtigen Amt) zahlreiche Islamwissenschaftler eingestellt werden.

Freiheit versus Sicherheit

Deutsche Sicherheitsbehörden nahmen islamistische Bestrebungen in Deutschland auch schon vor den Anschlägen in den Vereinigten Staaten sehr ernst und beobachten schon seit Jahren sicherheitsgefährdende und extremistische Aktivitäten von in Deutschland lebenden Ausländern. Seit dem 11. September 2001 konzentrieren sich die Bemühungen des Bundesamtes und der Landesämter für Verfassungsschutz auf Universitäten, da sich im Umfeld der Hochschulen konspirative Gruppen bilden könnten. In Niedersachsen beispielsweise beschäftigt sich eine gesonderte Projektgruppe mit dem Islamismus. Nach Angaben des niedersächsischen Verfassungsschutzes gibt es allein in Niedersachsen rund 500 Moscheen. Die Behörde vertritt die Auffassung, dass „nicht unter jedem Dach die Religion im Mittelpunkt steht“. Sie hält bei der Informationsbeschaffung die menschliche Quelle für die wichtigste und wird systematisch das Netz an Informanten in der Szene ausbauen. Einige extremistische Gruppen, vor allem ausländische, nutzen aus der Angst vor Überwachung häufig keine Post und telefonieren auch nicht. Sie treffen sich auf öffentlichen Plätzen oder an geheimen Orten. Trotzdem müsse es nach Meinung der Experten zur Unterstützung die Möglichkeit geben, Telefonate abzuhören oder Post abzufangen.

Die Berliner Polizeigewerkschaft warnt vor Terrorgefahren durch Putzfirmen auf Flughäfen und in Polizeipräsidien: Das Personal, das zum Teil nicht fest angestellt sei und „schwarz“ arbeite, würde nicht auf Sicherheitsrisiken hin überprüft und hätte dennoch Zutritt zu sicherheitsrelevanten Bereichen und könnte dort „problemlos Sprengsätze deponieren“. Außerdem seien die Sicherheitsausweise leicht zu fälschen. Nach den Terroranschlägen müsse die Devise „Hauptsache billig“ überprüft werden. Überprüft wurde auch schon vor den Anschlägen des 11. September vieles – allein die Koordination ließ manchmal zu wünschen übrig.

Der Bundestag stimmte nach dem 11. September den „Sicherheitspaketen“ von Bundesinnenminister Otto Schily zu, die nach Auffassung mancher Kritiker die staatsbürgerlichen Rechte einengen. Nun braucht in Deutschland gewiss niemand Angst vor Strafverfolgung zu haben, der kein Unrecht begangen hat. So kann man denn über das Für und Wider solcher Schritte streiten. Unbestritten waren jedoch alle Festnahmen in Deutschland in den ersten neun Monaten nach den Anschlägen auf Hinweise von Partnerdiensten, nicht aber auf die Auswirkungen der „Sicherheitspakete“ – wie etwa die nun mögliche Rasterfahndung – zurückzuführen.

Werbung für die westliche Filmproduktion „Wer sind Sie, Dr. Sorge?“ in Moskau 1964. Im selben Jahr bekannte sich die Sowjetunion erstmals zu ihrem Meisterspion aus dem Zweiten Weltkrieg

Horst Schäfer

Helden, Verräter, Superstars

Agenten und Spione im Film

Spione und Agenten tauchen in allen Epochen und Stilen der Filmgeschichte auf – vom Western bis zur Science Fiction; die Agenten- und Spionagefilme lassen sich dennoch als Filmgenre nur schwer beschreiben. Schon beim exemplarischen Versuch, den „Spy"-Thriller zu definieren, thematische und stilistische Gemeinsamkeiten herauszuarbeiten, zerfließen die Ränder, verblasst der Kern. Sie weisen zwar einige geografische, motivische oder produktionstechnische Übereinstimmungen auf, die aber immer wieder variiert oder persifliert werden. Im Gegensatz etwa zu dem „innenpolitischen Kampf eines Systems", wie Krimi-Experte Martin Compart in einer Dokumentation der Berliner Filmfestspiele zum Kalten Krieg zitiert wird, schildert der „Spy-Thriller den außenpolitischen" Kampf. Er handelt zwar „primär von internationalen Intrigen", benutzt aber Elemente von Abenteuer-, Detektiv-, Gangster-, Liebes- und Kriegsgeschichten.

Plakat für den Film „Dreyfus", 1930 unter der Regie von Richard Oswald entstanden. Seit 1899 nahm sich die Filmindustrie wiederholt der Dreyfus-Affäre an, zuletzt 1995

Agenten- und Spionagefilme sind so alt wie der Film selbst und schon sehr früh reagierten sie auf reale Ereignisse wie beispielsweise die Affäre Dreyfus. Der französische Offizier Alfred Dreyfus wurde fälschlicherweise beschuldigt, Militärgeheimnisse an die Deutschen weitergereicht zu haben. Die Affäre, die Ende 1894 mit einem Militärgerichtsverfahren wegen Hochverrats begann, im Januar 1895 zur Verurteilung führte und 1906 mit der Rehabilitation endete, sensibilisierte die Öffentlichkeit erstmals gegenüber geheimdienstlichen Manipulationen, die als eine nationale Schande in die Geschichte eingegangen sind. Emile Zolas offenem Brief „J'accuse" (Ich klage an) vom 13. Januar 1898 folgte schon ein Jahr später der Film „L'affaire Dreyfus" von Georges Méliès, der zugunsten von Dreyfus und Zola Stellung bezog.

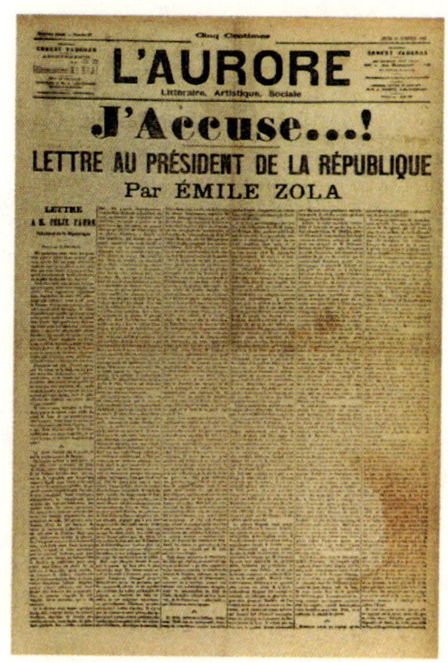

L'AURORE

Littéraire, Artistique, Sociale

J'Accuse...!

LETTRE AU PRÉSIDENT DE LA RÉPUBLIQUE

Par ÉMILE ZOLA

Es sind die großen Namen, die publicityträchtigen Skandalfiguren und die verwegenen Abenteurer der politischen Bühne, die von nun an auch auf der Leinwand gefeiert werden – wie beispielsweise Lawrence von Arabien, für die Araber ein Verräter, für die Briten ein Superstar, oder Mata Hari, die am 15. Oktober 1917 wegen angeblicher Spionage für Deutschland standrechtlich erschossen wurde. Eine der ersten Verfilmungen ist „Mata Hari – Die rote Tänzerin" von Friedrich Feher (Deutschland 1927); „Mata Hari" von George Fitzmaurice (USA 1932) mit der „Göttlichen" Greta Garbo zählt mittlerweile zu den Klassikern der Filmgeschichte, ebenso wie das grandiose Wüstenepos „Lawrence of Arabia" von David Lean (Großbritannien 1962), ein mit sieben Oscars prämiertes filmisches Großereignis mit Peter O'Toole in der Rolle des strahlenden Titelhelden.

Agenten für und gegen die Nationalsozialisten, die Cambridge-Maulwürfe, Atom- und Militärspionage, die Aktionen, Intrigen und Machenschaften westlicher und östlicher Geheimdienste und vergleichbarer Organisationen und deren oft ineinander verwobenes Auftreten in der Phase des Kalten Krieges sind Stationen einer Entwicklung, die sich aktuell auf den internationalen Terrorismus fokussiert.

Peter O'Toole als Titelheld in der Verfilmung von 1962

Der Kalte Krieg

Der Kalte Krieg hatte kein Schlachtfeld im militärischen Sinn, dafür aber viele Schauplätze. Gekämpft wurde in erster Linie mit den Waffen der Propaganda. Deutschland – und hier besonders Berlin – war dabei Ort ungezählter Spionageaffären. Erinnert sei in diesem Zusammenhang an die Eskapaden des Grenzgängers Otto John oder an die „Operation Gold", die Vorgänge um den Berliner Abhörtunnel.

In dieser Phase des Kalten Krieges hatten auch die Agenten- und Spionagefilme Konjunktur. Kein Wunder, denn das Metier blühte auf: Nach DDR-Spionagechef Markus Wolf waren in diesen Jahren im Untergrund zwischen Ost und West bis zu 80 verschiedene Geheimdienste tätig. Das Genre samt seinen Ausuferungen in melodramatischen Liebes- und Abenteuerfilmen oder Pseudo-Dokumentationen profitierte davon. Der Westen gegen den Osten, der Osten gegen den Westen. „Der sozialistische Staat verkörpert die Willkür – egal, ob er in Europa oder Asien liegt –, umgekehrt gilt: die westliche Demokratie ist eine Chimäre. So werden in den Filmen beider Welten Beweissysteme aufgebaut. Ein mechanisches Ursache-Wirkungs-Prinzip ersetzt Dramaturgie und Psychologie. Und ein Film über die Außenwelt ist immer ein innenpolitischer Film", so die russische Filmhistorikerin Oksana Bulgakowa in der bereits erwähnten 1991 erschienenen Dokumentation der Berliner Filmfestspiele. Die Filme wurden so zu einem wichtigen Mittel der Propaganda oder Infiltration – und von der jeweils anderen Seite prompt mit Einfuhrverboten versehen.

Berlin, Hauptstadt der Agenten

„Café Kranzler“ am Kurfürstendamm in Berlin, 1950er Jahre: Das Nachtleben in der Vier-Sektoren-Stadt war lebendig, Cafés dienten als Treffpunkte für Agenten und Spione

Übten in den Spionagefilmen vor 1945 Städte wie Wien, Shanghai oder Kairo eine magische Anziehungskraft aus, so konzentrierte sich das Geschehen jetzt auf die Vier-Sektoren-Stadt Berlin. Die geteilte Metropole bot die besten Voraussetzungen für das Gewerbe, da es an großen und kleinen Spitzeln, V-Leuten und professionellen Nachrichtenhändlern nicht mangelte. Und da dieses Berlin mit seinem kontrastreichen Erscheinungsbild in West und Ost hinreichend Material und Ambiente für atmosphärische Außenaufnahmen bot, drängte es sich als Schauplatz und Drehort geradezu auf. Die in dieser Zeit entstandenen Filme sind keine filmkünstlerischen Highlights. Es sind schnell gemachte, billige Produktionen, die sich einfachster Versatzstücke und Erklärungsmuster bedienen. Beliebte Sujets sind in erster Linie die Atom- und Wirtschaftsspionage, wobei der KGB und seine weltweiten Handlanger vor Raub, Erpressung, Kidnapping und Mord nicht zurückschreckten.

Was in britischen und amerikanischen Studios konzipiert wurde, glich in seinen eindimensionalen, politisch parteilichen Perspektiven jenen Filmen, die zeitgleich im Ostblock entstanden. Der Kampf gegen Spione und Saboteure sowie die Sicherung von Forschungsergebnissen und wissenschaftlichen Erkenntnissen bestimmten auch hier das Geschehen. Es galt, die Errungenschaften des Sozialismus vor kapitalistischen Raubzügen, vor Schmugglern, Schiebern und Schurken zu bewahren und, vor allem, den Militär- und Industriespionen das Handwerk zu legen. Zu den „Stasi“-Filmen schreibt Michael Hanisch: „Am Anfang stand nur der Mann mit der Lederjacke, eigentlich nicht mehr als eine Randfigur in Reischs ‚Spur in die Nacht'. Später dann gerieten die Mitarbeiter des Ministeriums für Staatssicherheit ins Zentrum der Handlung. In den Jahren vor und nach dem Mauerbau widmeten sich gleich mehrere DEFA-Kriminalfilme dem brisanten Thema Staatssicherheit. Bekannt blieb davon freilich nur einer. János Veiczis ‚For eyes only' (1963) – was nicht ganz gerecht ist. Denn auch die anderen ‚Stasifilme' haben heute durchaus ihren Reiz, übermitteln Nachrichten aus einer sehr fernen Zeit und genügen – trotz oder vielleicht auch wegen der hier benutzten naiven Schwarz-Weiß-Malerei – zumindest partiell den Erfordernissen guter Kriminalfilme, sie sind auch heute noch einigermaßen spannend. Darüber hinaus zählen diese Produktionen zu den erfolgreichsten DEFA-Filmen. Das Publikum ignorierte mehr oder weniger die propagandistische Botschaft und unterhielt sich trotzdem. Wer James Bond nicht sehen konnte, amüsierte sich dann eben bei den Abenteuern eines Alexander Berg oder eines Herrn Hansen, des ‚Kundschafters' aus ‚For eyes only'.“

Der „Tatort Berlin“ – so der Titel des DEFA-Kriminalfilms von Joachim Kunert aus dem Jahre 1958 – war in dieser Phase des sozialistischen Filmschaffens nur äußerst selten Schauplatz oder Thema des Genres, das blieb dem Westen vorbehalten. „Agenten, Agenten ...“ titelte im April 1967 der „Filmspiegel“: „Agentenfilme sind im westlichen Filmgeschäft große Mode geworden. 007 hat seine diversen Nachfolger. Diese Filme, in denen immer wieder Jagd gemacht wird auf die ‚bösen Roten', passen sehr gut ins allgemeine antikommunistische Konzept.“

Gegenentwurf zu 007: Michael Caine als britischer Geheimdienstler Harry Palmer, 1967

Berlin ist und bleibt ein Mythos

Der Mauerbau 1961 hat das Sujet der Filme nachhaltig verändert. Nun wurden vermehrt Fluchtgeschichten von Ost nach West gedreht. Für das westdeutsche Kino aber erwiesen sie sich als „Kassengift". Erfolgreicher waren da die in Berlin spielenden Spionagefilme einer neuen Generation, die sich vom Ernst der deutschen Gegenwartsstreifen absetzten und – im Trend der erfolgreichen James-Bond-Filme – den Unterhaltungswert betonten wie etwa „Funeral in Berlin" (Großbritannien 1966) mit Michael Caine als der nach Berlin abkommandierte britische Geheimdienstler Harry Palmer. Sein Gegenspieler war der in Ost-Berlin stationierte sowjetische Geheimdienstchef Oberst Stok, gespielt von Oscar Homolka.

In den folgenden Jahren passten sich die Schauplätze der Spionagefilme der veränderten Realität an. Der internationale Waffenhandel oder der Kampf gegen den internationalen Terrorismus beispielsweise verlangten globalen Einsatz und entsprechendes Ambiente. Doch West-Berlin als „Agenten-Dorado" ist damit nicht in Vergessenheit geraten. Berlin ist und bleibt ein immer wieder aufs Neue beschworener Mythos. Die wilden 1950er Jahre regen nach wie vor die Fantasie an. Der im vergangenen Jahr publizierte Roman des französischen Schriftstellers Alain Robbe-Grillet, „La Reprise“ (Die Wiederaufnahme), spielt nicht zuletzt deshalb zur Zeit des beginnenden Kalten Krieges 1949 in den Ruinen des zerstörten Berlin. Protagonist ist ein französischer Geheimagent, der in eine Mordaffäre verwickelt wird.

Der internationale Terrorismus

Mit dem Kampf gegen den internationalen Terrorismus, der das große Comeback der Geheimdienste und der Spionage einleitete und spektakuläre Vorlagen für Bestseller und Blockbuster lieferte, schließt sich ein Kreis, der zu den klassischen Plots der Agenten- und Spionagestoffe in der Literatur und auf der Leinwand zählt.

Joseph Conrads mehrfach verfilmter Roman „The Secret Agent“, 1907 in London publiziert, spielt im London der Jahrhundertwende. 5Im Mittelpunkt des Geschehens steht der Doppelagent Verloc – Polizeispitzel und Agent provocateur in der Anarchisten-Szene. Ihm gegenüber offenbart der Gesandtschaftssekretär der russischen Botschaft seine „Philosophie des Bombenlegens“: Es sei nicht mehr damit getan, Attentate auf Staatsoberhäupter zu unternehmen oder Bomben in Kirchen, Theater und Restaurants zu platzieren. Vielmehr käme es ihm darauf an, zu „zerstören“. Der Anschlag müsse sich gegen die Bildung richten, gegen die Wissenschaft, es „muß den Anstrich empörender Sinnlosigkeit, willkürlicher Gotteslästerung haben“. Vor dem Hintergrund einer in Mailand tagenden Staatenkonferenz gegen den internationalen Terrorismus setzt er Verloc unter Druck und motiviert ihn dazu, das Observatorium in Greenwich zu zerstören, weil die Sprengung des ersten Meridians einen Chor von Verwünschungen – heute würde man dazu wohl „weltweites Medienecho“ sagen – auslösen wird. Seinerzeit war GMT (Greenwich Mean Time) das „Lieblingskind der Stunde“; einhundert Jahre später wurde mit der Zerstörung des World Trade Center ein vergleichbar zentraler Lebensnerv empfindlich getroffen.

Verfilmung des Klassikers von Joseph Conrad aus dem Jahr 1996

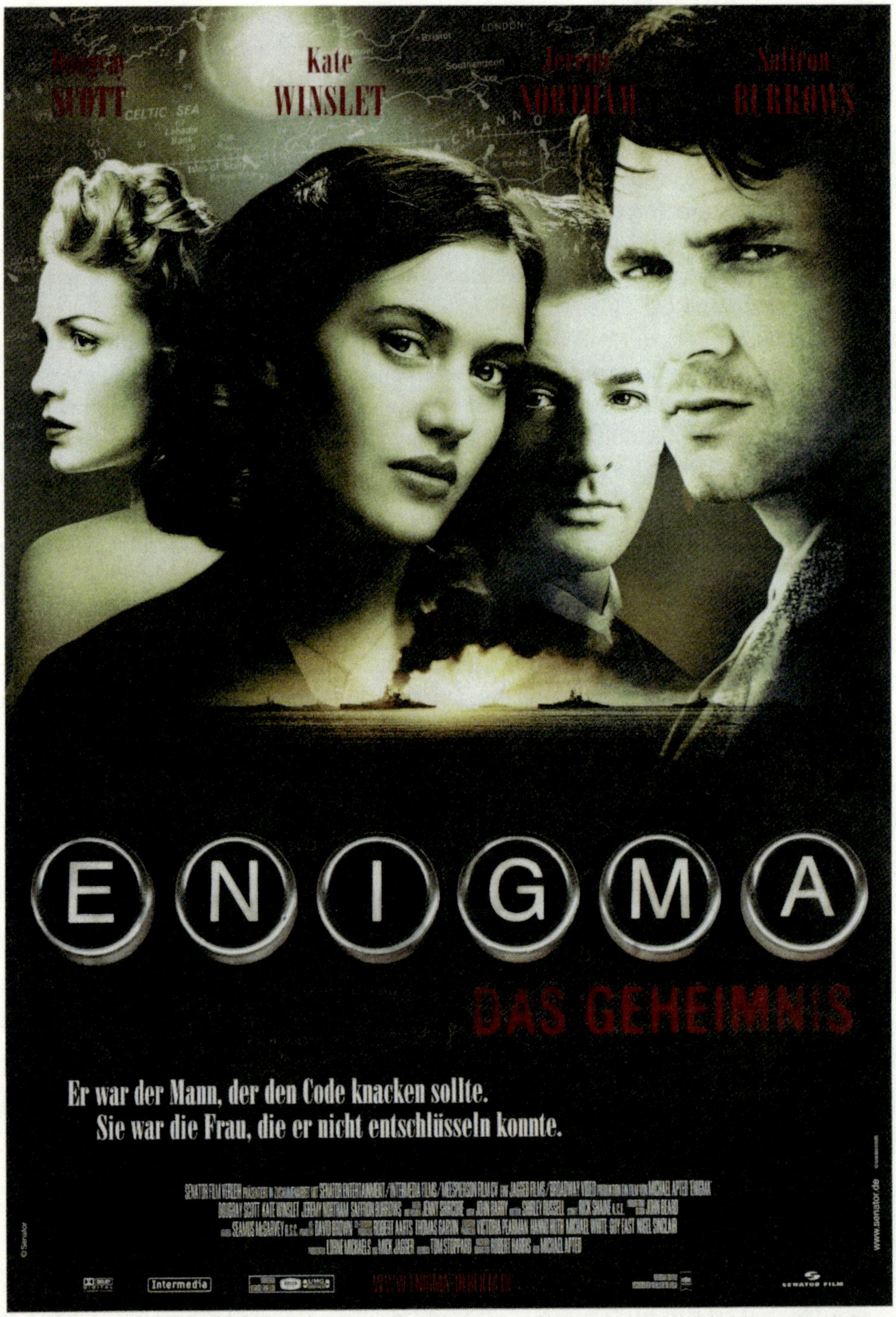

Der Mythos lebt weiter: „Enigma – Das Geheimnis“, US-amerikanische Filmproduktion aus dem Jahr 2001

Zu den Fußnoten der Spionagegeschichte zählt in diesem Zusammenhang ein Raketenangriff auf die Zentrale des britischen Geheimdienstes MI6 im September 2000: „Bei der Zentrale des Auslandsgeheimdienstes MI6 handelt es sich um ein in Sichtweite von Big Ben und Westminster-Abtei direkt an der Themse gelegenes markantes modernes Gebäude, das durch den James-Bond-Film ‚Die Welt ist nicht genug‘ (1999) auch einer breiten Öffentlichkeit bekannt geworden ist: In dem Film wird ein Teil des Gebäudes durch die eingeschmuggelte Bombe eines Terroristen in die Luft gejagt“, berichtete „Spiegel online“ am 21. September 2000.

Eine Aufklärung, die sich vorrangig auf High-Tech-Spionage mittels U-Booten, Satelliten und Aufklärungsflugzeugen konzentriert, hat das klassische Feld der Spione und Agenten sträflich vernachlässigt – man denke nur an die „Schläfer" – und eine sich ausschließlich an geografischen Grenzen orientierende Sicherheitspolitik infrage gestellt. Als sich wenige Wochen nach dem 11. September 2001 US-Regierungsvertreter mit 40 Hollywood-Executives trafen, schlossen sie zwar jegliche Beeinflussung der Filmstoffe durch die Politik aus. Dennoch unterstützt das Pentagon durch Equipment und Know-how nur Filmprojekte, die dem eigenen Image dienlich sind. Aktuelle Filme wie „Enigma" und „Spy Game" blicken noch einmal zurück auf die Kriegsspionage beziehungsweise das Ende des Kalten Krieges. Erzählt wird die Geschichte der legendären Verschlüsselungsmaschine der Deutschen („Enigma"), die die Briten erbeuteten und deren Code sie dechiffrieren konnten; in „Spy Game" muss Robert Redford als CIA-Agent kurz vor dem Ruhestand noch einmal all seine Cleverness aufbieten, um einen jüngeren Kollegen, gespielt von Brad Pitt, aus einer chinesischen Todeszelle zu befreien.

Nun bleibt abzuwarten, mit welchen Konturen und Facetten die Feindbilder kommender Spy-Thriller aus Hollywood aufwarten werden. Nach „Carlos" nun Bin Laden und seine selbst ernannten „Gotteskrieger" im Fadenkreuz des Genres? Die ersten Filme sind bereits geplant; der US-Fernsehsender CBS hat entsprechende Projekte in Auftrag gegeben: Emmy-Preisträger Lawrence Schiller arbeitet an „The Real Story Of Flight 93" und die TV-Produktionsfirma Alliance Atlantis bereitet einen Film über die Hamburger Terroristenzelle um Mohammed Atta vor.

Eine andere, subtile Art der Annäherung an das Thema versucht der französische Fernsehfilm „Les infidèles" (Die Untreuen) aus dem Jahr 1997. Zwischen einem französischen Diplomaten und einem islamischen Extremisten, Feinde im Glauben und in ihrem politischen Background, entsteht eine ungewöhnliche, leidenschaftliche Liebesbeziehung. So etwas geschieht zur Zeit wohl nur im Kino.

Literaturhinweise

Andrew, Christopher: Das Schwarzbuch des KGB, Berlin 1999.

Bailey, George; Kondraschow, Sergej A.; Murphy, David E.: Die unsichtbare Front. Der Krieg der Geheimdienste im geteilten Berlin, Berlin 1997.

Beyrer, Klaus (Hg.): Streng geheim. Die Welt der verschlüsselten Kommunikation. Publikation der Museumsstiftung Post und Telekommunikation, Heidelberg 1999.

Blake, George: Keine andere Wahl. Die Autobiographie des wichtigsten Doppelagenten aus der Ära des Kalten Krieges. Berlin 1995 (engl. Originalausgabe London 1990).

Blees, Thomas: Glienicker Brücke. Ausufernde Geschichten, Berlin 1998, 2., erweiterte Auflage.

Bülow, Andreas von: Im Namen des Staates. CIA, BND und die kriminellen Machenschaften der Geheimdienste, München 1998.

Bundesministerium der Justiz: Im Namen des Volkes? Über die Justiz im Staat der SED. Wissenschaftlicher Begleitband und Katalog zur Ausstellung des Bundesministeriums der Justiz, Leipzig 1996.

Falck, Uta: VEB Bordell. Geschichte der Prostitution in der DDR, Berlin 1998.

Felfe, Heinz: Im Dienst des Gegners, Berlin 1988.

Finn, Gerhard: Nichtstun ist Mord. Die Kampfgruppe gegen Unmenschlichkeit, Bad Münstereifel 2000.

Fricke, Karl Wilhelm: Die DDR-Staatssicherheit, Köln 1992.

Fricke, Karl Wilhelm: Der Wahrheit verpflichtet. Texte aus fünf Jahrzehnten zur Geschichte der DDR, Berlin 2000.

Gast, Gabriele: Kundschafterin des Friedens. 17 Jahre Topspionin der DDR beim BND, Frankfurt am Main 1999.

Gehlen, Reinhard: Der Dienst. Erinnerungen 1942–1971, Mainz 1971.

Gieseke, Jens: Mielke-Konzern: Die Geschichte der Stasi 1945–1990, Stuttgart/München 2001.

Hügel, Hans-Otto; Moltke, Johannes von (Hg.): James Bond. Spieler und Spion. Begleit- und Lesebuch zur Ausstellung „James Bond. Die Welt des 007", Hildesheim 1998.

John, Otto: Zweimal kam ich heim. Vom Verschwörer zum Schützer der Verfassung, Düsseldorf 1969.

Knabe, Hubertus: Die unterwanderte Republik. Stasi im Westen, Berlin 1999.

Knabe, Hubertus: West-Arbeit des MfS. Das Zusammenspiel von Aufklärung und Abwehr, Berlin 1999.

Knightley, Phillip: Die Geschichte der Spionage im 20. Jahrhundert, Gütersloh 1986.

Krieger, Wolfgang; Weber, Jürgen: Spionage für den Frieden? Nachrichtendienste in Deutschland während des Kalten Krieges, München/Landsberg am Lech 1997.

Maennel, Annette: Auf sie war Verlaß. Frauen und Stasi, Berlin 1995.

Müller, Michael; Kanonenberg, Andreas: Die RAF-Stasi-Connection, Berlin 1992.

Müller, Peter F.; Müller, Michael; Schmidt-Eenboom, Erich: Gegen Freund und Feind. Der BND – geheime Politik und schmutzige Geschäfte, Hamburg 2002.

Pfister, Elisabeth: Unternehmen Romeo. Die Liebeskommandos der Stasi, Berlin 1999.

Piekalkiewicz, Janusz: Weltgeschichte der Spionage: Agenten. Systeme. Aktionen, Augsburg 1993.

Platt, Richard: Spione. Wanzen und Waffen, Geheimcodes und Beschattung, Doppelagenten und Überläufer, James Bond und Mata Hari, Hildesheim 2000.

Pötzl, Norbert F.: Basar der Spione. Die geheimen Missionen des DDR-Unterhändlers Wolfgang Vogel, Hamburg 1997.

Quorin, Marianne: Agentinnen aus Liebe. Warum Frauen für den Osten spionierten, Frankfurt am Main 1999.

Reese, Mary Ellen: Organisation Gehlen. Der Kalte Krieg und der Aufbau des deutschen Geheimdienstes, Berlin 1992.

Schäfer, Horst; Schwarzer, Wolfgang: Top secret. Agenten- und Spionagefilme – Personen, Affären, Skandale, Berlin 1998.

Schlomann, Friedrich-Wilhelm: Mit Flugblättern und Anklageschriften gegen das SED-System: Die Tätigkeit der Kampfgruppe gegen Unmenschlichkeit (KgU) und des Untersuchungsausschusses freiheitlicher Juristen der Sowjetzone (UFJ), Zeitzeugenbericht und Dokumentation, Schwerin 1998.

Schmidt-Eenboom, Erich: Schnüffler ohne Nase. Der BND – die unheimliche Macht im Staate, Düsseldorf/Wien/New York/Moskau 1993.
Sélitrenny, Rita; Weichert, Thilo: Das unheimliche Erbe. Die Spionageabteilung der Stasi, Leipzig 1991.
Siebenmorgen, Peter: Staatssicherheit der DDR. Der Westen im Fadenkreuz der Stasi, Bonn 1993.
Spiegel Special Nr. 1/1996, Die Welt der Agenten.
Stiller, Werner: Im Zentrum der Spionage, Mainz 1986.
Tiedge, Hansjoachim: Der Überläufer. Eine Lebensbeichte, Berlin 1998.
Ulfkotte, Udo: Verschlußsache BND, München 1998.
Whitney, Craig R.: Advocatus Diaboli. Wolfgang Vogel – Anwalt zwischen Ost und West, Berlin 1993.
Wolf, Markus: Im eigenen Auftrag. Bekenntnisse und Einsichten, Berlin 1999.

Autorinnen und Autoren

Katja Augustin
Jahrgang 1967, Germanistin, Projektmitarbeiterin der Ausstellung „Duell im Dunkel. Spionage im geteilten Deutschland“

Dr. habil. Rainer Eckert
Jahrgang 1950, Historiker, Direktor des Zeitgeschichtlichen Forums Leipzig

Dr. h. c. Karl Wilhelm Fricke
Jahrgang 1929, Studium der Politischen Wissenschaft, Journalist, 1970–1994 Leitender Redakteur beim Deutschlandfunk in Köln, zahlreiche Veröffentlichungen zu den Themen Staatssicherheit, politische Strafjustiz und Opposition in der DDR

Dr. Henrike Girmond
Jahrgang 1962, Historikerin, wissenschaftliche Mitarbeiterin im Zeitgeschichtlichen Forum Leipzig, Projektleiterin der Ausstellung „Duell im Dunkel. Spionage im geteilten Deutschland“

Dr. Hubertus Knabe
Jahrgang 1959, Historiker und Publizist, wissenschaftlicher Direktor der Gedenkstätte Berlin-Hohenschönhausen im ehemaligen Zentralgefängnis der Staatssicherheit

Dr. Daniel Kosthorst
Jahrgang 1960, Historiker, wissenschaftlicher Mitarbeiter im Zeitgeschichtlichen Forum Leipzig, Projektmitarbeiter der Ausstellung „Duell im Dunkel. Spionage im geteilten Deutschland“

Dr. Paul Maddrell
Jahrgang 1965, Historiker, Dozent für Strategische Studien in der Abteilung für internationale Politik, Universität Wales, Aberystwyth, Großbritannien

Elke Mittmann
Jahrgang 1968, Kunsthistorikerin, Projektmitarbeiterin der Ausstellung „Duell im Dunkel. Spionage im geteilten Deutschland“

Michael Müller
Jahrgang 1965, freier Fernsehautor und Publizist, zum Beispiel „Die RAF-Stasi-Connection“ (1992, mit Andreas Kanonenberg)

Aleksandr Konstantinowitsch Nikonow
Jahrgang 1950, Direktor des Zentralmuseums der Streitkräfte in Moskau, Kovorsitzender der deutsch-russischen Gesellschaft „Museum Berlin-Karlshorst“

Prof. Dr. Hermann Schäfer
Jahrgang 1942, Wirtschafts- und Sozialhistoriker, Präsident der Stiftung Haus der Geschichte der Bundesrepublik Deutschland, apl. Professor an der Universität Freiburg i. Br.

Horst Schäfer
Jahrgang 1942, Autor und Herausgeber zahlreicher Publikationen über Medienpolitik, Medienpädagogik und Film (unter anderem „Top secret – Agenten und Spionagefilme“, 1998), Lehraufträge an der Universität Bielefeld und der Technischen Universität Dresden

Erich Schmidt-Eenboom
Jahrgang 1953, Leiter des Forschungsinstituts für Friedenspolitik e. V. in Weilheim/Obb., zahlreiche Veröffentlichungen zum Thema deutsche und internationale Geheimdienste

Udo Ulfkotte
Jahrgang 1960, Studium der Rechtswissenschaften, Politik und Islamkunde, seit 1986 Redakteur der „Frankfurter Allgemeinen Zeitung“ für die Themen Naher Osten und Afrika sowie Geheimdienste, Lehraufträge an der Universität Lüneburg

Leih- und Lizenzgeber

Die Stiftung Haus der Geschichte des Bundesrepublik Deutschland dankt für die Unterstützung bei der Realisierung der Ausstellung

Agentur Zenit, Berlin
AlliiertenMuseum, Berlin
Antikenmuseum Basel und Sammlung Ludwig, Basel
Archiv der Fotografen, Berlin
Archiv der sozialen Demokratie der Friedrich-Ebert-Stiftung, Bonn
Archiv des Internationalen Instituts für Sozialgeschichte, Amsterdam
Archiv für Kunst und Geschichte Berlin
argum, München
Artedis S. A., Paris
Associated Press, Frankfurt am Main
Astrid-Lindgren-Schule, Leipzig
Auswärtiges Amt, Berlin
Babelsberger Film- und Fernsehvertriebs GmbH, Potsdam
Klaus Bästlein, Berlin
Bavaria Film Produktion, Geiselgasteig
Ottried Beneke, Potsdam
Berliner Verlag GmbH & Co., Berlin
Peter Boeger, Kleinmachnow
Pierre Boom, Berlin
Bundesamt für Sicherheit in der Informationstechnik (BSI), Bonn
Bundesamt für Verfassungsschutz, Pressestelle, Köln
Bundesarchiv, Koblenz
Bundesarchiv/Filmarchiv, Berlin
Bundesarchiv/Zwischenarchiv, Dahlwitz-Hoppegarten
Die Bundesbeauftragte für die Unterlagen des Staatssicherheitsdienstes der ehemaligen Deutschen Demokratischen Republik (BStU), Berlin
Bundesbildstelle, Bonn
Bundesdruckerei GmbH, Berlin
Bundeskanzleramt, Berlin
Bundeskriminalamt, Meckenheim
Bundesnachrichtendienst, Pullach
Bundespresseamt, Bonn
Bürgerbüro e. V., Verein zur Aufarbeitung von Folgeschäden der SED-Diktatur, Berlin
Bürgerkomitee Leipzig e. V., Träger der Gedenkstätte Museum in der „Runden Ecke“ mit dem Museum im Stasi-Bunker
Bürgerkomitee 15. Januar 1990, Berlin
J. H. Darchinger, Bonn
Der Kabelkanal
Der Polizeipräsident in Berlin
DER SPIEGEL, Bilddokumentation, Hamburg
Deutsche Bücherei Leipzig
Deutsche Presse-Agentur GmbH (dpa), Frankfurt am Main
Deutsche Wochenschau GmbH, Hamburg
Deutsches Filmmuseum, Frankfurt am Main
Deutsches Historisches Museum, Berlin
Deutsches Rundfunkarchiv, Potsdam
DREFA Produktion und Lizenz GmbH, Leipzig
William Durie, Berlin
Rainer Eckert, Berlin
Europäisches Filmzentrum Babelsberg e. V., Potsdam-Babelsberg
Fernseh Allianz FA GmbH, Hamburg
Filmmuseum Berlin
Filmmuseum Potsdam
Mascha M. Fisch, Mayen
Peter Fischer, Budapest
Forschungs- und Gedenkstätte Antistalinistisches Aktionskomitee (ASTAK), Berlin
Karl Wilhelm Fricke, Köln
Fries Museum, Mata Hari Collection, Leeuwarden
Gerhard Gäbler, Leipzig
GAF AG, München
GAFF Fotoarchiv, Berlin
Gerlinde Garau
Gabriele Gast, Neuried
Christoph Gehlen, Berg
Bernd Geller, Eisenhüttenstadt
Generalbundesanwalt, Karlsruhe
Getty Images, München
Götz & Schulz, Stuttgart
Greenpeace, Hamburg und Auckland
Werner Großmann, Berlin
HNF Heinz Nixdorf MuseumsForum, Paderborn
Frank Herold, Leipzig
Hochschule für Film und Fernsehen Potsdam-Babelsberg, Potsdam
Imperial War Museum, London
INTERFOTO, München
Roland Jahn, Berlin
Sabine Kampf, Berlin
Keystone Pressedienst, Hamburg
Gabriele Kliem
Klaus Knabe, Pforzheim
Konrad Adenauer Stiftung, Sankt Augustin
KOPRA Kommunikations-Agentur, Düsseldorf
Kosmos-Hotel, Leipzig
kpa photo archive, Köln
Reinhardt Kretzschmar, Wiesbaden
Eberhard Kroll, Berlin
Klaus Kuron, Pulheim
Landesamt für Denkmalpflege Sachsen-Anhalt, Halle/Saale
Landesarchiv Berlin
Landesbildstelle Berlin
Landeskriminalamt Bayern, München
Marion Leiser, Zürich
Life magazin, USA
Christoph Links Verlag, Berlin

Boris Lochthofen, Leipzig
Peter Maechler, Altenfeld
Silke Maier-Witt, Forum Ziviler Friedensdienst, Bonn
Matthias-Domaschk-Archiv, Berlin
Martha Menckhoff, Offenbach
Militärhistorisches Museum der Bundeswehr Dresden
Elke Mittmann, Leipzig
Andrea Müggenburg, Leipzig
Museum für Kommunikation Berlin
Museum für Kommunikation Frankfurt am Main
Oberlandesgericht, Düsseldorf
Österreichische Nationalbibliothek, Bildarchiv, Wien
Ali Paczensky, Berlin
Heinrich Peyers, Peine
Elisabeth Pfister, Bonn
Picture Press, Bild- und Textagentur, Kim Arndt, Hamburg
Polizeihistorische Sammlung, Berlin
Possef-Verlag, Berlin
Potsdam-Museum, Potsdam
Francis G. Powers Jr., Fairfax, USA
Progress Film-Verleih GmbH, Berlin
Frederic L. Pryor, Swarthmore, USA
Uwe Pullwitt, Leipzig
Report Bilderdienst, München
Rohde & Schwarz GmbH, München
Sächsische Landesbibliothek, Staats- und Universitätsbibliothek, Deutsche Fotothek, Dresden
SCHAWA TV, Stuttgart
Gerda Schröter
Senatsverwaltung der Justiz, Vollzugshistorische Sammlung, Berlin
SFB Werbung GmbH, Berlin
Michael Sieber, Chemnitz
Chris Sievernich, Beverly Hills
Burton Silverman, New York
Carol & Jerome Silverman, New York
Smithsonian National Air and Space Museum, Washington
Space Imaging, Thornton
Staatliche Museen Preußischer Kulturbesitz, Bildarchiv, Berlin
Stadtarchiv Dresden
Stadtarchiv Magdeburg
Stadtgeschichtliches Museum, Leipzig
Stadtmuseum Halle/Saale
Stiftung Archiv der Parteien und Massenorganisationen der DDR im Bundesarchiv, Berlin (SAPMO)
Stiftung Deutsches Rundfunkarchiv, Potsdam
Stiftung Gedenkstätte Berlin-Hohenschönhausen
Oskar Stück, Berlin
Superstock Bildagentur GmbH, München
SWR Media GmbH, Stuttgart
Synagogen-Gemeinde Köln
Frank Terletzki, Schöneiche bei Berlin
Siegfried Tesche, Garbsen
teutopress, Bielefeld
Barbara Timm, Berlin
Ullstein Bilderdienst, Berlin
Universitäts- und Stadtbibliothek, Köln
Unternehmensarchiv Leipziger Messe GmbH, Leipzig
Verlag Das Neue Berlin
Verlag Gruner+Jahr, Hamburg
vision photos, Berlin
Wolfgang Vogel, Schliersee
Detlev Vreisleben, Köln
Bodo Wegmann, Berlin
Westdeutscher Rundfunk Köln
Marianne Wichert-Quoirin, Bonn
Winking Geophysik Umwelttechnik, Berlin
Yale University Press, New Haven
Metin Yilmaz, Berlin
Zentrales Museum der Streitkräfte, Moskau
Zweites Deutsches Fernsehen, Mainz

Abkürzungsverzeichnis

AfNS	Amt für Nationale Sicherheit
BfV	Bundesamt für Verfassungsschutz
BKA	Bundeskriminalamt
BND	Bundesnachrichtendienst
BStU	Die Bundesbeauftragte für die Unterlagen des Staatssicherheitsdienstes der ehemaligen DDR
CDU	Christlich Demokratische Union
CIA	Central Intelligence Agency (Abwehr- und Nachrichtendienst der USA)
CIC	Counter Intelligence Corps (militärische Abwehr der USA)
CSU	Christlich Soziale Union
FBI	Federal Bureau of Investigation (Bundeskriminalpolizei der USA)
FDP	Freie Demokratische Partei
GM	Geheimer Mitarbeiter des MfS (Bezeichnung bis 1957)
HVA	Hauptabteilung Aufklärung des MfS
IM	Inoffizieller Mitarbeiter des MfS
KGB	Komitet Gossudarstewennoj Besopasnosti (Komitee für Staatssicherheit, sowjetischer Geheimdienst)
KgU	Kampfgruppe gegen Unmenschlichkeit
KPdSU	Kommunistische Partei der Sowjetunion
KSZE	Konferenz über Sicherheit und Zusammenarbeit in Europa
MAD	Militärischer Abschirmdienst der Deutschen Bundeswehr
MfS	Ministerium für Staatssicherheit
MI5	Military Intelligence 5 (britische Spionageabwehr)
MI6	Military Intelligence 6 (britischer Auslandsspionagedienst)
NATO	North Atlantic Treaty Organization (Nordatlantische Verteidigungsorganisation)
NPD	Nationaldemokratische Partei Deutschlands
NSA	National Security Agency (nationale Sicherheitsbehörde, USA)
NVA	Nationale Volksarmee der DDR
RAF	Rote Armee Fraktion
SBZ	Sowjetische Besatzungszone
SED	Sozialistische Einheitspartei Deutschlands
SIS	Secret Intelligence Service (britischer Geheimdienst)
SPD	Sozialdemokratische Partei Deutschlands
UdSSR	Union der Sozialistischen Sowjetrepubliken
UFJ	Untersuchungsausschuss Freiheitlicher Juristen
VEB	Volkseigener Betrieb

Fotonachweis

Agentur Zenit/Paul Langrock, Berlin: S. 48 unten
Antikenmuseum Basel und Sammlung Ludwig, Basel: S. 9
Archiv für Kunst und Geschichte, Berlin: S. 145 unten
argum/F. Heller, München: S. 141
Associated Press, Frankfurt am Main: S. 38, 43 rechts, 44 unten
Associated Press, Frankfurt am Main/Andreas Schoelzel: S. 56 unten
Associated Press, Frankfurt am Main/Kurt Strumpf: S. 119

Babelsberger Film- und Fernsehvertriebs GmbH, Potsdam: S. 126
Bildarchiv Preußischer Kulturbesitz, Berlin: S. 10
Peter Boeger: S. 128
BND, Pullach: S. 50
Pierre Boom: S. 88 links, 89, 94, 95
BStU, Berlin: S. 31 oben, 63 oben, 71, 82, 92, 96, 102, 107 unten
Bundesarchiv Koblenz: S. 24, 27 unten, 31 unten, 44 oben, 64 oben

Christoph Links Verlag, Berlin: S. 65 links

J. H. Darchinger: S. 59, 67
Der Kabelkanal: S. 23
Deutsche Bücherei Leipzig: S. 83 oben
Deutsche Presse-Agentur (dpa): S. 36 links, 58, 90, 140
Deutsche Presse-Agentur (dpa)/Walter Bieri: S. 139
Deutsche Presse-Agentur (dpa)/Achim Scheidemann: S. 134
Deutsche Presse-Agentur (dpa)/Jörg Schmitt: S. 49
Deutsches Filmmuseum, Frankfurt am Main: S. 41, 45, 145 oben, 146
Deutsches Historisches Museum, Berlin: S. 62
Deutsches Rundfunkarchiv, Potsdam: S. 70, 109

Filmmuseum Potsdam/Karin Blasig: S. 85
Foto Friedrich, Leipzig: S. 14, 17, 32, 39, 51, 57, 80, 81, 98, 115 unten, 117, 138, 149, 150
Friedrich-Ebert-Stiftung, Bonn: S. 100

GAFF Fotoarchiv/Yorck Maecke, Berlin: S. 15
Gerhard Gäbler: S. 129
Getty Images, München: S. 99
Götz & Schulz, Stuttgart: S. 16, 22
Gruner+Jahr, Hamburg: S. 120
Gruner+Jahr, Hamburg/Dr. Jürgen Gebhardt: S. 121

Haus der Geschichte der Bundesrepublik Deutschland, Bonn: S. 12, 46, 68, 69, 74, 88 rechts, 91, 96, 105, 111 oben, 116, 122, 127 links, 132, 133, 148
Brigitte Hiss: S. 55, 63 oben, 71, 76, 78, 118 unten, 124, 127 rechts

Keystone Pressedienst, Hamburg: S. 34/35, 36 rechts, 147
kpa photo archive, Köln: S. 101

Landesbildstelle Berlin: S. 33
Life magazin, USA: S. 42 unten

Peter Maechler: S. 72
Martha Menckhoff: S. 54
Museum für Kommunikation Frankfurt am Main: S. 111 unten

Österreichische Nationalbibliothek, Bildarchiv, Wien: S. 11 oben
Picture Press, Hamburg/Kim Arndt: S. 144
Uwe Pullwitt: S. 61
PUNCTUM, Leipzig/Stefan Hoyer: S. 87
PUNCTUM, Leipzig/Bertram Kober: S. 8, 11 unten, 13 unten, 19, 20, 21 oben, 26, 27 oben, 42 oben, 47 oben, 52, 56 oben, 63 unten, 65 rechts, 66, 73, 83 unten, 84, 86, 104, 107 oben, 108 links, 110, 112, 113, 114, 115 oben, 130
Report Bilderdienst, München: S. 106

Sächsische Landesbibliothek/Deutsche Fotothek, Dresden/Gerd Jäger: S. 21 unten
Gerda Schröter: S. 103
Burton Silverman: S. 43 links
Space Imaging, Thornton: S. 136

Ullstein Bilderdienst, Berlin: S. 18, 37
Ullstein Bilderdienst, Berlin/Alexander Czechatz: S. 40
Ullstein Bilderdienst, Berlin/Joachim G. Jung: S. 29
Unternehmensarchiv Leipziger Messe GmbH, Leipzig: S. 108 rechts

vision photos/Axel Kull, Berlin: S. 131

WDR, Köln/Norbert Kuhröber: S. 53

Metin Yilmaz: S. 118 oben

In einigen Fällen konnten die Rechteinhaber nicht ermittelt werden. Sollten weitere Ansprüche geltend gemacht werden, bitten wir die Rechteinhaber, sich an die Stiftung Haus der Geschichte der Bundesrepublik Deutschland zu wenden.

Projektbeteiligte

Prof. Dr. Hermann Schäfer
Präsident der Stiftung Haus der Geschichte der Bundesrepublik Deutschland

Dr. habil. Rainer Eckert
Direktor des Zeitgeschichtlichen Forums Leipzig

Dr. Henrike Girmond
Projektleiterin

Katja Augustin
Dr. Daniel Kosthorst
Elke Mittmann
Ulrich Op de Hipt
Uwe Schwabe
Projektteam

Sascha Dreiser
Medienproduktion

Tilla Stöckigt
Jana Piontek
Objektdisposition und -dokumentation

Manfred Schulz und Corinna Schmidt
Architekturbüro Götz & Schulz, Stuttgart
Ausstellungsgestaltung

Impressum

Duell im Dunkel. Spionage im geteilten Deutschland

Herausgeber
Stiftung Haus der Geschichte der Bundesrepublik Deutschland
Zeitgeschichtliches Forum Leipzig

Präsident der Stiftung
Prof. Dr. Hermann Schäfer

Direktor des Zeitgeschichtlichen Forums
Dr. habil. Rainer Eckert

Redaktion
Annett Meineke, Dr. Henrike Girmond

Bildredaktion
Dr. Henrike Girmond, Annett Meineke, Uwe Schwabe

Objektfotos/Reproduktionen:
PUNCTUM/Bertram Kober, Leipzig; Foto-Friedrich, Leipzig und Haus der Geschichte der Bundesrepublik Deutschland, Bonn

Verlagslektorat
Harald S. Liehr

Gestaltung und Verlagsherstellung
Ralf Kapalla

Einbandgestaltung
Nach einem Entwurf von Corinna Rogger/Team Rogger, Biberach

Übersetzung des Beitrags von Aleksandr K. Nikonow (S. 35–39): Ingrid Petrowitz
Autor der Film-Infos (S. 23, 28, 45, 53, 70, 85, 101, 109, 125): Horst Schäfer

1. Auflage

Die Schreibweise folgt den Regeln der neuen Rechtschreibung.

Druck und Bindung: Westermann Druck, Zwickau
Printed in Germany · Gedruckt auf chlor- und säurefreiem Papier

Buchhandelsausgabe: ISBN 3-412-03702-8